古代歷史文化研究輯刊

二五編

王明蓀 主編

第 3 冊

漢代邊防體系研究

江娜 著

國家圖書館出版品預行編目資料

漢代邊防體系研究／江娜 著 -- 初版 -- 新北市：花木蘭文化
事業有限公司，2021〔民110〕
序 2+ 目 4+190 面；19×26 公分
（古代歷史文化研究輯刊 二五編；第 3 冊）
ISBN 978-986-518-305-9（精裝）
1. 邊防 2. 漢代
618   110000147

ISBN-978-986-518-305-9

9 789865 183059

古代歷史文化研究輯刊
二五編 第三冊   ISBN：978-986-518-305-9

漢代邊防體系研究

作　　者　江娜
主　　編　王明蓀
總 編 輯　杜潔祥
副總編輯　楊嘉樂
編　　輯　許郁翎、張雅淋　美術編輯　陳逸婷
出　　版　花木蘭文化事業有限公司
發 行 人　高小娟
聯絡地址　235 新北市中和區中安街七二號十三樓
　　　　　電話：02-2923-1455 ／傳真：02-2923-1452
網　　址　http://www.huamulan.tw 信箱 service@huamulans.com
印　　刷　普羅文化出版廣告事業
初　　版　2021 年 3 月
全書字數　160576 字
定　　價　二五編 15 冊（精裝）台幣 45,000 元

漢代邊防體系研究

江娜　著

作者簡介

江娜，1982 年出生，遼寧省東港市人，畢業於華中師範大學歷史文化學院，師從熊鐵基老先生，主要從事秦漢軍事史方面研究。現就職於山東交通學院，副教授。近年來，主要在秦漢軍事史、區域文化史、航運文化、思政教育等領域從事研究，發表論文 10 餘篇。

提　　要

　　漢代邊防主要執行的是邊疆的防禦和作戰，是兩漢王朝國家統治的重要軍事保障具有開拓性和開創性。這不僅是國家維護自身安全的軍事管理系統，更是漢王朝的治邊思想、經濟、文化等諸方面在軍事上的集中展示，此後不管是動盪不安的三國兩晉南北朝時期，還是隋唐的一統江山，亦或是宋元明清的更替，在邊防方面都得益於兩漢建立起來的基礎，漢代邊防是後世各朝代建設邊防有價值的參考範本。

　　本文以兩漢時期邊防體系構建為主題，以現有的資料為基礎，結合傳世文獻與出土文獻，以歷史學、軍事學和邊疆學研究方法相結合的方式進行研究，注重對邊防體系整理輪廓的把握。注重從漢代邊疆防禦範圍的劃分，邊防領導體系的結構和軍事武裝力量的構成，邊防軍事工程建設情況和邊防體系的物資供給模式，邊防的行政職責和功能，漢王朝國防戰略和民族關係等五個方面進行探索研究，希望通過對邊防體系的構建情況分析，探討邊防體系對邊疆地區發展的影響，探索邊防區域內游牧民族與農耕民族之間的聯繫，揭示邊防體系在兩漢王朝國家戰略和政治制度層面上的貢獻，以及為後世歷代邊防體系發展所奠定可延續的基礎模式，也為現代中國國防建設和發展提供有益的借鑒和警示。

序　言

　　兩漢時期的邊疆防禦體系，是兩漢王朝國家統治的重要軍事保障。本文以兩漢時期邊防體系構建為主題，以現有的資料為基礎，結合傳世文獻與出土文獻，在研究方法上，以歷史學、軍事學和邊疆學等相結合的方式，注重對邊防體系整理輪廓的把握。本文旨在通過對邊防體系的構建情況分析，探討邊防體系對邊疆地區發展的影響，探索邊防區域內游牧民族與農耕民族之間的聯繫，揭示邊防體系在漢代戰略文化和政治制度層面上的貢獻，以及為後世歷代邊防體系發展所奠定的堅實基礎。

　　漢代邊疆防禦範圍的劃分。在拋棄狹隘的邊防線概念的基礎上，漢代邊疆主要是指三個範疇內的邊疆：行政區劃範疇、軍事駐防機構範疇和地緣結構範疇。邊郡在邊防區域中處於主體地位，軍事駐防機構加強了對當地的民族治理與軍事統領，而西域地區在漢代邊防中的特殊地位以及他在地緣政治中所扮演的角色給漢王朝以及周邊民族政權所帶來的影響也頗為深遠。

　　邊防領導體系的結構和軍事武裝力量。漢代邊防的領導體系也是由幾個層次組成。在邊郡有行政領導體系；在邊地有屯田領導體系；作戰時，有將軍「幕府」的指揮系統。多層次的領導結構，將邊防體系的各項職責任務進行了分區管理，加強了漢王朝在各個領域對邊防的有效管理。整個體系都是圍繞武裝力量更好的發揮其應有的作用而相互集結整合的。

　　邊防軍事工程建設和邊防體系的物資供給模式。這個體系的構成，大致可以看作烽燧（亭燧）基點組成連接城障中心構成邊塞線的邊防土木工程形式，以點——線——帶的防禦層次組成工程體系。漢代的防禦體系主

要由候望系統的運作來完成偵察報警的任務，是漢代邊塞防禦系統中的重要組成部分。邊防的交通建設和郵驛制度所呈現的邊防使命正是邊防土木工程的作用與邊防信息傳遞相結合的契點。由於邊疆與內地的經濟聯繫以及邊防的後勤需要都使邊防物資補給成為維持邊防體系有效運作的物質基礎。

邊防的行政職責。設置在邊疆地區的關、津等作為國家的門戶，一方面發揮軍事防禦的作用，一方面也具有維護管理邊疆社會安定的行政功能。尤其邊防法律對邊疆社會所起到的控制功能，主要表現在對人身、戰略物資方面的管控上。邊防領導機構還承擔著漢王朝涉外事務的運作和管理等職責，漢王朝借外交的手段促進邊疆的穩定，鞏固邊防。邊疆社會的經濟發展也是邊防工作的組成部分，與域外民族政權的經濟來往甚至成為邊防守禦的政治、軍事籌碼。

兩漢王朝的國防戰略與邊疆的隱患。漢代戰略文化的發展是社會歷史經驗的積累、國家價值觀念的認識，民族心理定位的共同作用形成的。漢代的戰略文化對治邊政策，邊防戰略的制定和實施是統治者執行國家意志的思想原則和指導方針。漢代的邊防體系也存在著某些缺陷和隱患。邊防作為國家統治機器的組成部分，在政治、經濟的多重影響下，不可避免的也同王朝的繁榮衰亡同榮辱共進退。

目

次

引 言

一、緣起

本書立意緣起於對當代中國國防問題的關注和歷史反思。隨著國家的產生和疆域的發展，邊疆防衛成為保障國家機器運轉的重要組成部分。秦漢時期開創了中央集權體制下的政治、經濟、軍事、思想、文化等各方面統一的新格局，同時，也奠定了此後二千多年封建社會各方面的發展基礎，是我國形成和發展成為統一多民族國家的關鍵時期。而在軍隊建設、對外策略和邊疆防禦等方面也卓有建樹。他的邊防體系模式更是為此後歷代的邊防建設提供了借鑒，具有極為深遠的影響。

本書是在我博士學位論文的基礎上，進一步對漢代邊防問題進行研究和探索。本書仍將研究主體放在漢代，雖然漢承秦制，但是秦朝存在的時間過短，大多數制度沒有實行，不能全面的說明問題，而漢代從時間和空間上都能比較完整的反映出這一時期中國邊防的面貌，有利於系統全面的勾勒出邊防體系的輪廓。

對於「邊防」一詞的界定。在我國正史中第一次記錄「邊防」一詞的是南朝蕭子顯所撰寫的《南齊書·陳顯達傳》：「虜經破散後，當無復犯關理。但國家邊防，自應過存備豫」〔註1〕。記載的是北魏攻打南齊邊境，後退兵。南齊皇帝提到敵人逃散後按理不會再犯邊關，但國家的邊防，應當早做預防戒備。可見，此文中的「邊防」一詞的意思與後代意思相近。《新唐書》第50卷，

〔註 1〕《南齊書》卷二十六《陳顯達傳》，北京：中華書局，1972 年，第 489 頁。

「兵志」載：「唐初，兵之戍邊者，大曰軍，小曰守捉、曰城、曰鎮，而總之者曰道⋯⋯此自武德至天寶以前邊防之制」〔註2〕。這段文字說明唐朝藩鎮節度使所轄邊兵的序列歸屬情況。「邊防」一詞出現雖然較晚，但邊防的實踐活動卻是伴隨著國家的出現而產生的。《中國軍事辭典》中對邊防的解釋是：「為保衛國家主權、領土完整和安全，防禦敵人侵犯和人員、牲畜、物資非法越境，在國家邊境地區所採取的防衛措施。」《邊防學》一書的作者李星則在傳統邊防概念的基礎上，歸納總結出新時期的邊防：「國家為保衛領土主權完整和安全，防禦外敵入侵，維護邊境秩序，增進睦鄰友好，保障邊境地區政治穩定和經濟發展，在陸、海、空的邊緣地帶實施的防衛、管理和建設活動的總稱。」並根據以上定義可以歸納出邊防所具有的四個本質特徵：其一，邊防的行為主體是國家，這是一種國家行為；其二，邊防的目的是保衛國家主權和領土完整，防禦外敵入侵，同時還要維護邊境秩序，保障邊境地區的穩定和發展；其三，邊防的空間範圍是在邊境地區；其四，邊防的內涵，不僅限於對外的防衛戒備，而且還有對內的管理和控制，不僅限於軍事防衛，還應包括邊疆地區的經濟開發和邊防建設。〔註3〕

漢代的邊防，與現代邊防的概念在基本精神和特徵上雖不完全相同，但基本上是相通的。因此，漢代邊防體系也同時具有外防和內治兩種功能：所謂「外防」即防禦外敵入侵，是初期邊防以防衛為主體的內涵；「內治」即維護本地區政治穩定，社會發展。這就意味著兩漢的邊防體系不僅涉及當時的軍隊建制、防衛措施、邊疆戍守等，還包括邊疆地區的行政管理、經貿發展、交通與郵驛設施建設以及對建立外交關係等內容，是廣義上的「大邊防」概念。可見，對漢代邊防體系的探討，也須嘗試探究兩漢政治、經濟、文化、民族等諸方面問題。從這一點上延伸開去，對秦漢史的研究可以進行全面的思考和學習。

二、學術前史回顧與分析

秦漢時期雖然沒有邊防這個概念，但有關邊疆問題的研究和記述，在古代就受到史學家的高度重視。前四史曾不遺餘力的記載匈奴、西羌、鮮卑、西南夷、西域部族等，說明在當時民族問題和邊疆事務就得到王朝和史家的

〔註2〕《新唐書》卷五十《兵志》，北京：中華書局，1974年，第1328頁。
〔註3〕李星：《邊防學》，北京：軍事科學出版社，2004年，第5頁。

關注，同時，在史書中其他篇章也有邊疆問題的記錄，從側面的記錄也能得到當時相關事件的原始記載。時人在專著中也有提到邊疆問題，為後人留下了珍貴的史料。如西漢賈誼在其所著的《新書》中提及「三表」「五耳」的邊防政策。這是比較早的針對外患的邊防策略；而晁錯的戍邊方略則強調「以蠻夷攻蠻夷」以及「徙民實邊」；東漢王符在《潛夫論》中以自己作為實證的例子對西北邊患進行立體性的分析。後世關於邊防和邊疆問題的資料多散見於政書、類書等大部頭中，通常在民族、職官、地理類中能找到相關記載。鴉片戰爭後，對邊疆史地的研究則更多的考慮社會現實和政治形勢，以求在歷史中尋求抵禦外辱的方案。進入 20 世紀，政局日艱，中華民族處於危難關頭，史學家欲從歷史中尋找濟世良方。一時之間，涉邊的期刊陸續創辦和出版，也成功的吸引到政府和民眾的關注。研究邊疆史地出現了小高潮。專業的研究初步開展，現代意義上的新史學開始形成和發展。

　　建國以後尤其是改革開放以後，國內學術研究蓬勃發展，與兩漢邊防相關的研究取得豐碩的成果。其中，主要集中在軍事史研究、邊疆史地研究、民族問題研究等領域。

1. 軍事史方面

　　就現代意義上說，邊防主要是指國家在邊境地區採取的一系列防衛的軍事措施，目的是為了保衛主權和捍衛領土完整和安全，防備外來侵略，是國家軍事活動中的核心組成部分。因此，大多數的軍事史專著都會對邊防問題進行研究。

　　主要專著如熊鐵基：《秦漢軍事制度史》〔註 4〕從剖析士兵入手，考察了正卒、戍卒、應募、馳刑等一系列與士兵相關的問題，著重分析了少數民族士兵的來源和戰鬥力，使秦漢時期士兵的整體風貌呈現出來。又對屯墾戍守邊地的邊防軍的成分和編制組織以及邊防軍中的四大兵種進行了深入分析。黃今言：《秦漢軍制史論》〔註5〕主要結合史料和簡牘探討了邊防軍的分工與構成、邊防軍的成分和地區來源、邊防軍的規模養兵費用和邊郡屯戍兵編制等一系列問題，其中對邊防軍費討論比較詳細，如邊防工程費用等，將邊防軍在邊地的大致輪廓描繪的比較全面深入。霍印章：《秦代軍事史》〔註 6〕主要介紹了

〔註 4〕熊鐵基：《秦漢軍事制度史》，南寧：廣西人民出版社，1990 年。
〔註 5〕黃今言：《秦漢軍制史論》，南昌：江西人民出版社，1993 年。
〔註 6〕霍印章：《秦代軍事史》，北京：軍事科學出版社，1998 年。

秦代的軍制、開疆拓土的鬥爭和國防。其中對長城、軍事交通、戰略儲備等進行了詳細的論述。因為漢多承秦制，因此秦代的一系列制度和措施也為後世打下基礎，該書對研究漢代的邊防具有寶貴的借鑒價值。陳梧桐等：《西漢軍事史》〔註7〕將西漢分為初期和中期兩個階段來探討不同時期漢王朝開疆拓土的鬥爭、與各民族之間的戰和關係以及邊防建設等問題。黃今言等：《東漢軍事史》〔註8〕則對東漢的軍制和邊防、武器裝備與後勤以及不同於西漢的邊疆民族問題等進行了分析和研究。以上著作從宏觀的層面對秦漢邊防進行了概述，對邊防的一些問題進行了建設性的研究，為後人的研究奠定了基礎。

　　除此之外，與邊防有關的論文主要圍繞邊疆的開拓鬥爭和邊防軍展開。張勇：《試論西漢邊防兵的幾個問題》〔註9〕分析了西漢西北地區邊防兵的來源、積極構成和生活待遇等幾個問題。陳梧桐：《西漢王朝開拓邊疆鬥爭的歷史意義》〔註10〕認為西漢王朝在開拓邊疆的鬥爭中促進了民族的融和中外文化的交流，鞏固了多民族國家的發展。黃今言、陳小鳴：《漢朝邊防軍的規模及其養兵費用之探討》〔註11〕一文主要討論了邊防軍結構、規模以及養兵的費用問題。認為邊防軍的養兵費用是國家財政的負擔，給國家財政帶來沉重的壓力。胡宏起：《漢代兵力考》〔註12〕認為漢代在邊地的戍邊吏卒和屯田吏卒共有15萬左右，屬國兵力有四萬人左右。他認為東漢的比郡屬國在性質上發生了改變，從原有的郡縣中獨立出來，因此，不同於西漢的屬國。所以東漢的屬國兵已經是國家正式的建置存在只能稱為少數民族兵，這部分的兵力大約有11萬左右。陳曉鳴：《兩漢北部邊防若干問題之比較》〔註13〕分析了邊防武裝力量構成、邊防集兵方式、邊防養兵費用及其籌措等幾個方面的問題；探討了兩漢邊防力量的差異、兵役制度的變化以及養兵與社會經濟的關係等問題。黃今言：《兩漢邊防戰略思想的發

〔註7〕陳梧桐等：《西漢軍事史》，北京：軍事科學出版社，1998年。

〔註8〕黃今言等：《東漢軍事史》，北京：軍事科學出版社，1998年。

〔註9〕張勇：《試論西漢邊防兵的幾個問題》，《江西師範大學學報》，1986年第4期。

〔註10〕陳梧桐：《西漢王朝開拓邊疆鬥爭的歷史意義》，《中國邊疆史地研究》，1999年第3期。

〔註11〕黃今言、陳小鳴：《漢朝邊防軍的規模及其養兵費用之探討》，《中國經濟史研究》，1997年第1期。

〔註12〕胡宏起：《漢代兵力考》，《歷史研究》1996年第3期。

〔註13〕陳曉鳴：《兩漢北部邊防若干問題之比較》，《中國邊疆史地研究》，2002年第3期。

展及其主要特徵》〔註 14〕分析了西漢前期南撫北守，以防為主；中期主力伐胡，開拓邊疆；東漢初期保境安民調整邊防力量的構成；東漢中後期實行「恩信招降」，「以夷制夷」的戰略，兩漢表現出不同戰略思想特色。

　　2. 邊疆史地方面

　　上世紀八十年代，有關邊疆研究論著大量出版，與此同時，一系列邊疆研究機構先後成立，中國邊疆學開始建立。邊疆學實際上是一門綜合了政治、經濟、軍事、民族、歷史、地理等學科的交叉學科，因為涉及學科眾多，研究對象具有強烈的現實意義，偏重於應用型。鄭汕主編：《中國邊防史》〔註 15〕是迄今為止唯一一部將歷代邊防史作為專題進行詳細論述的專題性著作。文中概述了漢代疆域、邊政管理、匈奴的和親與戰爭以及與西域溝通和震懾管轄等問題。馬大正主編：《中國古代邊疆政策研究》〔註 16〕對漢代邊疆治理的實踐和思想進行了總結。李大龍著：《漢唐藩屬體制研究》從藩屬的角度闡述古代中國王朝和邊疆民族關係的發展，近而探尋古代中國疆域形成過程的規律。王子今的《秦漢邊疆與民族問題》一書通過相關歷史文化現象的考察，試圖說明邊疆史和民族史在這一重要階段的主要形勢並間接獲取對秦漢時期歷史全貌的認識。中國邊疆史叢書中的《北疆通史》、《西域通史》、《東北通史》、《西藏通史》、《西南通史》、《中國海疆通史》等書，對中國古代邊疆問題和邊疆政策進行了全面的討論，叢書按照方位分區，以專題的形式，對中國古代邊疆的各個方面進行深層次的分析。其中涉及到兩漢王朝的邊疆問題，則著重從邊疆政策的特點以及對後世影響的角度出發，將漢王朝作為專制主義中央集權制國家管理邊疆的經驗詳細論述。國外在研究中國古代邊疆問題方面的著作也有很多值得我們借鑒的學術價值。雷夫・德克雷斯皮尼：《北部邊疆：後漢帝國的政策和策略》〔註 17〕托馬斯・J・巴菲爾德：《危險的邊疆：游牧帝國與中國》〔註 18〕、阿瑟・威爾德倫：《中國的長城：

〔註14〕黃今言：《兩漢邊防戰略思想的發展及其主要特徵》，《中國邊疆史地研究》，2004 年第 1 期。

〔註15〕鄭汕主編：《中國邊防史》，北京：社會科學文獻出版社，1995 年。

〔註16〕馬大正主編：《中國古代邊疆政策研究》，北京：中國社會科學出版社，1990 年。

〔註17〕雷夫・德克雷斯皮尼：《北部邊疆：後漢帝國的政策和策略》，堪培拉，澳大利亞，1984 年。

〔註18〕巴菲爾德著：《危險的邊疆：游牧帝國與中國》，南京：江蘇人民出版社，2011 年。

從歷史到神話》〔註19〕、張春樹：《中國漢朝的邊疆及其拓展》〔註20〕等西方邊疆學著作，則以不同的理論開拓了邊疆學的理論視野，從新的研究角度探討了帝國擴張、領土邊疆、文化邊界和世界秩序等問題。

國內研究漢代邊疆史地多以論文的形式見刊發表並且成果頗豐，對一些問題的探討也取得了卓有成效的成績。馬國榮《漢朝中央政府對新疆的行政管理》〔註21〕，從政治、經濟、軍事等方面對漢朝為加強和鞏固新疆地方統轄所採取的措施進行了論述。將西域都護府的建立作為新疆正式隸屬漢朝版圖的標誌。高榮：《漢代對西北邊疆的經營管理》〔註22〕一文闡述了漢代經營西南邊疆的政策措施和效果。劉彥威：《西漢王朝的邊疆經略》〔註23〕主要論述了西漢王朝在西北、東北、西南、東南等不同地區以不同的方式區別對待、因俗而治，維護了邊疆的穩定和版圖的完整。馬大正：《中國古代的邊疆政策與邊疆治理》〔註24〕對兩漢的邊疆政策和治理方式作了詳細的敘述。上官緒智：《兩漢政權「以夷制夷」策略的具體運用及其影響》〔註25〕、《「以夷制夷」策略在兩漢時期的發展及其緣由》、《兩漢政權「以夷制夷」策略運用的主要方式和特點》等文章以三部曲的形式討論了兩漢政權運用「以夷制夷」的政策，時間長、次數多、地域廣；在策略的運用上方式靈活，手段多樣，特點突出，達到了相當高的水平。但此策略也帶來了一些負面影響。孫力舟：《西漢時期東亞國際體系的兩極格局分析——基於漢朝與匈奴兩大政治行為體的考察》〔註26〕認為西漢時期漢朝與匈奴兩大政治體構成了東亞國際關係的兩極格局，同時認為兩極格局是否持續穩定取決於雙方實力的對比。龔留柱：《「王者無外」和「夷夏之防」：秦漢時期邊疆思想論略》〔註27〕從人類與自然環境

〔註19〕阿瑟‧威爾德倫：《中國的長城：從歷史到神話》劍橋，英國，1990年。
〔註20〕張春樹：《中國漢朝的邊疆及其拓展》，安阿伯，美國，1994年。
〔註21〕馬國榮：《漢朝中央政府對新疆的行政管理》，《新疆社會科學》，1987年第3期。
〔註22〕高榮：《漢代對西北邊疆的經營管理》，《中國邊疆史地研究》，1994年第4期。
〔註23〕劉彥威：《西漢王朝的邊疆經略》，《中國邊疆史地研究》，1997年第3期。
〔註24〕馬大正：《中國古代的邊疆政策與邊疆治理》，《西域研究》，2002年第4期。
〔註25〕上官緒智：《兩漢政權「以夷制夷」策略的具體運用及其影響》，《南陽師範學院學報》（社會科學版），2003年第4期。
〔註26〕孫力舟：《西漢時期東亞國際體系的兩極格局分析——基於漢朝與匈奴兩大政治行為體的考察》，《世界經濟與政治》，2007年第8期。
〔註27〕龔留柱：《「王者無外」和「夷夏之防」：秦漢時期邊疆思想論略》，《秦漢史論叢》第八輯，雲南大學出版社，2001年。

關係的角度以秦漢時期邊疆思想為實例，重新審視中國傳統邊疆思想。方鐵：《古代「守中治邊」、「守在四夷」治邊思想初探》〔註28〕在邊疆經略問題上認為「守中治邊」是制定各項邊疆治策理論的重要基礎。

3. 邊疆的機構設置、職官制度方面

邊防機構的設置是兩漢王朝對邊疆治理和管轄的基礎，是邊防的行政職能得以運作的載體。這方面的相關著作有安作璋、熊鐵基：《秦漢官制史稿》〔註29〕是秦漢邊疆行政管理機構、官制研究比較全面的著作。李玉福：《秦漢制度史論》〔註30〕中對秦漢在邊疆設立相關軍鎮職官以及形成的職官制度等問題。李大龍：《都護制度研究》〔註31〕則以專題通史的形式，闡述了都護制度形成、發展、完善和衰落的全過程並對都護制度的理論進行探討。

關於邊郡「持節領護」職官的文章如〔註32〕何天明：《東漢使匈奴中郎將探討》〔註33〕、韓香：《試論「使匈奴中郎將」的來源及演變》〔註34〕對使匈奴中郎將的來源、職責、發展、及歷任官員進行了探討，基本說明了問題。邊章：《兩漢的護羌校尉》〔註35〕對護羌校尉設置的原因、時間、職責和歷史活動進行了詳細的探討。李大龍：《東漢王朝護羌校尉考述》〔註36〕則對歷任護羌校尉的情況、選任途徑等進行了詳細考述。李大龍：《東漢度遼將軍述論》〔註37〕對度遼將軍的設置原因、經過、職能以及人選問題進行全面系統的探討，度遼將軍在漢王朝北疆各專職機構中地位比較特殊，甚至對烏桓校尉具有指揮權。以上文章在具體問題上也存在不少分歧和有待商榷之處。

兩漢屬國問題研究中，王宗維的研究成果頗豐，如《漢代的屬國》〔註38〕、《漢代的屬國制度與民族關係》、《漢代屬國制度探源》、《秦漢的

〔註28〕方鐵：《古代「守中治邊」、「守在四夷」治邊思想初探》，《中國邊疆史地研究》2006年第4期。
〔註29〕安作璋、熊鐵基：《秦漢官制史稿》，濟南：齊魯書社，2007年。
〔註30〕李玉福：《秦漢制度史論》，濟南：山東大學出版社，2002年。
〔註31〕李大龍：《都護制度研究》，哈爾濱：黑龍江教育出版社，2003年。
〔註32〕林幹：《兩漢時期「護烏桓校尉」略考》，《內蒙古社會科學》，1987年第1期。
〔註33〕何天明：《東漢使匈奴中郎將探討》，《北方文物》，1990年第4期。
〔註34〕韓香：《試論「使匈奴中郎將」的來源及演變》，《新疆大學學報》，1995年第1期。
〔註35〕邊章：《兩漢的護羌校尉》，《西北師大學報》（社會科學版），1991年第1期。
〔註36〕李大龍：《東漢王朝護羌校尉考述》，《民族研究》1996年第2期。
〔註37〕李大龍：《東漢度遼將軍述論》，《內蒙古社會科學》，1992年第2期。
〔註38〕王宗維：《漢代的屬國》《文史》，第20輯，中華書局1983年。

邊疆政策》、《漢武帝的民族思想和政策》等。王宗維對兩漢的屬國制度進行了多方面深入的分析，從而發掘屬國制度對漢王朝邊防的作用和影響。同時，也根據文獻資料對一些屬國的設置做了進一步的考證。此外，還有一些代表性的文章，如賈敬顏：《漢屬國和屬國都尉考》〔註 39〕對設置屬國的淵源、建置情況、屬國都尉的領導地位以及屬國內兵與民的情況做出全面的論述。並且指出漢王朝運用屬國制度也並沒有完成征服這些歸附的少數民族的任務，最後成為漢朝動亂的隱患。陳夢家：《兩漢都尉考》〔註 40〕一文除對西漢所設的都尉做了考證之外，還對西漢屬國的設置時間作了論證。孫言誠：《秦漢的屬邦和屬國》〔註 41〕一文對典屬國和大鴻臚、屬邦和屬國、屬國都尉、屬國的郡縣化作了論述。彭建英：《東漢比郡屬國非郡縣化略論》〔註 42〕認為東漢的比郡屬國是漢王朝羈縻制度的重要表現形式，這可以從比郡屬國設置的背景、管轄對象、內部結構及主要功能幾個方面集中體現，並且認為東漢的比郡屬國在性質上沒有發生變化。丁福林：《關於漢代屬國的幾個問題》〔註 43〕對漢武帝始置屬國的時間提出異議。楊芳：《從西漢屬國的設置看漢對匈奴的外交策略》〔註 44〕則主要從西漢屬國的設置、管理方式以及屬國設置的背景、目的和作用方面論述了漢對匈奴恩威並重的外交策略。

4. 民族史方面

漢代的邊防問題與民族問題往往是緊密聯繫在一起的。邊疆的防衛、管理和建設與民族管理、互通融合交織在一起，在某種意義上，古代的邊疆問題很大程度上就是民族問題，因此處理民族問題是漢代邊防重要的任務之一。費孝通主編的《中華民族多元一體格局》〔註 45〕和《中華民族研究新探索》中提出了多元一體的民族學理論體系，從深層次的理論方面開闢了新的研究視角，拓寬了新的思路，推動了民族問題研究的發展。王鍾翰主編：《中國民

〔註 39〕賈敬顏：《漢屬國和屬國都尉考》，《史學集刊》，1982 年第 4 期。

〔註 40〕陳夢家：《兩漢都尉考》，《漢簡綴述》，中華書局，1980 年。

〔註 41〕孫言誠：《秦漢的屬邦和屬國》，《史學月刊》，1987 年第 2 期。

〔註 42〕彭建英：《東漢比郡屬國非郡縣化略論》，《民族研究》，2000 年第 5 期。

〔註 43〕丁福林：《關於漢代屬國的幾個問題》，《蘇州科技學院學報》，2003 年的 1 期。

〔註 44〕楊芳：《從西漢屬國的設置看漢對匈奴的外交策略》，《和田師範專科學校學報》，2006 年第 2 期。

〔註 45〕費孝通主編：《中華民族多元一體格局》，北京：中央民族大學出版社，2003年。

族史》對中國古代各民族進行了詳細的梳理和研究。黃烈：《中國古代民族史研究》〔註46〕就古代尤其是唐以前的主要民族特別是匈奴的來源、形成、融合以及社會、政治結構和性質等做了很有價值的研究。翁獨健主編：《中國民族關係史綱要》〔註47〕這部著作強調各民族在共同締造這個國家中的作用，這是一部綜合性的通史著作對於少數民族的歷史貢獻與平等地位做出了較為全面而且客觀的論述。木芹：《兩漢民族關係史》〔註48〕、田繼周：《秦漢民族史》〔註49〕是民族史的斷代研究，並且以西北地區的民族研究為主要部分。楊建新、馬曼麗：《西北民族關係史》〔註50〕是西北民族通史的重要著作，對西北民族史進行了深入研究。蔣炳釗主編：《中國東南民族關係史》、尤中：《中國西南民族地區沿革史（先秦至漢晉時期）》從區域民族關係史的角度對漢代的民族關係加以解讀。

　　漢王朝民族政策的重要方面是處理與匈奴的關係，相關的論文頗多。比較重要的有劉洪波：《試論漢宣帝對匈奴政策的轉變》〔註51〕認為漢宣帝一改漢武帝時的黷武政策，擅武修文，以休養生息來改變國家的經濟狀況，漢匈友好關係逐漸建立。莫任南：《匈奴對漢王朝的政策》〔註52〕從對立方的角度，轉換主體思考問題，從而更加深入的分析匈奴與漢王朝之間的關係。閻盛國：《漢朝招降匈奴策略述論》〔註53〕論證了漢朝對匈奴實施招降戰略理論的觀點。陳金鳳：《漢光武帝民族政策論略》〔註54〕一文認為漢光武帝時針對不同的少數民族，實行了一系列民族政策，緩解了民族問題所帶來的政治危機，但保守的民族政策也造成了消極影響。楊秀清：《論東漢對羌族的政策》〔註55〕一文論述了東漢政府在西羌設護羌校尉、依郡縣體制處置降羌、強制遷徙、以夷制夷等手段策略對羌族進行控制。

〔註46〕黃烈：《中國古代民族史研究》，北京：人民出版社，1987 年。
〔註47〕翁獨健主編：《中國民族關係史綱要》，中國社會科學出版社，1990 年。
〔註48〕木芹：《兩漢民族關係史》，成都：四川民族出版社，1988 年。
〔註49〕田繼周：《秦漢民族史》，成都：四川民族出版社，1996 年。
〔註50〕楊建新、馬曼麗：《西北民族關係史》，北京：民族出版社，1990 年。
〔註51〕劉洪波：《試論漢宣帝對匈奴政策的轉變》，《古史文存》，北京：中國社科院歷史所，2004 年。
〔註52〕莫任南：《匈奴對漢王朝的政策》，《中國邊疆史地研究》，1992 年第 4 期。
〔註53〕閻盛國：《漢朝招降匈奴策略述論》，《軍事歷史研究》2004 年第 2 期。
〔註54〕陳金鳳：《漢光武帝民族政策論略》，《中南民族大學學報》2004 年第 1 期。
〔註55〕楊秀清：《論東漢對羌族的政策》，《青海社會科學》1995 年第 5 期。

5. 經濟史方面

邊防設施的建設涉及到邊疆的開發和經濟發展，與此有關的文章如張南：《論西漢長城邊區的經濟開發》、徐志清：《西漢同匈奴的經濟交往》等文章，對秦漢王朝對北部邊疆的開發從不同的方面進行了研究。陳曉鳴：《漢代邊兵的日常生活和待遇問題述略》〔註56〕概述了漢代邊兵的物質生活和文化生活的內容以及在醫療和死後喪殮方面的待遇。認為西北邊陲遠離中原供給中心，軍資運輸困難，邊兵的生活待遇較低，條件艱苦。肖瑞玲：《秦漢對北部邊郡的開發》〔註57〕認為秦漢對北部邊郡的全方位開發，帶動當地商品經濟的全面發展，以農牧並舉、多種結構發展的態勢即適應於內地的經濟格局也適應於少數民族的經濟形態，融合了兩地的優勢，呈現出了獨特的邊疆特色。黃今言：《漢朝與邊境少數民族的關市貿易》〔註58〕分析了邊境關市興起和發展的起因、關市的管理和法制規定以及關市的特點和效用，認為關市貿易受到邊境政局干擾嚴重，但同時也得利於邊境的特殊環境。李冀：《兩漢政府對少數民族的賦役政策》〔註59〕認為兩漢時期的中央政府對少數民族賦役政策方面積極探索。朱德貴：《漢代西北邊郡軍糧財物支出諸問題考略》〔註60〕認為西漢西北邊郡軍糧支出帳簿登記詳細，軍糧發放制度嚴格。趙沛《居延漢簡所見邊軍的現金管理和軍官的俸金》〔註61〕認為邊塞的現金由侯官統一管理，現金登記支出詳細並上報都尉府。軍官的俸金為當時邊塞重要的開支，原則上由相應的內地郡直接支付邊塞的賦錢。

6. 簡牘方面

漢簡的很多內容反映了邊地的具體情況。近年來，很多學者就漢簡的研究對邊防的一些問題也進行了探討，主要集中在對候望系統的研究，或是在對其他問題的探討上會涉及到與邊防有關的問題。

〔註56〕陳曉鳴：《漢代邊兵的日常生活和待遇問題述略》，《江西師範大學學報》，1996年第3期。

〔註57〕肖瑞玲：《秦漢對北部邊郡的開發》，《中國邊疆史地研究》，1996年第4期。

〔註58〕黃今言：《漢朝與邊境少數民族的關市貿易》，《中國社會經濟史研究》，1999年第4期。

〔註59〕李冀：《兩漢政府對少數民族的賦役政策》，《南都學壇》，2003年第6期。

〔註60〕朱德貴：《漢代西北邊郡軍糧財物支出諸問題考略》，(《邊疆經濟與文化》2005年第12期。

〔註61〕趙沛：《居延漢簡所見邊軍的現金管理和軍官的俸金》，《甘肅社會科學》2006年第5期。

　　陳夢家：《漢簡綴述》將歷史學和考古學結合，對整個居延烽燧遺址的分
布定位情況進行了詳細的論述。特別強調遺址的布局、建築構造以及他們在
漢代地理上的位置。李振宏：《從居延漢簡看漢代的戍卒管理制度》〔註62〕認
為漢代屯戍制度嚴格執行著一套措施對戍卒進行控制與管理。簡牘中有對戍
卒的督察、考核以及逐月累計的日跡、省作等大量個人檔案。李正宇：《敦煌
郡的邊塞長城及烽警系統》〔註63〕分析了敦煌郡的邊塞長城，各個都尉防區
的分布、敦煌長城一線烽燧警戒設施的情況、敦煌郡四出警烽及其特殊職能。
張俊民：《從漢簡談漢代西北邊郡運輸的幾個問題》〔註64〕分析了漢代從事邊
郡運輸者的身份、漢簡所記車的運輸量、運費等方面的問題。於振波：《居延
漢簡中的燧長和候長》〔註65〕認為作為基層管理長官的燧長和候長，由平民
擔任，爵位偏低，依然屬於民爵的範疇，但在邊塞防禦系統中作用很大。候
長的權利也有限，收入普遍不高，兩者都具有亦民亦吏的性質。上官緒智、
黃今言：《漢代烽燧中的信息器具與烽火品約置用考論》〔註66〕認為作為信息
傳遞的烽，全天侯傳遞軍事信息，晝夜皆舉，根據晝夜不同特點所舉之烽的
種類不同。烽火品約規定了信息器具的置用方法，它根據前線情報施示不同
組合的視聽信號形式傳遞不同的敵情信息。劉光華：《西漢西北邊塞》〔註67〕、
楊芳：《漢代居延塞在抵禦匈奴中的作用》〔註68〕兩篇文章從大的戰略眼光去
審視西北邊塞的地位與作用。趙岩：《論漢代邊地傳食的供給——以敦煌懸泉
置漢簡為考察中心》〔註69〕認為傳食主要來自縣、郡、亭及其他置，供給對
象一方面是傳馬，一方面是地方、中央官屬、出征將領及隨行人員、外國客
人、少數民族頭領等。陳玲：《簡牘所見漢代邊塞刑徒的管理》〔註70〕分析了

〔註62〕李振宏：《從居延漢簡看漢代的戍卒管理制度》，《河南大學學報》，1995 年第
　　　　1 期。
〔註63〕李正宇：《敦煌郡的邊塞長城及烽警系統》，《敦煌研究》，1995 年第 2 期。
〔註64〕張俊民：《從漢簡談漢代西北邊郡運輸的幾個問題》，《中國社會經濟史研究》，
　　　　1996 年第 3 期。
〔註65〕於振波：《居延漢簡中的燧長和候長》，《史學集刊》，2000 年第 2 期。
〔註66〕上官緒智、黃今言：《漢代烽燧中的信息器具與烽火品約置用考論》，《社會科
　　　　學輯刊》，2004 年第 5 期。
〔註67〕劉光華：《西漢西北邊塞》，《西北民族大學學報》，2005 年第 1 期。
〔註68〕楊芳：《漢代居延塞在抵禦匈奴中的作用》，《河西學院學報》，2006 年第 1 期。
〔註69〕趙岩：《論漢代邊地傳食的供給——以敦煌懸泉置漢簡為考察中心》，《敦煌學
　　　　輯刊》2009 年第 2 期。
〔註70〕陳玲：《簡牘所見漢代邊塞刑徒的管理》，《南都學壇》，2010 年第 5 期。

漢代對刑徒有一整套的管理制度，體現了漢庭對服役於邊塞刑徒的重視，使其成為一支可以倚重的邊防力量，從而為漢代經略邊塞做出貢獻。

綜上，無疑是學界前輩今賢篳路藍縷、開掘建構的學術豐碑。但在很多具體問題上，尤其是系統的研究漢代邊防體系構成仍有深入探索的可能和必要。筆者不揣淺陋，擬在前人研究成果的基礎上，對有關漢代邊防的史料進行認真地梳理、研究分析、歸納總結，從歷史學、軍事學、民族關係學等方面，對漢代邊防體系進行系統考察和能力範圍內的探討，以求教於學界。

第一章　漢代邊疆的防禦範圍

　　中國歷代王朝的邊疆內涵都是一個非明確且模糊的概念。本文所述之漢代邊疆主要是指三個範疇內的邊疆：行政區劃範疇、軍事駐防機構範疇和地緣結構範疇。行政區劃範疇內的邊疆主要是指設在邊緣區域的郡縣和「特別行政區」，這些邊郡是漢王朝對邊遠地帶進行有效統治的手段；軍事駐防範疇內的邊疆是指在邊遠地區的軍事重地設置軍事色彩濃厚的軍政級領導機構，以便加強對當地的民族治理與軍事統領；地緣結構範疇內的邊疆主要是指兩漢王朝邊緣區域外可延伸的緩衝地帶，主要指的是西域地區。這些範疇內的區域都是兩漢王朝統治可以到達以及可擴張延伸到的地方，是漢代邊疆主要的防禦範圍和領域。

第一節　行政區劃範疇內的防衛區域

　　兩漢王朝幅員遼闊，歷經四百餘年，在邊疆區域設置郡縣、以及屬國等將整個國家邊防地區納入中央行政區劃的統治範疇內。

一、邊疆、邊郡與邊防

　　對中國古代邊疆概念的解釋有多種多樣，就字面意思來說，《說文解字》載：「邊，行垂崖也」〔註1〕。引申為邊側，邊境。「疆，畺或從土」，強調「領地」的主題。「邊疆」一詞，最初出現於《春秋左傳注疏》，如「欲闕剪我公

〔註1〕許慎撰、段玉裁注：《說文解字注》，上海：上海古籍出版社，1981年，卷2，第75頁。

室，傾覆我社稷，帥我蟊賊，以來蕩搖我邊疆」。已與現代用法大體相同，也是用於指稱疆域的外圍地區。但在正史中則直到晉人修撰的《三國志‧蜀書‧諸葛亮傳》中：「當此之時，亮之素志，進欲龍驤虎視，苞括四海，退欲跨陵邊疆，震盪宇內。」才出現。之後的《晉書》中曾多次出現。《晉書‧李壽載記》有：「代李釪屯涪，每應期朝覲，常自陳邊疆寇警，不可曠鎮，故得不朝。」

　　但秦漢時期的史書中並未有「邊疆」一詞。但常能看到「邊境」、「邊徼」、「邊地」、「邊郡」等含義相近的詞彙。《漢書‧宣帝紀》有：「朕既不德，不能附遠，是以邊境屯戍未息。今復飭兵重屯，久勞百姓，非所以綏天下也。」《漢書‧匈奴傳》有：「周秦以來，匈奴暴桀，寇侵邊境，漢興，尤被其害。」《漢書‧食貨志》有：「明年，天子始出巡郡國……於是上北出蕭關，從數萬騎行獵新秦中，以勒邊兵而歸。新秦中或千里無亭徼，於是誅北地太守以下，而令民得畜邊縣，官假馬母，三歲而歸，及息什一，以除告緡，用充入新秦中。」其下引注：「晉灼曰：『徼，塞也。』臣瓚曰：『既無亭候，又不徼循，無禦邊之備，故誅北地太守。』」又有：「令命家田三輔公田，又教邊郡及居延城。」《漢書‧晁錯傳》有：「臣聞漢興以來，胡虜數入邊地，小入則小利，大入則大利。」從上述具體使用實例分析，所謂的「邊疆」、「邊境」乃至「邊徼」、「邊地」、「邊郡」多是指王朝直接管轄區域，如郡縣的外圍地區，這應該是初期「邊疆」一詞的基本含義。所謂邊疆，各種中文詞典的解釋綜合言之即一個國家比較邊遠的靠近國界附近的領土或地帶。大多數人認為中國的邊疆就是少數民族地區。這種理解是基於中國文化中對於「中原華夏」與「邊疆異族」的傳統感觀。顯然，中國的邊疆不僅僅是一個涉及到國土邊界的地理概念，而是一個具有多重涵義的大概念。

　　古代邊疆概念的界定不僅需要綜合空間與時間，還需要考慮地理、政治、軍事、經濟與文化各方面的因素。對於兩漢時期來說，隨著中央集權制國家的建立和鞏固，邊疆的概念逐步形成。因此，我認為在這一時期的邊疆具有以下幾個層面的意義：一是漢王朝的邊疆並沒有明確的邊界的概念，這是一個以傳統中原文化為中心的思維方式和價值觀，使邊疆成為一個具有不確定性和模糊的概念。二是以固有的地理性為基礎，國家所管轄與相鄰政權的土地或地帶，即所謂的疆域。這是中央王朝推行統治政策遍及偏遠地區，建立地方政權的客觀需要所形成的邊疆，具有地理意義與政治意義。三是就漢王

朝的主觀性角度出發，在其邊緣性區域所存在的民族政權統治地區是王朝統治力所能及的延伸區域。文化的差異激發了漢王朝傳播中原文化的擴張觀念。國家的邊緣地區兼容農耕與游牧經濟，農牧合一的經濟模式具有特殊的吸引力，也進一步強化了漢王朝將邊疆的範圍擴展到更廣闊的地區。這具有文化意義與戰略經濟意義。四是邊疆在地理上處於漢王朝的外防區域即國家的周邊，是邊外區域與國家中心之間的戰略阻隔和緩衝地帶，確保中原農耕區的安定和發展，是軍事防禦的重要區域，因而具有軍事戰略意義。總的來說，兩漢王朝的強大統治力，不僅對周邊民族產生了軍事威懾力、政治吸引力，也具有經濟上的影響力和文化上的感召力，於是王朝國家周邊的民族內附、降服於中原王朝。這些民族願意與華夏民族共同構建統一的政治共同體，這又大大的豐富了漢王朝時期邊疆概念的民族內涵性。

　　邊郡相對於邊疆來說，是個政治區劃的概念，是中央王朝在邊疆地區設置的行政區劃。「郡」，《說文解字》載：

> 郡，周制：天子地方千里，分為百縣，縣有四郡。故《春秋傳》曰『克敵者上大夫受縣，下大夫受郡。』是也。至秦初置三十六郡，以監縣。〔註2〕

郡在春秋時期出現，因郡多設在新征服的邊地，雖地廣較縣面積大，但比縣地位低，兩者並沒有統屬關係，與後世有差異。戰國時，軍事戰爭頻繁，處於軍事防衛方面的考慮，諸國在與鄰國的邊地附近設郡，《史記》載，「趙有代、句注之北，魏有河西、上郡，以與戎界邊」。而趙武靈王時「北破林胡，樓煩。築長城，自代并陰山下，至高闕為塞。而置雲中、雁門、代郡」〔註3〕。隨著國家設縣置郡逐漸增多，地方需要建立起有效的行政管理機構，郡縣制度漸行於戰國時代。秦統一後在全國推行郡縣制，漢承秦制，郡縣的設立已經很普遍。

　　傳世文獻中較早出現「邊郡」一詞的記載是在《史記・權輿以來諸侯年表》：「及天子支庶子為王，王子支庶為侯，百有餘焉。吳楚時，前後諸侯或以適削地，是以燕、代無北邊郡，吳、淮南、長沙無南邊郡」〔註4〕。西漢建國

〔註2〕許慎撰、段玉裁注：《說文解字注》，北京：中國書店出版社，1983年，第283頁。

〔註3〕《史記》卷一百一《匈奴列傳》，北京：中華書局，1959年，第2885頁。

〔註4〕《史記》卷十七《漢興以來諸侯王年表》，北京：中華書局，1959年，第802～803頁。

初期，綜合周秦的分封與郡縣治理制度，實行郡國並行制，後來，諸侯國往往「誇州兼郡，連城數十」〔註5〕，威脅中央集權統治，後來經過七國之亂，漢景帝將原諸侯國邊緣之郡直接納入中央直屬管轄，當時主要是出於軍事考慮，同時分化諸侯國勢力，並且通過在邊郡增兵以達到威懾各諸侯國的目的，因此當時並無「邊郡」、「內郡」之分。到中元二年（前148年），「更郡守為太守」〔註6〕。中元三年（前147年），「罷諸侯御史大夫官」〔註7〕。中元五年（前145年），「更名諸侯丞相為相」〔註8〕。此時，諸侯王國的主要管理的是轄區內的政治和經濟，內地郡縣與邊疆郡縣出現分化，邊郡與內郡有了明顯的區分。隨著行政體系中郡縣的廣泛建置，邊郡的特指性被強化。《漢書・昭帝紀》載：「頗省乘輿馬及苑馬，以補邊郡三輔傳馬。……非丞相、御史所請，邊郡受牛者勿收責」〔註9〕。《後漢書・馬援傳》載：「乃辭況，欲就邊郡田牧」〔註10〕。邊郡成為漢代一個常見的行政區劃名詞。這也是國家在邊疆地區行政制度逐步完善的標誌。漢代的邊郡也叫外郡或初郡。外郡的說法多見於對西北地區，《漢書・宣帝紀》中引韋昭注曰「中國為內郡，緣邊有夷狄障塞者為外郡」〔註11〕。「初郡」則多是武帝在拓邊時對西南諸邊郡的叫法。如《史記・平準書》「漢連兵三歲，誅羌，滅南越，番禺以西至蜀南者置初郡十七，且以其故俗治，毋賦稅」〔註12〕。邊郡在本質上反映的是一個國家或王朝在地域上「治」與「不治」的界定。

從兩漢王朝的發展脈絡來看，邊郡其實也是一個相對發展的概念，有狹義和廣義之分。如武帝時期分隴西置諸郡，安定常被定義為邊郡。但《漢書・馮參傳》載：馮參「永始中，超遷代郡太守。以邊郡道遠，徙為安定太守」〔註13〕，材料中顯示代郡是個地處偏遠的邊郡，正是這個理由使超得到更為好的職位，可以徙安定太守，顯然跟代郡相比，安定應該不算邊郡。安定郡在地

〔註5〕《漢書》卷十四《諸侯王表》，北京：中華書局，1962年，第394頁。

〔註6〕《漢書》卷五《景帝紀》，北京：中華書局，1962年，第146頁。

〔註7〕《漢書》卷五《景帝紀》，北京：中華書局，1962年，第146頁。

〔註8〕《漢書》卷五《景帝紀》，北京：中華書局，1962年，第148頁。

〔註9〕《漢書》卷七《昭帝紀》，北京：中華書局，1962年，第228～229頁。

〔註10〕《後漢書》卷二十四《馬援列傳》，北京：中華書局，1965年，第827～828頁。

〔註11〕《漢書》卷八《宣帝紀》，北京：中華書局，1962年，第2411頁。

〔註12〕《史記》卷三十《平準書》，北京：中華書局，1959年，第1440頁。

〔註13〕《漢書》卷七十九《馮參傳》，北京：中華書局，1962年，第3306頁。

理意義上是被當作內郡看待的。但事實上，在兩漢涼州境界內羌人眾多，東漢涼州更是羌亂不息，烽煙四起，位於涼州地區的安定郡是實際意義上的邊郡。就狹義的地理意義而言，安定郡不屬邊郡；但就廣義上而言，安定郡內多邊疆民族聚居，自然環境也適合農牧合一，又鄰近邊界，具有一切邊郡的特質和功能。本文所涉及的具體邊郡是指一般廣義上的邊郡。邊郡設置的主要目的是抵禦塞外游牧民族的南下，是兩漢中央政權的屏障，是兩漢與匈奴等游牧民族對峙和博弈的前沿陣地，是發動戰爭的後勤補給中轉站，具有重要的戰略意義和戰略地位。

關於「邊防」一詞，大多數學者考證認為最早出現在《新唐書》第 50 卷，「兵志」載：「唐初，就是邊兵之戍邊者，大曰軍，小曰守捉、曰城、曰鎮，而總之者曰道……此自武德至天寶以前邊防之志」〔註14〕這段文字說明唐朝藩鎮節度使所轄邊兵的序列歸屬情況。南朝蕭子顯所撰寫的《南齊書‧陳顯達傳》：「虜經破散後，當無復犯關理。但國家邊防，自應過存備豫」〔註15〕。記載的是北魏攻打南齊邊境，後退兵。南齊皇帝告誡陳顯達敵人逃散後按理不會再犯邊關，但國家的邊防，應當早做預防戒備。此材料中的「邊防」一詞的意思與後代意思相近。也有學者認為「邊防」一詞起源於南北朝時期，盛行於唐朝。「唐代以後『邊防』一詞的使用較為普遍。否則杜佑不會在編纂《通典》時專門列有《邊防門》十六卷，還詳細介紹和總結了他所處的時代及其以前社會上對邊防的認識」〔註16〕。「邊防」一詞出現雖然較晚，但邊防的實踐活動卻是伴隨著國家的出現而產生的。

《中國軍事辭典》和《軍語》對邊防的定義都強調邊防是為保衛國家主權、領土完整和安全，防禦敵人侵犯，或阻止人員、牲畜、物資非法越境，在國家邊境地區所採取的防衛措施和管理活動的統稱。《邊防學》一書的作者，則在傳統邊防概念的基礎上，歸納總結出新時期邊防的定義：

> 國家為保衛領土主權完整和安全，防禦外敵入侵，維護邊境秩序，增進睦鄰友好，保障邊境地區政治穩定和經濟發展，在陸、海、空的邊緣地帶實施的防衛、管理和建設活動的總稱。〔註17〕

〔註14〕《新唐書》卷五十《兵志》，北京：中華書局，1975 年，第 1328 頁。
〔註15〕《南齊書》卷二十六《陳顯達傳》，北京：中華書局，1972 年，第 489 頁。
〔註16〕馬長泉、張春梅：《「邊防」一詞之由來及其內容》，《新鄉學院學報（社會科學版）》，2010 年第 4 期。
〔註17〕李星：《邊防學》，北京：軍事科學出版社，2004 年，第 5 頁。

從以上定義可以歸納出邊防所具有的四個本質特徵：其一，邊防的行為主體是國家，這是一種國家行為；其二，邊防的目的是保衛國家主權和領土完整，防禦外敵入侵，同時還要維護邊境秩序，保障邊境地區的穩定和發展；其三，邊防的空間範圍是在邊境地區；其四，邊防的內涵，不僅限於對外的防衛戒備，而且還有對內的管理和控制，不僅限於軍事防衛，還應包括邊疆地區的經濟開發和邊防建設。

漢代的邊防，與現代邊防的概念在基本精神和特徵上雖不完全相同，但基本上是相通的。因此，漢代邊防體系也同時具有外防和內治兩種功能：所謂「外防」即防禦外敵入侵，是初期邊防以防衛為主體的內涵；「內治」即維護本地區政治穩定，社會發展。這就意味著兩漢的邊防體系不僅涉及當時的軍隊建制、防衛措施和邊疆戍守等，還包括邊疆地區的經濟開發、行政管理、交通和通訊設施建設以及對外交往等內容，是廣義上的「大邊防」概念，涉及到了國家發展的各個層面。

二、邊郡的變遷

兩漢王朝在邊疆地區的行政管理體制主要是郡縣制度。但西漢初期國貧民弱，疆域不及秦朝，匈奴騎兵甚至曾深入上郡，令關中漢庭倍感威脅。同時，漢王朝在政治管理方面施行的是郡國並行的體制，這就使部分的邊郡掌握在諸侯王手裏，如燕國的遼東、遼西、右北平、漁陽、上谷五郡，代國的雁門、代、雲中三郡，韓國的太原郡等。對中央集權的統治秩序是一種潛在的威脅。而且，受到當時匈奴頻頻南下的侵犯，諸侯王分散的實力也不足以抗擊，嚴重影響到國家的邊防安危，實際上中央對邊郡的大部分地區不能實施有效的控制。

後經吳楚之亂，邊郡陸續收歸中央，後又歷經數十年休養生息，國力逐漸走向強盛。到了漢武帝執政時期，開疆擴土的行動使國家版圖日益擴大。漢武帝在新開拓的地區設立郡縣，對地方進行有效的控制，已行政管理來體現國家主權和權威。根據統計，在西漢繁盛時期全國曾有 46 個邊郡〔註18〕：

〔註18〕兩漢時期邊郡所指及數目並無定論，具體數字會有差別，這裡根據現有知識和認知，參照譚其驤主編：《中國歷史地圖集》第二冊（秦漢分冊）（中國地圖出版社，1982 年）相關地圖。其中秦漢四百年郡國具體變遷，可參閱周振鶴：《西漢政區地理》，人民出版社，1987 年；李曉傑：《東漢政區地理》，山東教育出版社，1999 年。

西漢邊郡		
東北	幽州刺史部	樂浪、臨屯、真番（前 108 —前 82）、蒼海（前 128 —前 126）、玄菟、遼東、遼西、右北平、漁陽、上谷；
北	并州、朔方刺史部	代、雁門、定襄、雲中、五原、朔方、西河、上郡、北地；
西北	涼州刺史部	敦煌、酒泉、張掖、武威、安定、金城、隴西、天水
西南	益州刺史部	武都、廣漢、蜀、汶山（前 111 —前 67）、沈黎（前 111 —前 97）、越巂、鍵為、牂柯、益州；
南、東南	交趾刺史部	交趾、九真、日南、鬱林、象（前 76 廢）、合浦、儋耳（前 110 —前 82）、珠崖（前 110 —前 46）、蒼梧、南海；

值得注意的是，西漢的這 46 個邊郡是隨著國家的政治需要而陸續建置的，有些由於各種原因被廢棄，46 郡並非同時存在同時消亡。這 46 郡中幽州刺史部、并州刺史部、涼州刺史部的中的二十二郡戰事頻繁，是西漢與匈奴等游牧民族主要衝突地區和重要門戶。

東漢時期整體國勢稍弱，守成多於開拓。光武帝秉承「擅武修文」，邊境形勢總體上不如西漢，但在較長時期仍維持了大一統的版圖。東漢時期，曾有 47 個邊郡或屬國：

東漢邊郡		
東北	幽州刺史部	樂浪、遼東、遼東屬國、玄菟、遼西、右北平、漁陽、上谷、廣陽、琢、代；
北	并州、朔方刺史部	雁門、雲中、定襄、五原、西河、朔方、上郡
西北	涼州刺史部	北地、安定、武威、漢陽、武都、隴西、金城、張掖、張掖屬國、張掖居延屬國、酒泉、敦煌。
西南	益州刺史部	廣漢屬國、廣漢、蜀、蜀郡屬國、巴、鍵為、越巂、鍵為屬國、永昌、牂柯；
南、東南	交趾刺史部	交趾、九真、日南、鬱林、合浦、蒼梧、南海。

兩漢邊郡在四百多年的歷史中，經歷複雜的盛衰興廢變化，邊郡變遷是中央王朝盛衰在行政區劃上最直接的表現。影響邊郡變遷的因素有很多，中央集權統治穩定時，對地方的控制加強，諸侯國的邊郡被納入中央直屬成為漢朝真正意義的邊郡；國勢強盛時，擴大的疆域需要設立新的邊郡進行管理，如五帝時期設置的「河西四郡」，或通過分置與省併郡縣來完成對邊地的治理

和控制，如武帝元朔四年（前125）分西河郡置上郡；武帝元鼎三年（前114）分北地郡置安定郡；武帝元鼎三年分隴西郡置天水郡；武帝後元元年（前88）分酒泉郡置敦煌郡。昭帝始元六年（前81）分天水、隴西、張掖各二郡置金城郡；平帝元始五年（5）王莽執政時期分金城郡置西海郡，光武帝時期省併入隴西郡，和帝永和十四年（102）復修繕西海郡等，都是根據當時國家邊防需求對行政區範疇內的邊防區域進行調整。而當年的諸多邊郡也在擴張中收益，轉換身份成為有其他邊郡隔離的內郡，這在西漢時期尤為突入。西漢初年，西南被西南夷所控制而東南又有諸侯國割據一方，王朝版圖狹小，長沙、淮南、吳等三國境內的武陵、桂陽、豫章、廬江、會稽諸郡與之相鄰，在當時就是邊郡。隨著漢王朝漢武帝時出兵平定南越叛亂，此後又通過恩威並施的策略統一西南夷各族，在東南和南方設立新郡，那些當年的邊郡，此時成為內郡，在區域地理上被新的邊郡所替代。

　　而有的邊郡則是經過許多代人持續的開發和建設取得了巨大的成就，從深層次上轉化為時人認同的內地。「內地化」的實現，包括採用中原的政治制度；推行郡縣制為主的管理方式；引進中原先進的農業生產技術，提高經濟發展水平；興辦學校，改變習俗，傳播以儒家思想為主的漢文化等。在「內地化」的過程中，中原漢文化以強勢的姿態進入邊疆少數民族地區，與當地的文化相融合，得到當地人民的接受和傳承，中原文明的介入使這些地區的社會結構和經濟發展發生改變，逐漸成為漢文化主體的擴充部分。秦漢時期巴蜀地區的一些邊吏積極地在當地推廣中原的制度、文化和生產技術。能在邊疆推行漢文化、制度的太守多為中原人士。《漢書・循吏傳》中位列首位的文翁，在景帝時期為蜀郡太守，官費資助巴蜀學生到長學習文化，提攜獎勵人才。文翁的作為大大提升了蜀地的文化水平。蜀地後世湧現司馬相如、揚雄等全國知名的學者，能與文化昌盛的齊魯學者相提並論。幾代人的長期努力使巴蜀中心區逐漸得到主流文化的認同，並對主流文化產生影響。這樣積極治理邊郡的官吏有很多，他們是改變蠻荒、移風易俗，帶領邊郡走向文明的主力軍。從方位來看，似乎西南與南方的邊郡更容易內地化，這與自然條件和開發早晚有關，也與當地少數民族勢力的強弱有關，北方尤其是西北的匈奴族更難被感召和馴化，尤其在接受制度和文明方面明顯更堅持自己的生活方式和政權形式。

三、內郡的邊地化

　　同樣，邊郡的衰敗，也可以引發內郡的邊地化。大多數邊郡在政治、經濟、文化發展水平與內地相比還是落後的。自然條件惡劣，北方天氣寒冷乾燥，不適宜農作物的生長，以農為本的封建國家經濟體制在邊疆地區極為脆弱；而西南地區部族眾多，邊郡的政治管理也相對複雜且極難控制。在政治大背景和國運盛衰的作用下，邊郡的動盪使其被廢棄省併的不在少數。王莽時期，天災人禍民生凋弊，東漢建國後，邊地形勢也相當嚴峻，中央政治主張「擅武修文」，因此被迫屢次內徙邊民，邊郡逐漸走向衰敗。《後漢書・光武帝紀》載：建武九年「徙雁門吏人於太原」；建武十二年，「省金城郡屬隴西……復置金城郡」，根據《後漢書》記載建武十年省定襄郡。建武二十年省五原郡。中後期更是狼狽不堪，《後漢書・安帝紀》載：「先零羌寇褒中……徙金城郡都襄武」[註19]。邊郡在節節抵抗中，逐漸向中央萎縮。大量的吏民徙入內地，曾經的邊郡人口銳減，邊疆蕭條。《潛夫論・實邊》載：「今邊郡千里，地各有兩縣，戶（財）〔才〕置數百，而太守周迴萬里，空無人民，美田棄而莫墾發。」「邊地遂以丘荒，至今無人」[註20]。邊防線的倒退使原本保障內地安定的邊郡失去了隔離帶的作用，再有少數民族的入侵，給內郡人民帶來的威脅和損失格外巨大。

　　沒落荒蕪的邊郡使一些緊鄰邊郡的內郡出現了邊地化的趨勢。邊地化主要表現為：原來的內郡代替了邊郡。例如作為國家中樞的關中地區曾經「沃野千里，民以富饒」[註21]。但歷經西漢末年綠林、赤眉農民起義的嚴重破壞，社會發展水平急轉直下，到東漢中後期，政治鬥爭激烈，西北民族勢力壯大，羌亂頻發，邊郡局勢動盪不安，邊郡治所及人口內徙使涼州更加地衰敗荒涼，這一切都加速了內郡的動亂，尤其是關中，深受其害，此時內郡的政治軍事局面與以前的邊郡無異。徙民於內，邊郡廢置，作為國家屏障的邊郡所擔負的緩衝功能已不復存在，某些內郡甚至成為少數民族與漢王朝較量的前沿陣地。文獻記載：「關西諸郡，北接上黨、太原、馮翊、扶風、安定，自頃以來，數與胡戰，婦女載戟挾矛，弦弓負矢，況其悍夫」[註22]。可見，

〔註19〕《後漢書》卷五《安帝紀》，北京：中華書局，1965年，第216頁。

〔註20〕王符著、汪繼培箋、彭鐸校正：《潛夫論箋校正》，北京：中華書局，1985年，第285、252頁。

〔註21〕《漢書》卷二十八《地理志》，北京：中華書局，1962年，第1642頁。

〔註22〕《三國志》卷十六《魏書・鄭渾傳》，北京：中華書局，1971年，第509頁。

曾經作為政治中心的馮翎、扶風都已捲入對胡戰爭中，甚至「又於扶風、漢陽、隴道作塢壁三百所，置屯兵，以保聚百姓」〔註23〕，這些軍事防禦設施說明曾經的內郡出現邊地化的趨勢。《後漢書·竇憲傳》李賢注引應劭《漢官儀》載：「扶風都尉部在雍縣，以涼州近羌，數犯三輔，將兵衛護園陵，故俗稱雍營」〔註24〕。東漢因為涼州邊防薄弱，常使羌患蔓延到關中，不得不額外設雍營，扶風都尉、京兆虎牙都尉等職，專門抵禦少數民族對漢王朝政治中心的軍事威脅。這使內郡承擔了邊郡的職責，內郡邊地化說明國家邊防的脆弱。邊地化趨勢給中原的安定，農耕經濟的發展帶來了消極影響。這一切說明邊郡的變遷，與當時的社會政治，經濟文化發展密不可分。

總的來說，將邊疆地區納入行政區劃範疇內，實現中央對地方的有效控制，為後世用治理內地的方式來管理邊疆區域奠定基礎模式，從國家邊防層面來說，邊郡作為內郡的屏障，是邊防體系運行機制的重要組成。邊郡的發展和穩定關係著整個國家的安危和興衰，邊郡的設置是維護邊防穩定的重要政治舉措，維護了國家的統一。從國家區域治理層面來說，邊郡的設置是秦漢以來邊疆開拓進程的體現，也是邊郡制度運行的重要載體。邊郡制度衝擊了邊疆各氏族、部落等游牧文化政治體制和治理機制，在一定程度上促進了邊疆各民族政治的演變和迅速進步，邊郡的設置將內地經濟、政治、文化發展的先進成果、制度文明進一步在廣闊的邊疆地區進行有效傳播，在邊疆和內地之間建立了聯繫鏈條，打破封閉，縮小差距，為統一多民族國家的整體發展和中華民族的最終形成奠定基礎。

第二節　軍事駐防機構範疇內的防衛地帶

漢朝中央根據邊防治理的需要，在常設的行政機構之外，還根據邊地實際情況，由中央直接派駐邊境的「持節領護」少數民族軍政事務的將、校所設領護機構，主要是在邊遠地區主持邊境防務。這些軍事鎮撫系統，主要以軍事編制的形式存在，在邊疆行使邊地主管的權力。他們與常設的行政機構不同，一般根據朝廷邊防政策的變動時置時廢，是軍政結合的典型代表。在實際的駐防過程中，各鎮撫機構之間互通有無，相互配合作戰。

〔註23〕《後漢書》卷八十七《西羌傳》，北京：中華書局，1965年，第2895頁。
〔註24〕《後漢書》卷二十三《竇憲傳》，北京：中華書局，1965年，第814頁。

一、「持節領護」的軍鎮機構

　　使匈奴中郎將，邊境軍事主帥之一，是專門為了處理南匈奴事務而設立的。《後漢書‧百官志五》：「使匈奴中郎將一人，比二千石，本注曰：主護南單于，置從事二人，有事隨事增之，掾隨事為員」〔註25〕。置有從事、掾等屬官。劉昭注引應劭《漢官》曰：「擁節，屯中步南，設官府掾史，單于歲遣侍子來朝，謁者常送迎焉，得賂弓馬氈罽他物百餘萬，謁者事訖，還具表付帑藏，詔書勑自受」〔註26〕。主要在東漢時期發揮作用。中郎將治所在西河美稷縣，逐漸成為常設官職，初以遏制北匈奴為要務，後北匈奴衰落，則專門鎮撫處理南匈奴事務。是東漢專職匈奴問題的軍事首領。李大龍認為：「其職責並不僅僅限於『擁護』南匈奴單于，由歷任使匈奴中郎將的主要事蹟來看，其職權範圍東至烏桓、鮮卑，北及北匈奴，西到西羌，可以說使匈奴中郎將及所轄南匈奴軍隊是東漢王朝維護北部邊疆安定的重要力量。」〔註27〕

　　護烏桓校尉，邊防主帥之一，持節主管烏桓軍民之事，併兼領鮮卑。承擔起管理烏桓與鮮卑民族事務的職能。《後漢書‧烏桓鮮卑列傳》，「武帝遣驃騎將軍霍去病擊破匈奴左地，因徙烏桓於上谷、漁陽、右北平、遼西、遼東五郡塞外，為漢偵察匈奴動靜。其大人歲一朝見，於是始置護烏桓校尉，秩二千石，擁節監領之，使不得與匈奴交通」〔註28〕。屬官有長史、司馬等。烏桓校尉在設置之初，因是持節領護，更多行使的是外交事務，多為與烏桓交流溝通，起到安撫威懾的作用。兩漢之際，烏桓諸部逐漸內遷，廣泛分布於遼東、遼西、右北平等北方沿邊郡縣。後有鮮卑部落內屬，「於是始復置校尉於上谷寧城，開營府，並領鮮卑，賞賜質子，歲時互市焉」〔註29〕。護烏桓校尉府治所上谷郡寧城縣，兼領鮮卑的護烏桓校尉在邊地執行賞賜、互市貿易等任務；管理監護烏桓、鮮卑兩族納貢、質子等相關事宜；並為漢廷偵侯、守邊貢獻力量。護烏桓校尉後期以行政管理的職能為主，協同邊郡官吏處理民族事務。

　　護羌校尉，邊防主帥之一，持節主持西羌軍政要務。《後漢書‧西羌傳》

〔註25〕　《後漢書》志二十八《百官志五》，北京：中華書局，1965 年，第 3626 頁。

〔註26〕　《後漢書》志二十八《百官志五》，北京：中華書局，1965 年，第 3626 頁。

〔註27〕　李大龍：《東漢王朝使匈奴中郎將略論》，《中國邊疆史地研究》1994 年第 4 期。

〔註28〕　《後漢書》卷九十《烏桓鮮卑列傳》，北京：中華書局，1965 年，第 2981 頁。

〔註29〕　《後漢書》卷九十《烏桓鮮卑列傳》，北京：中華書局，1965 年，第 2982 頁。

載：「時先零羌與封養牢姐種解仇結盟，與匈奴通，合兵十餘萬，共攻令居、安故，遂圍袍罕。漢遣將軍李息、郎中令徐自為將兵十萬人擊平之。始置護羌校尉，持節統領焉」〔註30〕，屬官有長史、司馬等。這一時期的護羌校尉還是一種為臨時派遣性質的官職，在《後漢書·西羌傳》中記載的：「舊制：益州部置蠻夷騎都尉，幽州部置領烏桓校尉，涼州部置護羌校尉，皆持節領護。理其怨結。歲時避行，問所疾苦。又敷遣使譯通動靜，使塞外羌夷為吏耳目，州郡因此可得戒備」〔註31〕此校尉始為節制西羌專門設置的軍鎮職官。護羌校尉主持護羌校尉營，營內軍隊往往由「將屯兵」「義從兵」「屬國系統的羌胡騎士」「郡縣系統的邊地騎士」「屯田系統的屯田兵」等組成〔註32〕。護羌校尉的首要任務是平衡各羌族部落之間的關係，安撫各部落，避免軍事衝突；第二，要隨時注意羌族的動向，警惕羌族的政治、軍事意圖等並隨時向郡縣級彙報情況，使邊郡能根據需求及早做準備，有時也負責邊疆地區的軍事屯田工作，為軍事行動提供一定保障；第三，切斷匈奴和羌族之間的聯合和共同交流，隨時準備鎮壓反抗的匈奴，平定邊疆戰亂。

　　護羌校尉設置的功能有一個演變的過程。從時間線上看西漢和東漢初期，主要是出於羈縻統治的策略考慮。這一時期，漢庭主要與北方匈奴和西域少數民族之間的對峙較多，羌族在當時還不具備威脅，因此在西北地區有關護羌校尉的記載不多，主要反映的也是羌漢關係在護羌校尉的治理下得到緩解，更趨融洽。在西漢中後期，還出現在漢朝的職官體系中使用羌人為官的情形，可見，當時羌漢關係的穩定和密切。到了東漢中後期，隨著羌族和匈奴聯合帶來的威脅，功能則轉向剿撫征伐。鑒於護羌校尉的重要性，朝廷在任命護羌校尉上極為謹慎，廣泛徵求意見，更是採納熟悉邊防事務的大將軍趙充國的建議。但此職務在東漢時廢時置，這與東漢時期糾結不定的邊防政策是對應的。東漢與西羌的戰爭與護羌校尉的設置存在直接關係。所以，東漢的護羌校尉作為武官，更多用來鎮壓羌亂，主持剿撫大局，是地方上專職民族事務的武裝力量。東漢末至南北朝時期，隨著漢王朝的逐漸衰落，護羌校尉對羌族的節制也發生了變化，也變成一種虛職。總之護羌校尉在邊疆的民族交流和融合過程中還是扮演了重要的角色。

〔註30〕《後漢書》卷八十七《西羌傳》，北京：中華書局，1965 年，第 2876～2877 頁。

〔註31〕《後漢書》卷八十七《西羌傳》，北京：中華書局，1965 年，第 2879 頁。

〔註32〕謝紹鷁：《兩漢護羌校尉略考》，《人文雜誌》，2009 年，第 1 期。

度遼將軍，北部邊防主帥之一，《後漢書‧百官志一》載：「明帝初置度遼將軍，以衛南單于眾新降有二心者，後數有不安，遂為常守。」劉昭注引應劭《漢官儀》曰：「明帝永平八年，行度遼將軍事。安帝元初元年，置真。銀印青綬，秩二千石。長史、司馬六百石」〔註33〕。按《後漢書‧明帝紀》「初置度遼將軍，屯五原曼柏」〔註34〕以中郎將吳棠為度遼將軍，配合各郡解決北方各族關係。度遼將軍建制初期具有臨時性，後因邊地局勢發展要求成為常任官職。度遼將軍在東北地區開府主領邊防事務，屬官有副校尉、左、右校尉，長史等，其所主持的度遼營更是邊防軍有力的一支。兩漢時期，度遼將軍在征伐烏桓的過程中有突出表現，「對烏桓的軍事行動，護烏桓校尉極少參與，而是由度遼將軍、使匈奴中郎將等完成。」〔註35〕史書上記載的主要有三次。第一次在元鳳三年（前78），《漢書》卷七《昭帝紀》載「元鳳四年夏四月，漢昭帝下詔曰：「度遼將軍（范）明友……今破烏桓，斬虜獲生，有功。其封明友為平陵侯。」第二次在元鳳六年二月，《漢書》卷二六《天文志》載：「二月，度遼將軍范明友擊烏桓還。」第三次在元鳳六年九月，《史記》卷二二《漢興以來將相名臣年表》載：「九月庚寅，衛尉平陵侯范明友為度遼將軍，擊烏丸。」由此可以看出度遼將軍在軍事行動中的作用，除了對烏桓作戰，與匈奴作戰，也是度遼將軍的重要任務。《漢書》卷九四上《匈奴傳上》載：「本始二年（前72），漢大發關東輕銳士，選郡國吏三百石伉健習騎射者，皆從軍。……度遼將軍范明友三萬餘騎，出張掖。」度遼將軍在處理北方民族事務尤其在軍事領域的表現，使其主要負責平定南匈奴、西羌、烏桓、鮮卑叛亂、擾邊諸事，作為東漢北部邊疆的職官管理羌族和南匈奴事務的職能則調整給了護羌校尉和使匈奴中郎將。度遼將軍與護烏桓校尉、護羌校尉、使匈奴中郎將互為犄角，拱衛北方、西北邊疆。在維護兩漢邊疆防禦安定中起到至關重要的作用。

度遼將軍設置是為了加強東漢北方的統治，遏制散居於北方的匈奴、鮮卑、烏桓的侵擾，保障北部邊境的安定。與當時邊疆地區的郡縣機構以及軍鎮機構配合，加強了對東漢北方多民族地區的統治和軍事控制，尤其在處理民族事務方面居於重要地位。

〔註33〕《後漢書》志二十四《百官志》，北京：中華書局，1965 年，第 3565 頁。
〔註34〕《後漢書》卷二《明帝紀》，北京：中華書局，1965 年，第 110 頁。
〔註35〕李俊方，魏舶：《漢晉護烏桓校尉職官性質演變探析》，《北方文物》，2009 年第 4 期。

上述這些專職軍鎮職官與其他常設職官相配合，履行著維護兩漢邊地的統治秩序的義務，對抵禦邊疆民族的進攻發揮了巨大的作用。這些邊境主帥有的始為臨時命設的使者，後發展為穩定的真官；有的始無固定屯地，後發展為有固定治所；有的僅掌軍事，有的既統軍，又理政，情況不完全一致，但均屬置於邊境的武官或由武官出任該職，主要領護少數民族地區軍事，也處理當地的一些行政事務，並直轄一定數量的軍隊，執行戍邊衛國任務。同時，面對複雜的邊疆局面，軍鎮機構能夠採取多樣措施因地制宜的管理和鎮撫少數民族地區，是邊疆地區不可或缺的補充。

二、屬國與屬國都尉

屬國是中原王朝安置歸附的周邊少數民族的一種組織形式或管理方式，它至少在戰國時期已經出現。據《睡虎地秦墓竹簡》，秦朝稱歸附的少數民族和部落為「屬邦」。屬邦是指歸屬於秦的少數民族中較大的部落政權。《漢書·百官公卿表》載，秦朝設有「掌蠻夷降者」的典屬國。它的任務是管理來降的「蠻夷」和接待「夷狄」朝貢的侍子。兩漢的屬國制度主要是繼承了秦的屬邦制，只是秦末大亂，互相攻佔的各方無暇顧及邊境的屬國，因此西北邊境的部分地區復為匈奴乘隙所佔領，屬邦制度亦因此解體。到西漢初期，為避高祖劉邦名諱而改稱「屬邦」為「屬國」。屬國制度隨著王朝的穩固又得以重新恢復且逐步發展完善。

漢武帝時期，漢王朝開拓邊疆，經略西北，展開了一系列針對匈奴的反擊戰爭，戰爭勝利所帶來的匈奴降眾急需要安置，因此，「武帝元狩三年（公元前120年）昆邪王降，復增屬國，置都尉、丞、侯、千人。屬官，九譯令。成帝河平元年（前23年）省併大鴻臚」〔註36〕。西漢屬國設置的情況，根據《漢書·地理志》的有關資料，自武帝至昭宣時期，大致有安定屬國（又稱三水屬國、北地屬國）、天水屬國（又稱隴西屬國）、上郡屬國、西河屬國、五原屬國、張掖屬國、金城屬國等七個屬國。其中張掖屬國、金城屬國雖然《漢書·地理志》沒有記載，但《漢書·匈奴傳》有提到張掖屬國，「右賢王、犁污王四千騎分三隊入日勒、屋蘭、番和。張掖太守、屬國都尉發兵擊，大破之，得脫者數百人……」〔註37〕。《漢書·宣帝紀》也提到金城屬國，「夏五月，羌

〔註36〕《漢書》卷十九《百官公卿表》，北京：中華書局，1962年，第735頁。
〔註37〕《漢書》卷九十四《匈奴傳》，北京：中華書局，1962年，第3783頁。

虜降服，斬其首惡大豪楊玉、酋非首。置金城屬國以處降羌。」《漢書・趙充國傳》中也有提到，可能與金城屬國設置與湟中屯田是同時進行的有關。西漢末年還提出設置西海屬國的計劃。《漢書・王莽傳》上有載，議在西海設西海屬國以統治先零羌。次年先零羌起義，西海郡太守被趕走了，就此作罷。

　　漢武帝最初復置屬國只是為了安置匈奴降眾，上述七屬國只有金城屬國是為了安置西羌部族。這些分布在西北邊疆的屬國，是西漢針對北方匈奴威脅所施行羈縻統治的策略之一。漢武帝「復置屬國」時將歸附的匈奴部眾安置於「邊五郡故塞外」並派屬國都尉領護。此後的統治者們也都繼續效法漢武帝，沿襲了這一做法。屬國的組織形式因其是「因俗而治」，保留內附各族或部落原有的官職名號和組織，保持其原有的生產方式和生活習俗。在西漢，屬國「分郡離遠縣置之，如郡差小，置本郡名」〔註38〕，被安排在郡內遠縣處的屬國，從地理位置上說主要是考慮到游牧民族的生產方式和生活習慣更適合在邊郡適宜游牧的地區。從行政區劃上說規模比郡小些，受屬國都尉領護。屬國都尉由中央直接任命，是中央管理歸屬少數民族事務的助手，接受中央典屬國的領導。成帝河平元年（公元前 28 年），由於漢廷內部管理機構調整，典屬國併入大鴻臚，領導屬國的中央直屬部門的省併，並不意味著屬國都尉的消失，後期是大鴻臚兼管屬國事務。總而言之，西漢的屬國政策在當時還處於摸索階段，並不健全、完善。如，當時屬國被視為郡內的一個縣，這在人口統計上表現的很明顯，兩者的人口是合併統計的。可見，西漢的屬國在當時還沒有完全發展起來。但它符合了當時社會處理邊疆民族關係的要求，順應了社會歷史發展的趨勢，為東漢王朝屬國政策的發展奠定了基礎。

　　而兩漢之際，社會動盪，邊疆民族地區政局不穩，王莽的民族政策損害了各族人民的利益，反莽鬥爭此起彼伏。導致在東漢建立後，漢廷與邊疆少數民族之間嚴峻的民族關係也未得到緩解。東漢前期，隨著土地私有制深化和發展，農民大批破產流亡，整個東漢面臨著建國初期求發展的局面。東漢王朝對歸附少數民族部落的管理也基本上承襲西漢時期的屬國制度，對各族降眾寬容的安置態度，有利於以最小的成本來解決複雜的邊疆問題，因此屬國制度在東漢時期得到了進一步完善和發展。東漢屬國在數量上超過西漢，在屬國地位，區域範圍以及權力應用等方面也都較西漢時有了很大的進步。東漢建武六年（公元 30 年）「省諸郡都尉，並職太守，無都試之役。省關都

〔註38〕《後漢書》志二十八《百官志五》，北京：中華書局，1965 年，第 3619 頁。

尉。唯邊郡往往置都尉及屬國都尉，稍有分縣，治民比郡」〔註39〕，地位有所上升。安帝時邊郡都尉多被改為屬國都尉，幾乎「漢邊郡皆置屬國」〔註40〕。這時的屬國與西漢初設時的屬國有所不同，它是在原有郡縣管轄地區將境內少數民族集中的地方劃出來，此時設置的屬國即使與郡同名，其轄地也與郡守分治，境內事務由屬國都尉統一管理，治民領縣，「如郡差小」，故稱比郡屬國，屬國都尉權限增大。據《漢書》、《後漢書》、《三國志》所載，東漢時有屬國十三個，除了西漢原有的如西河屬國、上郡屬國、張掖屬國、安定屬國、金城屬國仍繼續存在或復置外，還增設了越嶲西部屬國、廣漢屬國、蜀郡屬國、犍為屬國、張掖居延屬國、遼東屬國、巴東屬國、酒泉屬國等。

在屬國境內的最高長官是屬國都尉。「典屬國，秦官，掌蠻夷降者。武帝元狩三年昆邪王降，復增屬國，置都尉、丞、候、千人。屬官，九譯令。成帝河平元年省併大鴻臚」〔註41〕。西漢時期，屬國都尉與郡縣部都尉同級，屬國都尉由中央任命，形式上直屬中央典屬國，但實質上是受郡太守調遣。居延漢簡中有太守府下達給屬國都尉的文書：「三月丙午，張掖長史延行太守事，肩水倉長湯兼行丞事，下屬國、農都尉小府，縣官承書從事下當用者，如詔書／守屬宗府佐助，定」（10‧32）。這至少反映出，屬國都尉要執行郡太守下達的命令，屬國都尉是太守府的下屬職官。東漢的情況則有些不同。《後漢書‧百官志》「每郡置太守一人，二千石，丞一人。郡當邊戍者，丞為長史。王國之相亦如之。每屬國都尉一人，比二千石，丞一人」。又有「邊郡往往置都尉及屬國都尉，稍有分縣，治民比郡」。東漢出現了比郡屬國，屬國都尉地位上升，不再聽命於郡太守，而能分縣治民。屬國都尉統轄的武裝軍隊稱「屬國騎」或「屬國胡騎」，因其故俗，獨立成軍。由於屬國軍隊性質較為特殊，因而在漢代的邊防軍中自成系統，與邊防軍中其他邊郡兵等並不互相統屬。這就使屬國都尉集軍政大權於一身，成為地方上相對比較獨立的軍事力量。如光武帝時期，以張掖屬國都尉起家的竇融，任「行河西五郡大將軍，涼州牧」〔註42〕。身挑數職，在河西地區割據稱霸。

漢代屬國除屬國都尉之外，還有一系列下層職官。根據簡牘和出土實物

〔註39〕《後漢書》志二十八《百官志五》，北京：中華書局，1965 年，第 3619 頁。
〔註40〕《後漢書》卷二三《竇融傳》，北京：中華書局，1965 年，第 796 頁。
〔註41〕《漢書》卷十九《百官公卿表第》，北京：中華書局，1962 年，第 735 頁。
〔註42〕《後漢書》卷二十三《竇融傳》，北京：中華書局，1965 年，第 797 頁。

可以看到有以下幾種。廥左尉：出土實物有印章「屬廥左尉」，又有龜鈕銅印「安屬左騎千人」〔註43〕。《漢書‧武帝紀》載：「秋，匈奴昆邪王殺休屠王，並將其眾合四萬人來降，置五屬國以處之。」師古注言：「凡言屬國者，存其國號而屬漢朝，故曰屬國。」「安屬」應該是「安定屬國」的簡省之意，「廥」在《說文解字‧廣部》中解釋為：「芻藁之臧也」〔註44〕。意為存放草料的房舍。趙平安認為：屬國所轄本來多是游牧民族，草料對他們來說非常重要，因而設有專門的管理機構；印文為屬國草料庫的左尉印，有左。廥是存儲制度的核心環節，屬國職官相對於其他少數民族機構設置已經逐漸漢化。塞尉：居延新簡載：

　　建武三年四月丁巳朔辛巳，領河西五郡大將軍張掖屬國都尉融，移張掖居延都尉，今為都尉以下奉各如差。司馬、千人、候、倉長、丞、塞尉職闕，都尉以便宜財予。從史田吏。如律令。（22‧70）

這是負責據守要塞的軍官。尉史：居延漢簡載：

　　九月乙亥，觻得令延年、丞置敢言之。肩水都尉府移肩水候官、告尉、謂東、西、南、北部義等補肩水尉史、隧長、亭長、關佐各如牒，遣自致。趙侯、王步光、成敢、石脣成皆書牒署從事，如律令，敢言之。（97‧10，213‧1）

這是尉官屬下的書記官。司馬（丞）：如前所引之居延新簡（22‧70），屬國都尉下有司馬。司馬下又有丞，居延新簡載：

　　都尉事、司馬丞登行丞事，謂肩水候官：寫移檄到，如大守府檄書律令。卒史安世、屬樂世、書佐延年。（12‧1C）

城司馬：居延新簡載：

　　本始元年九月庚子，可九十騎，入甲渠止北隧，略得卒一人，盜取官三石弩一、槀矢十二、牛一、衣物去。城司馬宜昌將騎百八十二人，從都尉追。（57‧29）

　　永始三年三月辛亥，居延城司馬譚以秩次行都尉事，當舍傳舍，從者如律令。（140‧2）

〔註43〕羅福頤：《秦漢南北朝官印徵存》，北京：文物出版社，1987年，第64頁。
〔註44〕許慎：《說文解字》，北京：中華書局，1978年，第192頁。

這是專門負責守城的司馬。左騎千人：實物有印章「安屬左騎千人」〔註45〕。據此知，或有右騎千人，騎千人左右並置。城騎千人：居延新簡載：「□居延都尉德、城騎千人慶兼（51．556A）。」騎千人乃統領騎兵之千人，城騎千人應是負責守城的官職。百長：見於居延漢簡：「出糜卌三石二斗，徵和三年八月戊戌朔己未，第二亭長舒付屬國百長、千長（148·1，148·42）」據此知，屬國有「百長」，是屬國之底層軍官。

上述的軍鎮機構和屬國，都是漢王朝針對邊疆上的少數民族，在郡縣制度以外專設的管理機構，具有特殊使命和作用。如果說郡縣制度，是漢王朝在全國範圍內推行的政治制度，是在地域的概念範疇內劃分了所「防」之地，狹義的看做是對「領地」的守護，那麼邊地上的這些軍鎮機構和屬國則更多的是從管理少數民族的層面去發掘新的治邊策略，強調對其他相鄰民族群體的防禦，是漢王朝期待文化蔓延、經濟滲透對守邊的功效。

第三節　地緣戰略性防禦區——西域

漢宣帝神爵二年（公元前60年），西漢王朝在西域設立西域都護府，對天山南北以及附近廣大地區進行軍政管轄。從此，西域納入漢朝版圖。實際上，爭奪西域地區，是漢王朝針對匈奴所進行的有效的地緣政治化策略。而西域都護府的設立，標誌著這一政治舉措的初步成功。

一、西域諸國與西域都護府

古代的「西域」是一個狹義的地理概念。據《漢書·西域傳》記載：「西域以孝武時始通，本三十六國，其後稍分至五十餘，皆在匈奴之西，烏孫之南。南北有大山，中央有河，東西六千餘里，南北千餘里。東則接漢，厄以玉門、陽關，西則限以蔥嶺。其南山，東出金城，與漢南山屬焉，其河有兩原：一出蔥嶺山，一出于闐。于闐在南山下，其河北流，與蔥嶺河合，東注蒲昌海。蒲昌海，一名鹽澤者也，去玉門、陽關三百餘里，廣袤三百里。其水亭居，冬夏不增減，皆以為潛行地下，南出於積石，為中國河雲。」〔註46〕。這說明在當時西漢人的心目中，西域是一個在地理上處於崑崙山和天山山脈

〔註45〕孫慰祖：《兩漢官印匯考》，上海：上海書畫出版社，1993年，第146頁。
〔註46〕《漢書》卷九十六上《西域傳》，北京：中華書局，1962年，第3871頁。

環抱中，在匈奴以西，烏孫以南，東接漢壤，出玉門、陽關，西達蔥嶺範圍內的地域。在此地域中小國林立，「西域內屬有三十六國」，「哀平間，自相分割為五十五國」〔註47〕，大致在漢武帝時有三十六國，此後逐年增加變化，鼎盛時期甚至有五十多個國家。當然，西域諸國的數量也並非一成不變的。

　　在漢王朝經略西域以前，西域的實際統治者是北方游牧民族——匈奴。匈奴也曾在西域設僮僕都尉控制當地政府，「常居焉耆、危須、尉黎間，賦稅諸國，取富給焉」〔註48〕。匈奴奴隸主貴族對天山南北各族的統治是十分殘酷的。匈奴右賢王將西域作為後方基地，盤剝西域各地糧餉並經常劫掠漢朝邊境地區，甚至一度威脅到西漢都城長安。漢武帝時期為了維護國家統一，反擊匈奴的盤剝和殺掠，他先後兩次派遣張騫西行以通西域，希望在西域諸國中尋求政治聯盟者。在掌握西域情況後，元封三年（公元前108年），漢武帝派大將王恢率兵攻佔姑師和樓蘭，以便掌握敦煌與西域間的交通要道。隨後又派遣李廣利率軍進行了前後兩次伐大宛的軍事行動，於是「西域震懼，多遣使來貢獻」〔註49〕，以揚國威，震懾四方。然而，西域距離中原路途遙遠，漢王朝很難在實質上對西域地區進行全面掌控。於是，漢昭帝時期開始在西域輪臺屯田，繼而圖謀車師等西域縱深的國家。因此，地節二年（公元前68年）漢遣侍郎鄭吉率屯田士卒和西域各國聯軍攻擊車師。經過五爭車師的反覆戰爭，鄭吉因功被封為衛司馬，使護西南道各地。匈奴也在戰爭中日漸衰微，所屬各部族間發生分裂，實際控制西域地區的匈奴日逐王先賢撣降漢，使鄭吉由獨護南道轉為統管南北道各地，完成對西域的統轄。

　　西漢政府任命鄭吉為都護。「都護」相當於邊郡太守，主管西域，全面負責其防務。「西域都護加官，宣帝地節二年初置，以騎都尉、諫大夫使護西域三十六國，有副校尉，秩比二千石，丞一人，司馬、候、千人各二人。戊己校尉，元帝初元元年置，有丞、司馬各一人，候五人，秩比六百石」〔註50〕。其屬官，有副校尉、丞和司馬、候、千人等，戊己校尉雖然可以單獨開府，但仍然隸屬於西域都護，且有丞、司馬、候等屬官，東漢時置時罷。西域都護作為漢朝政府派駐西域的最高軍政長官，其主要職責有兩部分，主要是維護漢

〔註47〕《後漢書》卷八十八《西域傳》，北京：中華書局，1962年，第2909頁。
〔註48〕《漢書》卷九十六上《西域傳》，北京：中華書局，1962年，第3872頁。
〔註49〕《漢書》卷九十六上，《西域傳》，北京：中華書局，1962年，第3873頁。
〔註50〕《漢書》卷十九上《西域傳》，北京：中華書局1962年，第738頁。

朝邊疆地區社會安定，負責徵調西域諸國武裝力量反擊匈奴奴隸主貴族勢力對西域的控制；其次是代表漢王朝中央政府穩定安撫西域諸國，使其對漢廷忠心，減少反叛事件，掌管地方首領的任免獎懲；第三是發展屯田事業，確保絲綢之路暢通等。西域都護是西域都護府的最高長官，它代表漢朝中央政府行使主權，有效地管轄著西域廣大地區，是漢朝中央政府派遣在西域的最高軍事長官。

西域都護府「中西域而立莫府」，作為漢朝統轄西域的最高軍政機構，設在烏壘城。烏壘城作為西域的中心位置，是南北往來的要衝地帶，便於全面掌控西域的局勢。據史書記載：「西域內屬有三十六國」，「哀平間，自相分割為五十五國」〔註51〕，其中「康居、大月氏、安息、罽賓、烏弋山離之屬，皆以絕遠，不在數中」外〔註52〕，西域都護府管轄的西域地區小國林立，周邊又有康居、安息等不內屬的大國存在，實際上地區問題相當複雜。西域都護府的建立，使「漢之號令班西域矣」，標誌著西域諸地被納入我國統轄的版圖範圍內，成為統一的多民族國家的一份子。它是先秦時期以後中原地區同西域地區長期經濟文化關係發展的歷史必然。漢朝政府直接任免西域都護以及專理西域屯田事務的戊己校尉等高級官員，冊封當地首領，頒發印綬，讓其管理地方日常事務。

西域都護府設置的職能有以下幾個方面考慮。首先從體制上界定了漢朝中央王朝與西域諸國的政治關係，即中央和地方的關係。這就意味著，西域各地首領及其下屬官員進行任命、冊封和獎懲需要西域都護府代表漢朝中央政府來完成。「自譯長、城長、君、監、吏、大祿、百長、千長、都尉、且渠、當戶、將、相至侯、王皆佩漢印綬，凡三百七十六人」〔註53〕，西漢時期西域諸國將佩漢印綬視為正統。如元帝時，由西域都護韓宣向漢朝中央政府報請批准對烏孫大吏、大監等官員」賜金印紫綬」。成帝鴻嘉四年（前17年），西域都護段會宗因烏孫難棲平亂有功，封其為「堅守都尉」而對於失職的烏孫大祿、大吏、大監也是通過「奪金印紫綬，更與銅墨」的懲罰。甚至在永元元年（前88年），還發生西域都護班超因龜茲王與匈奴奴隸主貴族密謀挑動西域地區事端而將其廢黜的情況，西域都護甚至有權有能力左右西域諸國的政權更替。

〔註51〕《後漢書》卷八十八《西域傳》，北京：中華書局，1962年，第2909頁。

〔註52〕《後漢書》卷八十八《西域傳》，北京：中華書局，1962年，第2909頁。

〔註53〕《後漢書》卷八十八《西域傳》，北京：中華書局，1962年，第2909頁。

西漢王朝在西域設置西域都護府，是對邊遠地區一種獨特的管理方式，在歷史上是首創。為我國後世王朝對邊境少數民族地區的管理和開發開創了先例，也是當今我國民族地區區域自治制度形成的歷史淵源。後世唐朝曾在邊疆少數民族地區設置都護府進行管理，在東北設有「安東都護府」，西北設有「安西」「北庭」等都護府。這都是借鑒了西漢王朝建立西域都護府時的經驗，為中央集權下多民族統一國家的鞏固和發展提供了寶貴經驗，也為政治、經濟、文化交流提供了通道和平臺。

二、特殊的緩衝地帶功能

西域諸國在西漢中後期才納入漢王朝邊疆板塊的部分，是漢匈博弈的結果，也是漢匈對峙中一處極為巧妙的緩衝地帶，發揮了特殊的功能。這很符合漢民族的政治策略以及戰略戰術的邏輯，也預示了漢王朝地緣政治的走向。

首先，西域都護府的設立解除了匈奴、南羌聯合對西漢西部疆域的威脅。在漢武帝派遣衛青、霍去病大規模出擊匈奴以前，匈奴的地盤遼闊寬廣，長城以北蒙古高原，西漢西部的河西走廊、祁連山以北等大片區域都可以看到匈奴騎兵的身影。而羌族主要位於漢朝的西部和西南部，尤其是西南部的南羌曾經是月氏的後代。月氏是被匈奴擊破西遷，有一支部落仍留在敦煌、祁連山一帶，號小月氏。這支部落與西漢以湟水為界，漢在北，羌在南。匈奴和南羌在漢朝的西部邊疆相連接，匈奴右賢王及其率領的軍隊直接威脅西漢西部疆域，而南羌也有多次反叛，威脅漢朝西部邊疆的情況，與西漢對抗的匈奴也看到南羌在共同對付西漢中的價值。

漢武帝時期為了抵禦匈奴，西漢王朝在河西走廊設立酒泉、敦煌、武威、張掖四郡，這四郡是西漢通往西域戰略通道上的重鎮，如果匈奴和南羌合流聯盟，被北面的匈奴和南邊的南羌攔腰截斷，共同謀劃攻擊漢朝，直接切斷西漢與西域的聯繫，將對漢朝的邊疆安全構成重大威脅。《漢書‧趙充國傳》載：「至徵和五年，先零豪封煎等通使匈奴，匈奴使人至小月氏，傳告諸羌曰：『漢貳師將軍眾十餘萬人降匈奴。羌人為漢事苦。張掖、酒泉本我地，地肥美，可共擊居之。』以此觀匈奴欲與羌和，非一世也」，「疑匈奴更遣使至羌中，道從沙陰地，出鹽澤，過長阬，入窮水塞，南抵屬國，與先零相直」，「後月餘，羌侯狼何果遣使至匈奴藉兵，欲擊鄯善、敦煌以絕漢道」[註54]。

〔註54〕《漢書》卷六十九《趙充國傳》，北京：中華書局，1962 年，第 2973 頁。

為了打擊匈奴、隔絕匈奴和南羌的勾結，漢武帝在位時期西漢多次針對匈奴向北主動出擊，與匈奴正面對抗，同時派遣大批使者出使西域。匈奴在西漢的猛烈攻擊下失去河西走廊一帶大片土地，被迫向北撤退。漢宣帝時期，將軍趙充國、辛慶忌等率軍向南進剿南羌，南羌反叛勢力逐步被剿平，殘部繼續向南逃竄。匈奴和南羌的勢力分別向北和向南逃竄，匈奴和南羌對於西漢通往西域戰略通道的威脅則大大減少。

西域都護府設立後，西域同西漢內地的聯繫得以進一步加強，西域與西漢內地之間的往來也更加暢通。為了確保連接西域和西漢內地的河西走廊這一戰略通道的安全，同時為了維護西域穩定，西漢在位於河西走廊上的敦煌、酒泉等郡部署了重兵。這進一步隔絕了匈奴與南羌的聯繫，使匈奴與南羌不能勾結起來共同威脅西漢西部疆域，從而確保了西漢西部邊疆的穩固。

其次，出擊西進，避免漢王朝傳統本土成為雙方廝殺的戰場。兩漢王朝中央統治高層之所以經略西域，主要是迫於匈奴襲擾所帶來的壓力，圖謀切斷西域對匈奴的支持和供給，即所謂「斷匈奴右臂」的邊防策略。漢王朝在後來與匈奴的戰爭中，將戰場拉向西域地區，從突襲樓蘭，攻破姑師，到貳師將軍兩次攻打大宛，以及「五爭車師」，無不說明在西漢中期以後的邊疆拓展中，西域作為新開闢的戰場，更有效地分擔了邊郡的保衛任務，也使漢王朝有時間和空間鞏固傳統邊郡地區的開發建設成果。西漢末年，內地政局動盪，北匈奴重回西域且變本加厲盤剝諸國，「匈奴斂稅重刻，諸國不堪命」〔註55〕。東漢初期，西域諸國「皆遣使求內屬，願請都護」〔註56〕。而光武帝「以天下初定，未遑外事，竟不許之」〔註57〕。此後，導致西域諸國迫於形勢相互攻伐，兼併。甚至「永平中，北虜乃脅諸國共寇河西郡縣，城門晝閉」〔註58〕。可見，西域的「淪陷」，對漢王朝邊郡的打擊和影響極大，也給邊防帶來巨大的壓力和危機。因此，「十六年，明帝乃命將帥，北征匈奴，取伊吾盧地，〔六〕在今伊州伊吾縣也。置宜禾都尉以屯田，遂通西域，於寘諸國皆遣子入侍。西域自絕六十五載，乃復通焉」〔註59〕。明帝改變東漢前期對西域的「冷漠」態度，重新在西域建立都護和戊己校尉。漢和帝永元三

〔註55〕《後漢書》卷八十八《西域傳》，北京：中華書局，1965年，第2909頁。

〔註56〕《後漢書》卷八十八《西域傳》，北京：中華書局，1965年，第2909頁。

〔註57〕《後漢書》卷八十八《西域傳》，北京：中華書局，1965年，第2909頁。

〔註58〕《後漢書》卷八十八《西域傳》，北京：中華書局，1965年，第2909頁。

〔註59〕《後漢書》卷八十八《西域傳》，北京：中華書局，1965年，第2909頁。

年（公元 91 年），班超任都護，駐守龜茲，在聯合西域諸國，打擊匈奴等方面不遺餘力，不僅維持了東漢在西域的地位和影響力，而且也維護了東漢政府西北邊地的安寧。

　　第三，利用地緣優勢，建立與西域諸國的政治軍事戰略聯盟。漢宣帝神爵二年（前 60 年），西漢中央朝廷建立西域都護府。使西域諸國「臣屬」於漢廷。漢廷有責任維護西域社會安定；有權力徵調西域各地武裝力量；有義務安撫西域諸國，並掌管地方首領的任免獎懲。漢王朝派遣到西域的西域都護有抗擊匈奴襲擾的職責。在對抗匈奴時負責組織調配西域各國武裝力量配合漢朝軍隊作戰。同時，各國國王必須服從調遣，雙方的軍事戰略同盟才能發揮作用。例如，甘露二年（公元前 52 年），南匈奴呼韓邪單于降漢，北匈奴郅支單于殺掉衛司馬谷吉，西奔康居，威脅到烏孫、大宛等都護府管轄的地區。建昭三年（公元前 36 年），都護甘延壽和副校尉陳湯「發城郭諸國兵、車師戊己校尉屯田吏士」，從烏孫、大宛兩地出擊郅支單于，攻陷郅支城，一方面以中原軍為主力，一方面又率西域各國軍隊，集結兩方勢力聯合對抗北匈奴，保證了西域地區的穩定，發揮了聯盟的作用。又如烏孫泥靡之子「細沈瘦會兵圍（魏）和意、（任）昌及（解憂）公主於赤穀城。數月，都護鄭吉發諸國兵救之，乃解去」〔註 60〕。再如東漢明帝永平十八年（公元 75 年），焉耆、龜茲叛亂，「攻沒都護陳睦，惡覆其眾，匈奴、車師圍戊己校尉」〔註 61〕。都護班超為了鎮壓叛亂，發龜茲、鄯善等 8 國之兵，合七萬人及吏士賈客一千四百人討伐焉耆。這些都說明漢朝與西域諸國的軍事聯盟在維護西域地區的安定上面發揮了不可估量的作用，同盟的意義得以顯現。

　　第四，西域成為漢文化與西北各少數民族經濟文化交流滲透的繁榮區域。隨著「絲綢之路」的暢通，內地漢人與西域使臣、典客、商賈間頻繁往來，西域一片經濟繁榮的景象。在廣泛的交流中，長江黃河流域的鑄造、鑿井等先進的生產技術為自然條件相對惡劣的西域乾旱地帶農業發展帶來了生機。內地的各種手工業製品，養蠶、紡織、農具製造等技術也很受西域各族人民的歡迎。根據斯坦因《西域考古記》所記載的，在樓蘭遺址的漢墓中有銅鏡、木製兵器模型、家具、絲絹、繡品殘片等，在其他地區也考古發現過漢族絲綢服裝、漆盒、鐵製髮釵等，這都說明內地物產對於西域地區的經濟生活影響

〔註 60〕《漢書》卷九十六下《西域傳》，北京：中華書局，1962 年，第 3906 頁。
〔註 61〕《後漢書》卷四十七《班梁列傳》，北京：中華書局，1965 年，第 1574 頁。

廣泛。同樣,西域地區大量的農牧土特產品輸入內地,也對中原地區漢族人民的經濟生活產生了重要影響。特別是大宛的汗血寶馬以及葡萄、核桃、大蒜等農作物產品,豐富了漢族人民經營農牧業產品的品種。

同時,西域與內地的文化交流也日益深入。尤其是中原文化深受西域影響。例如在音樂等藝術領域,西域樂舞的傳入,各種西域樂器改變了漢樂以打擊樂為主的情況,如西域的琵琶、胡笳、胡笛等管絃樂的加入,使內地音樂發展出現了諸多變化,新的聲律的加入使中原音樂的文化內涵在交流中得到豐富和加深。桓、靈之際,佛教在內地民間開始興盛起來,西域是佛教流入的主要地區,關於佛教的藝術也從西域傳入內地,如佛寺的建造,佛像的雕飾無不展現了異域風格。而大量佛經被翻譯成漢文後,對內地的語言有著潛移默化地影響,漢語中出現了很多外來的詞語;與佛經一同傳入的還有婆羅門書,《後漢書·藝文志》錄有《婆羅門書》一卷,其中記載的天文、醫藥、曆算等方面對古代中國有著深遠的影響。這一時期,漢文化也受到歡迎,西域少數民族學習漢語的事例很多,其中《流沙墜簡》〔註62〕中就有少數民族貴族婦女在禮物上掛有書寫了漢字的名牌,可見,漢語在西域的流行。西域人喜歡漢文的同時也喜歡使用漢文書寫所用的簡牘以及後來的紙張。紙張的傳入為中西文化的傳播提供了物質條件,這是造紙術對世界文化巨大的貢獻。漢族先進的文化源源不斷的流入西域更容易被統治階級上層人士所接收,至少在只能記錄社會上層精英活動的史書中我們可以看到西域各族生活習俗中已經融入了漢文明的點滴。《漢書·西域傳》載:「(龜茲王絳賓)後數來朝賀,樂漢衣服制度,歸其國,治宮室,作徼道,周衛出入傳呼,撞鍾鼓,如漢家儀」〔註63〕;莎車王延「嘗為侍子,長於京師,慕樂中國,亦復參其典法」〔註64〕,足見其不僅熱愛漢文化,還在自己的統治期間推行漢朝政府的政令,並傚仿漢朝的典章制度來治理莎車。漢文化在這一時期主要滲透於統治階級上層。

三、西域諸國對漢廷的態度管窺

漢武帝通西域以後,啟動了「截斷匈奴右臂」的戰略部署。事實上,漢

〔註62〕羅振玉、王國維:《流沙墜簡》卷三簡 30、2B、31、29。
〔註63〕《漢書》卷九十六下《西域傳》,北京:中華書局,1962 年,第 3917 頁。
〔註64〕《後漢書》卷八十八《西域傳》,北京:中華書局,1965 年,第 2923 頁。

王朝在西域的行動和策略主要就是政治拉攏與軍事征討相結合的路線。面對匈奴和漢王朝兩大勢力，西域諸國在不同時間段表現出不同的態度。

西漢初期，打通西域聯合以大月氏為首的西域諸國，共同抗擊匈奴，成為漢武帝對匈奴作戰的一個重要戰略組成部分。漢武帝派遣張騫於建元二年（前 139）出使西域。張騫歷經艱險到達了大宛、大月氏、大夏、康居、樓蘭、姑師等國。對於漢王朝的造訪，西域各國的反應與漢王朝的初衷大相徑庭。當張騫到達西域時，大月氏已經征服阿姆河流域的大夏國，設王庭於河北。現實中的大月氏已經遠離伊犁河、楚河流域，也遠離匈奴，過上了安居樂業的生活，對漢朝提出的夾擊匈奴的策略不感興趣。而其他城邦諸國由於對漢王朝不甚瞭解，對漢王朝的建議不敢貿然行事，只能漠然處之。

此後，漢武帝與匈奴在漢邊郡地區的全面戰爭取得節節勝利，使西域各國對漢王朝的瞭解越加清晰起來。元鼎元年（前 116）張騫再次出使西域，預計重金賄賂烏孫、動員他們東歸故地，填補河西地區因匈奴撤退而留下的空白，與漢王朝共同防禦匈奴。張騫到達烏孫後，不料烏孫名為一國，實際上一國三政，老國王已無法控制局勢。張騫雖然沒有說服烏孫東歸，但烏孫改變了態度，遣使者數十人使漢。「烏孫使見漢人眾富厚，歸報其國，其國乃益重漢」〔註 65〕。烏孫國王早已有「不肯復朝事匈奴」的心態。隨後，匈奴又因烏孫接近漢朝而冷落烏孫，時常有「怒欲擊之」〔註 66〕的做法徹底將烏孫推向漢廷，促使烏孫「使使獻馬，願得尚漢公主，為昆弟」〔註 67〕，於是，漢遣宗室女細君公主前往烏孫，烏孫王昆莫以為右夫人，烏孫從此開啟了與西漢結親的政治關係。細君死後，漢又把楚王劉戊的孫女解憂公主嫁給烏孫王，雙方關係越來越鞏固了。漢昭帝後，這種政治上的結親又進一步演變為政治上的結盟。

隨著漢王朝對西域各地更加瞭解以及對西域重要戰略地緣的考慮，漢武帝對西域，從單純的打擊匈奴，上升到「廣地萬里，重九譯，致殊俗，威德遍於四海」〔註 68〕，欲全面經略西域。而西域小國樓蘭和姑師，正當西域通漢道的東端，漢使出玉門關，這是第一站。漢朝使節到西域時，西域各國需要

〔註 65〕　《史記》卷一百二十三《大宛列傳》，北京：中華書局，1959 年，第 3169 頁。
〔註 66〕　《漢書》卷九十六上《西域傳》，北京：中華書局，1962 年，第 3903 頁。
〔註 67〕　《漢書》卷九十六上《西域傳》，北京：中華書局，1962 年，第 3903 頁。
〔註 68〕　《漢書》卷六十一《張騫傳》，北京：中華書局，1962 年，第 2690 頁。

隆重招待，樓蘭、姑師既首當其衝，無形中增加許多負擔，對漢廷頗有怨懟。匈奴遂乘機策動他們，攻劫漢使，並從這裡刺探關於漢朝的情報。樓蘭和姑師成了匈奴的耳目。這促使漢庭對這一地區進行軍事打擊行動。遂於公元前108 年（元封三年）命大將趙破奴率屬國騎和郡兵數萬人進攻姑師。復使王恢率輕騎七百先馳至樓蘭，俘樓蘭王。接著漢朝的大軍又北進，攻破了姑師。從此敦煌以西有了保障，漢長城更向西延長至玉門關。樓蘭、姑師之役後，樓蘭國困於漢與匈奴兩大勢力的夾縫之中，「不兩屬無以自安」，因而不得不一子質於匈奴，一子質於漢，以圖對漢與匈奴的平衡。在匈奴和漢王朝兩大勢力的角逐中，樓蘭國王安歸被大將軍霍光派遣的平樂監傅介子刺殺，立親漢的尉屠耆為王，更國名為鄯善，並嫁漢宮女與尉屠耆，又在距樓蘭不遠的伊循城屯田積穀，設伊循都尉鎮守監督。

匈奴失去烏孫後，並沒有放棄對西域的染指，進一步加緊對河西走廊一帶進行掠奪。並且還勾結危須以西大宛等國，扣留和殺害大月氏、身毒國到漢朝來的使節，戕害漢朝的官吏，使漢朝的使節和商隊不能順利地通往西域。匈奴與漢王朝對西域爭奪態勢的愈演愈烈，給西域諸國帶來了前所未有的動盪，增強了漢庭控制西域的決心。大宛遠在帕米爾高原以外，距漢較遠，雖然他們也經常看到漢朝來往中亞各國的使節，但他們長期處於匈奴人的支配之下，對漢王朝不瞭解，每每厚待匈奴使者「國傳送食，不敢留苦」〔註69〕。為了與大宛國增加接觸，漢武帝以金錢換大宛的汗血馬為由，派專使到大宛。大宛王拒絕了漢使，並與之發生了衝突，大宛王便勾結鄰近的郁成國王截殺漢使，並劫奪了漢使的財物。這個消息傳到了長安，漢武帝大為震怒，於太初元年（前104）和太初三年（前102）兩次拜李廣利為貳師將軍，征討大宛，最終以大宛貴人殺宛王毋寡求和為結局。大宛最終也不得不依附西漢王朝。此役之後，西域沿途諸國紛紛派子弟隨軍入朝進貢，留作人質。

新莽時期，西域進入諸國兼併割據的動亂時代。東漢初期，西域各國為了各自的利益，雖都產生過對東漢政權的歸屬意識，東漢政權對西域的經營卻是時斷時續，經歷了「三通三絕」的反覆過程。在第一次的「通絕」過程中，莎車國表現出統一西域的野心，曾經要求對「西域都護」恢復設置，而西域諸國則遣子求質要求東漢王朝庇護。然而在漢王朝國力不足，邊疆地區各種勢力交錯，西域各國情勢複雜的局面下，各方無法達成共識。東漢王朝也

〔註69〕《漢書》卷九十六上《西域傳》，北京：中華書局，1962 年，第 3896 頁。

曾試圖與西域一些國家接觸，但最終並沒有得到西域諸國的響應，對滿足於偏安一隅的西域諸國無可奈何，任由西域各國自由行事。在此過程中光武帝經歷了無視西域各國內屬願望，到試圖委託莎車管理西域，到最後置身與西域事外。反映了漢王朝當時的西域政策和戰略的搖擺不定。正因為這樣的搖擺不定更促使了此後兩次「通絕」的出現，西域諸國也經歷了依靠匈奴還是漢庭的艱難選擇。然而，無論歸附哪一方，西域諸國仍然「蠻夷懷鳥獸之心，難養易敗」〔註70〕，最主要是因為，在與同樣衰落的匈奴的對抗中，東漢王朝與匈奴兩者互有勝負，因此決定了這樣局面的出現。

　　西域地區諸國的態度轉變，主要是因為諸國勢單力薄。他們先是匈奴的附屬國，匈奴通過在西域培植自己的勢力傀儡統治西域，以聯姻拉攏西域貴族，以西域小國質子要挾西域小國等方式，使西域諸國投靠匈奴。後在漢王朝的軍事打擊和政治利誘下，又投靠漢庭。諸國也是在權衡本國的經濟實力和利益取捨，屈從於形勢，做出的選擇。正因為如此，處於匈奴與漢王朝夾心層中的西域諸國，即使後來由西域都護府管轄，但在許多方面也相對獨立。當漢王朝國力衰退或內部政治動盪時，西域諸國的歸附心態也將受到動搖，從整體上說，西域的向心力不穩定。

　　值得借鑒的是，對於多民族地區而言，溝通交往永遠是地緣政治格局轉變的主要手段，在綜合實力基本相當的情況下，誰對民族地區進行充分且深刻的瞭解，實施因地制宜的變革舉措誰才能真正結成同盟，實現互利共贏。而漢王朝所採取的各種管理制度、屯田、發展交通等措施實際都是在對西域多民族地區實際情況深刻瞭解的基礎上做出的適應性選擇。這是國家政權在西域民族地區管理統治的成功範本。對今後各朝代乃至今日，對多民族地區的國家治理方式都具有重要的借鑒意義。

〔註70〕《後漢書》卷四十七《班超列傳》，北京，中華書局，1965年，第1586頁。

第二章 邊防領導體系和駐防武裝力量

　　兩漢邊防體系的建立和運行，離不開中央王朝所設立的邊防領導體系的管理。邊防領導體系是整個邊防構成的指揮核心。而邊防武裝力量的構成，則是邊防體系的動力核心。如果把邊防體系形容成一部機器，領導體系就是控制中心。武裝力量就是發動機和推進器。兩者構成了邊防體系的運作主體和框架。

第一節　邊防領導機構的概況

　　漢朝的軍事制度基本承襲秦制，但其武裝力量的領導體制又比秦代更加豐富和完備。漢朝統治者根據軍隊的不同系統，設立了中央軍事行政領導機構和地方軍事領導機構兩大系統。中央禁衛武裝力量獨立成軍，有著完整的領導體系，邊防軍事領導機構則屬於地方軍事領導系統。而邊郡又不同於一般郡縣，設有獨特的軍事官員。遇到戰事，還要組建臨時指揮系統。這些既有區分、又有聯繫的軍事行政系統，構成了兩漢武裝力量領導體制的全部內容，統御著全國上下的各種軍隊。

一、邊防行政領導體系

　　邊防區域主要由邊郡、軍鎮「領護」機構和屬國組成，形成了漢朝漫長而開闊的邊防帶。在這條防禦帶上，有各自的領導機構，這些領導系統，分

工不同，職責各異，卻能相互配合，形成有效管理機制的邊防行政領導體系。概括來說這一體系就是遵照中央王朝的意識，完成上傳下達的任務，使邊防事務能夠運作起來。軍鎮機構上章已闡述，在這裡不再贅述，這裡主要分析邊郡行政系統和屬國行政系統。

1. 邊郡行政系統

邊郡的最高長官稱太守或郡守，文獻中記載：「郡守，秦官，掌治其郡。秩二千石，有丞。邊郡又有長史，掌兵馬，秩皆六百石。景帝中元二年更名太守」〔註1〕。太守由中央任免，集郡內行政、司法、財稅、軍事等職權於一身。常因處於特殊的邊疆地理位置，戰事頻繁。相對於內郡太守，邊郡太守以郡內軍事防禦體系為工作重心，對基礎邊防負有很大的責任。

太守的治所稱郡守府。主要屬官有丞、有長史，部都尉等。府中之丞以治民，分事諸曹，擔任郡守府行政管理要職。長史掌司馬，是太守的主要軍事助手，邊郡兵馬由其直接率領，基本職責就是帶兵巡邊、作戰。邊郡行政長官，除以勸課農桑、決訟斷案，除奸緝盜為要務外，其具體的軍事職責：一是負責地方軍隊的組建、管理、訓練、考核；二是實施兵役制度，登記和徵召兵員，確保地方軍隊的補充；三是組織管理邊境戍防的戍卒；四是執行皇帝戰時發兵命令，勘驗虎符、羽檄，動員、派遣軍隊出征，保證國家用兵需要，如遇緊急軍情，無須皇帝虎符、軍令，可先機發兵迎戰；五是本郡發生戰事，請命率軍平息，確保和維持地方安全；六是掌管地方武器軍品的生產、儲備、發放、維修；七是負責軍賦、馬匹、糧草的徵收、牧養、運送等等。八是對駐郡諸路邊防屯兵，負有協調關係、通報邊情的責任；九是不時率領兵馬巡邏邊界，確保邊境安全。可見，邊郡太守軍事職權之全面，責任之重大。據《居延漢簡》的記載，在通常情況下，如遇邊境戰事，太守又變身「幕府將軍」。

　　□即下將屯張掖大守莫府卒　　（《居延漢簡釋文合校》227.43）

　　　宣德將軍張掖大守芭長史旗告督郵掾　　（《居延漢簡釋文合校》16.4）

邊郡太守作為邊郡的最高長官，肩負著保衛邊疆的重大任務，而將軍幕府通常在戰時發揮作用，將軍一職通常為臨時調配，不常置，如遇戰事，邊郡太守很適合被臨時任命為戰時將軍，行使邊郡最高指揮權力。太守還管轄

〔註1〕《漢書》卷十九《百官公卿表》，北京：中華書局，1962年，第742頁。

本郡內的部都尉，屬國都尉、農都尉和護田校尉等。

　　太守屬官中負責軍事一職的是都尉，「郡尉，秦官，掌佐守典武職甲卒，秩比二千石。有丞，秩皆六百石。景帝中二年更名都尉」〔註2〕。據《居延漢簡》載，邊郡分部領兵設防，一郡分為二、三部，部置部都尉。部都尉為邊郡太守下屬各部的軍事主官。

　　　　七月庚子將屯欲建大守登敢告部都尉卒人謂縣官戍卒起圍□

　　（1368）

《漢書・李廣利傳》曰：「益發戍卒十八萬酒泉、張掖北，置居延、休屠以衛酒泉。」如淳注曰：「立二縣以衛邊也。或曰置二部都尉」。〔註3〕如敦煌郡四個，酒泉郡三個，張掖郡兩個。邊郡置部都尉於境內軍事要地，負責邊郡各區軍事防衛。

　　部都尉有治所稱都尉府，駐地稱城（或關城），城中有行政屬吏都尉丞、掾等的行政理事系統，部都尉上承太守之命典甲卒，有司馬、千人統領的步兵騎兵作戰系統；有城尉、騎司馬統領的都尉府守衛系統；下有侯、侯長、燧長三級的候望系統。如圖所示：

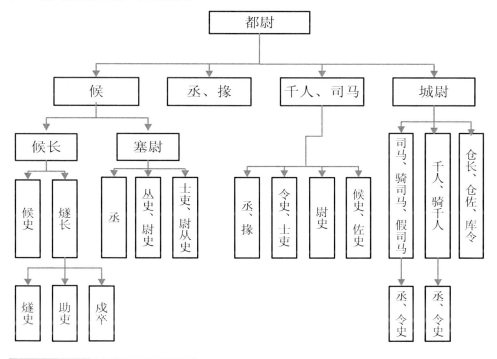

〔註2〕《漢書》卷十九上《百官公卿表》，北京：中華書局，1962 年，第 742 頁。

〔註3〕《漢書》卷六十一《李廣利傳》，北京：中華書局，1962 年，第 2700 頁。

東漢光武帝建武六年（公元 30 年），罷省都尉，並職於太守，本就具有發兵權的太守，又集統兵權於一身，虎符發兵之制亦被破壞。加之後期東漢軍情日趨緊急，以太守為核心的領導體系很容易形成割據一方的軍閥勢力。

2. 屬國行政系統

屬國都尉是總領屬國軍政的最高長官。從武帝時起，對周邊歸附或內屬的少數民族諸部，均設置屬國予以安置。「凡言屬國者，存其國號而屬漢朝，故曰屬國」〔註4〕。據文獻記載「武帝元狩三年（公元前 120 年）昆邪王降，復增屬國，置都尉、丞、候、千人。屬官，九譯令。成帝河平元年省併大鴻臚」〔註5〕。屬國都尉，由中央任免，總領屬國民政、軍事，上隸屬於中央主管外交和少數民族事務的典屬國；下置有長史、候官、左騎、千人、司馬、千人官等屬官。東漢相沿，屬國數量增多，範圍從西北、北方擴展到東北、西南的邊郡，但有置有廢。《後漢書‧和帝紀》「十二月，復置遼東西部都尉官」，注曰「西部都尉，安帝時以為屬國都尉，在遼東郡昌黎城也」〔註6〕。安帝以後，邊郡部都尉多改為屬國都尉，既典武職甲兵，也理民政事務，加強了中央對邊境的控制，增強了邊防的綜合實力。

屬國的領導體制與中原邊郡有明顯差異，並且兩漢又有所變化。總的來說，如上文《漢書‧百官公卿表》所引，中央設典屬國總理屬國事務，在地方的直接領導者則是屬國都尉。西漢時期，屬國都尉與郡縣部都尉同級。居延漢簡中有太守府下達給屬國都尉的文書：「三月丙午，張掖長史延行太守事，肩水倉長湯兼行丞事，下屬國、農都尉小府，縣官承書從事下當用者，如詔書／守屬宗府佐助，定」（10‧32）。由此可以看出，屬國都尉是太守府的下屬機關，因此屬國兵在一定程度上要受太守節制。

東漢的情況則有了明顯的變化，《後漢書‧百官志》「每郡置太守一人，二千石，丞一人。郡當邊戍者，丞為長史。王國之相亦如之。每屬國都尉一人，比二千石，丞一人」。又有「邊郡往往置都尉及屬國都尉，稍有分縣，治民比郡」〔註7〕。東漢出現了比郡屬國，屬國都尉地位因此上升，與郡太守相等，而能分縣治民，這就使其集軍政大權於一身，成為地方上相對比較獨立

〔註4〕《漢書》卷六《武帝紀》，北京：中華書局 1962 年，第 176 頁。
〔註5〕《漢書》卷十九上《百官公卿表》，北京：中華書局，1962 年，第 735 頁。
〔註6〕《後漢書》卷四《和帝紀》，北京：中華書局，1965 年，第 193 頁。
〔註7〕《後漢書》志二十八《百官志五》，北京：中華書局 1965 年，第 3621 頁。

的軍事力量。東漢後期，屬國都尉地位甚至高於郡太守，如光武帝時期，張掖屬國都尉竇融，兼任「行河西五郡大將軍，涼州牧」[註8]。屬國都尉在邊疆地區成為舉足輕重的統領，可以說稱霸一方，這樣有助於分解諸族上層貴族在邊境的統治，對安定邊疆起到了積極的作用。

屬國都尉之下有丞、候、千人。丞佐都尉處理日常行政事務，諸如訴訟、文書、財務，必要時代行都尉職權。居延漢簡載：

屬國都尉千秋丞充　（68‧48）

□史告居延屬國□　（216‧1）

東漢時出現屬國長史，掌握一定的兵權，「史」前應為「長」字，長史能告屬國和部都尉，證明長史應位在丞之上。「七年夏，酒泉太守竺曾以弟報怨殺人而去郡，《東觀漢記》曰：「曾弟嬰報怨，殺屬國候王胤等，曾慚而去郡。」融承制拜曾為武鋒將軍，更以辛肜代之」[註9]中提到屬國候王胤，《隸釋》卷九也提到「廣漢屬國候李翊碑」，說明屬國的建制中確有「候」一職。候，後來稱候官，下有候史、斥候，分布在邊塞，負責警戒，偵察動靜，保衛屬國吏民的安全。千人，後來稱千人官，又有千人長、百人長，這是沿用了匈奴的官職稱呼，匈奴下層「諸二十四長亦各自置千長、百長、什長、裨小王、相、都尉、當戶、且渠之屬」[註10]，「月戊戌朔己未第二亭長舒付屬國百長千長」（148‧42）。漢朝在屬國地區主要採取尊重屬國部族舊俗慣例，仍設千人長、百人長，管理歸附民眾。原部落首領大多被任命為千長、百長，他們曾歷代統轄其民，有深厚的統治根基，在本民族中享有較高的威信和號召力，《漢書‧匈奴傳》有載，昭帝時，「屬國千長義渠王騎士射殺犁污王，賜黃金二百斤，馬二百匹，因封為犁污王，屬國都尉郭忠封成安侯」。實際上這是承認他們在當地部族的地位和權力，漢王朝並未過多干涉屬國內部的結構，當地部族首領對其部族進行的管理比漢廷直接管理效果要好，這樣一方面有利於民族融合、團結和統一，另一方面可以將中原的政治制度循序漸進地向少數民族滲透。

相比較之下，對於屬國兵的領導者也有些不同於管理中原軍隊的額外要求。要能「統領之道，亦無常法，臨事制宜，略依其俗……防其大故，忍其小

〔註8〕《後漢書》卷二十三《竇融傳》，北京：中華書局1965年，第797頁。
〔註9〕《後漢書》卷二十三《竇融傳》，北京：中華書局，1965年，第805頁。
〔註10〕《漢書》卷九十四《匈奴傳》，北京：中華書局，1962年，第3751頁。

過」〔註11〕，主要目的是維護統一，尊重各族的發展特點，雖為色彩濃厚的羈縻政策方針，卻實現了兩漢王朝對民族地區的統治，也能被少數民族所接受。

二、邊防屯田領導體系

秦漢政權更替之際，匈奴在北方迅速發展壯大並建立了強大的政權。西漢時期，為了抵禦匈奴南下的侵擾和掠奪，漢王朝部署了多次戰爭鞏固西北邊防。尤其是漢武帝時期，經過漠南之戰、河西之戰、漠北之戰三大戰役，終於解除了匈奴對中原的主要威脅。此後匈奴在西域地區又與漢王朝展開爭奪。連年累月的戰爭消耗了西漢王朝多年積累的物質財富，拉長的戰線也使軍事供給能力面臨極限挑戰，為了解決軍隊糧草供應等保障問題，漢王朝開始實行屯田制來增強邊防戍守能力。《漢書·匈奴傳》記載：「是後匈奴遠遁，而幕南無王庭。漢渡河自朔方以西至令居，往往通渠置田官，吏卒五六萬人。」〔註12〕

屯田是屯聚在邊地的戍卒從事農牧業的生產勞動，在生活上能夠自己自足，滿足軍事屯戍的物質供給，有利於長期駐守邊疆的邊防策略。因此，屯田是戍邊的重要組成部分，屯田卒也在邊塞防禦線上扮演著重要的邊防角色，在邊塞地區有一個完整的屯田管理系統。依照屯田區的不同，大致可以分為兩個系統。隸屬邊郡屯田管理系統的主要有農都尉、農令、部農長、別田令史、農亭長等各級農官。

農都尉是漢代中央設在邊郡地區專門主持屯田事務的長官。《漢書·百官公卿表》載：「農都尉、屬國都尉，皆武帝初置」。〔註13〕《後漢書·百官志》曰：「邊郡置農都尉主屯田殖穀」〔註14〕。《漢書》明確記載的農都尉有張掖農都尉和上河農都尉。其他郡雖無明確記載，但從出土的漢簡中也可略知一二，基本是各邊郡均有設置農都尉的情況。漢簡有：「守大司農光祿大夫臣調昧死言守受簿丞慶前以請詔使護軍屯食守部丞武口以東至西河郡十一農都尉官二調物錢穀漕轉糴為民困乏願調有餘給不☐」（214·33）。漢簡中甚至有一邊郡設置兩農都尉的記錄：

〔註11〕《後漢書》卷八七《西羌傳》，北京：中華書局1965年，第2895頁。

〔註12〕《漢書》卷九十四上《匈奴傳》，北京：中華書局，1962年，第3770頁。

〔註13〕《漢書》卷十九上《百官公卿表》，北京：中華書局，1962年，第742頁。

〔註14〕《後漢書》志二十八《百官志五》，北京：中華書局，1965年，第3621頁。

　　　　☑北候官居延農府佐口口口口☑

　　　　三月丙午張掖長史延行太守事肩水倉長湯兼行丞事下屬國農

部都尉小府…　（12·32）

　　　　☑下領武校居延舒服部農都尉縣官丞書　　（65·18）

張掖郡不僅有張掖農都尉，還在郡內的居延設置了居延農都尉。

　　農都尉與郡太守之間有行政上的隸屬關係。但是否是縱向的上下級關係還有待商榷。這主要從郡守與農都尉之間的文書來往可以分析。

　　　　二月戊寅，張掖太守福、庫丞承熹兼行丞事，敢告張掖農都尉、

護田校尉府卒人，謂縣。律曰：臧它物非。錢者，以十月平賈計。

案：戍、田卒受官袍衣物，貪利貴賣，貰予貧困民，吏不禁止，浸

益多，又不以時驗問。」　　（4·1）

張掖太守的下行文書只能說明張掖農都尉聽從太守的命令，但並不代表就是從屬於太守的領導系統，從與太守俸祿相當都有秩比二千石來看，兩者的官職級別相當，如果是上下級關係，則無法解釋。

　　農都尉是郡一級的屯田管理的最高官員，主管郡內各屯田區的全面生產及與生產有關的事務，其下一級職官是田官區的農令。而田官是縣一級的屯田管理機構。《鹽鐵論·園池》載：「北邊置任田官，以贍諸用」，《漢書·西域傳》記：「渠犁田官」，《史記·平準書》所載的上郡、朔方、西河、河田開「田官」。見於記載的田官還有北假田官、闟馬田官等。《漢書·賈誼傳》師古注「官謂官舍」，田官之「官」也是指機構，即治事之所。田官的長官稱為農令，是各個屯田區的具體負責者。簡文有「元鳳元年十一月己巳朔乙未驛馬農令宜王丞安世敢言之謹速移卒名籍一編敢言之」（19·34）；「一封章曰驛馬農令印」（513·21）；「守農令趙入田卅苗禾」（90·4）），這裡的「驛馬農令」就是驛馬田官區的長官。

　　較大的田官區為了便於管理，有「部」的設置，其主管者分稱「左農左長」、「右農右長」。部農長是屯田系統中隸屬於農令的下一級主管農官。見於漢簡的有左農右長、右農後長等。如

　　　　口戊朔戊戌左農右丞別田令史口　　（E·P·T51：554）

　　　　左農右守丞安世　　（E·P·T59：789）

　　　　右農後長毋害官　　（E·P·T51：191）

上述簡牘反映居延田官區下屬按前後左右劃分部農。而在其南部的驛馬

田官區，則是按數字排列劃分部農，其長官稱「部農第某長」、「部農第某丞」，簡稱「第某長」、「第某丞」。見於漢簡的有第一長（120·23）、第二長（47·5）、第三長（173·28）、第二丞（19·10、120·31）、第三丞（303·44、518·5）、第四丞（303·29、516·20）等。部農長相當於候望系統內的部候長。

部農或大或小，多的有上百人的部農，如：

> 第四長安親，正月乙卯初作盡八月戊戌，積二百【廿】四日，用積卒二萬七千一百三人。率日百廿一人，奇卅九人。墾田一頃四畝百廿四步，率人田卅四畝，奇卅畝百廿四步得。谷二千九百一十三石一斗一升，率人得廿四石，奇九石」　（E·J·c：1）。〔註15〕

此簡記述了第四部農屯田卒屯墾勞動的詳細情況。簡文「第五丞別田令史信元鳳五年四月鐵器出入集薄」（310·19），「右第二長官二處田六十五畝租廿六石」（303·7），則記載了部農直接掌管農具的保存與分發，這反映出部農長、丞可能已經能夠直接組織屯田生產。

農亭是屯田系統中最基層的勞動單位，農亭長是負責人。簡牘載「徵和四年十二月辛卯朔己酉廣地裏王舒付居延農亭亭長延壽」（557·8），該簡中的農亭亭長延壽和廣地裏王舒在漢簡中曾多次出現，「（後元）二年八月辛亥朔辛亥第二亭長舒受第六長延壽以食吏卒五人人六升辛亥盡己卯廿九日積百卅五人」（275·21）；「（後元）三年正月己卯朔辛巳第二亭長舒受第六長延壽」（278·9），根據干支時間推導出延壽於武帝徵和四年為居延農亭長，而在武帝後元二年前升遷為部農第六長，而王舒在這期間擔任了「第二亭長」。農亭長地位類似於候望系統中的燧長，農亭是屯田的基層組織，簡文：

> 出糜七石二升　六月丁巳朔以食昌邑校士四人盡丙戌卅日積百廿人＝六升　（275·16）

> 朔以食戍田卒盡癸亥廿九日積百一十六人　（534·6）

以戍田卒的糧食分配情況，清晰地表明了這一點。

第二個大規模的屯田區則是西域，也存在西域屯田管理系統。漢朝在西域的屯田過程是循序漸進的，著力於為軍事駐守服務。因此，西域屯田的管理系統是軍事首領負責制。設在西域的長官西域都護承擔的軍事事務中還包

〔註15〕甘肅省文物考古研究所編：《居延漢簡釋粹》，蘭州大學出版社，1988年，第87～88頁。

括漢廷在西域的軍事屯田建設。「屯田校尉始屬都護」〔註16〕。都護下屬的伊循校尉主管伊循田官區。昭帝時期，傅介子奉大將軍霍光之命刺殺樓蘭王安歸，立其弟弟尉屠耆為王，更其國名為「鄯善」。《漢書・西域傳》載：「王自請天子曰：『身在漢久，今歸，單弱，而前王有子在，恐為所殺。國中撫之。其後更置都尉，伊循官置始此矣。」〔註17〕西域都護建立後，漢王朝為了加強對車師前部這一戰略要地的控制，遷徙部分田卒屯田，之後西域屯田的重心逐漸向車師北移並隨之擴大，漢元帝初元元年（前48）時，漢廷重新調整西域的屯田力量，設戊己校尉專門管理車師前部田官區的屯田事務，成為漢王朝管理西域屯田的主要機構。《漢書・百官公卿表》載戊己校尉「有丞、司馬各一人，候五人，秩比六百石。」〔註18〕

伊循校尉和戊己校尉因能單獨設府並有屬吏「丞、司馬」，與邊郡屯田系統中的農都尉有所不同。《後漢書・百官志》：「部（校尉）下有曲，曲有軍候一人，比六百石，曲下有屯，屯長一人，比二百石」〔註19〕。曲的主管官稱候或曲候，候有屬吏丞、令史等。曲是都尉、校尉下一級的屯田組織負責人。這些行政職位的設立，為保障西漢時期的西域屯墾打下了堅實的制度基礎。

戊己校尉的職責主要是領護屯田。漢王朝屯田車師的舉措直接威脅到匈奴在車師地區的活動。匈奴王庭也意識到車師土地肥沃，適宜屯田更有利於漢王朝軍隊駐守而且車師靠近匈奴，對匈奴來說是一種直接的威脅。因此，匈奴多次派遣騎兵攻打車師的屯田部隊。鄭吉不得不「盡將渠犁田士千五百人往田，匈奴復益遣騎來，漢田卒少不能當，保車師城中」〔註20〕此後在是否保留車師屯田問題上西漢政府出現過意見分歧，神爵三年，匈奴日逐王投降漢朝，漢朝「於是徙屯田，田於北胥鞬，披莎車之地，屯田校尉始屬都護」〔註21〕，西漢屯田重心逐漸北移，車師前部屯田規模逐漸擴大，漢廷對屯田進行統籌調整，於初元元年設置戊巳二校尉以領護車師屯田。

隨著車師屯田規模的擴大和漢王朝邊防力量的構成變遷，戊己校尉的職

〔註16〕《漢書》卷九十六上《西域傳》，北京：中華書局，1962年，第3874頁。
〔註17〕《漢書》卷九十六上《西域傳上》，北京：中華書局，1962年，第3878頁。
〔註18〕《漢書》卷十九上《百官公卿表》，北京：中華書局，1962年，第738頁。
〔註19〕《後漢書》卷二十四《百官志》，北京：中華書局，1965年，第3564頁。
〔註20〕《漢書》卷九十六下《西域傳》，北京：中華書局，1962年，第3923頁。
〔註21〕《漢書》卷九十六上《西域傳》，北京：中華書局，1962年，第3874頁。

責從領護屯田轉向鎮撫西域、抵禦外族入侵。據《漢書‧段會宗傳》記載「漢恨不自誅末振將，復使段會宗即斬其太子番丘」〔註 22〕，戊己校尉被徵發討伐背叛漢朝的末振將太子番丘。據《後漢書‧耿弇傳》記載，耿恭於永平十七年出任戊己校尉後「移檄烏孫，示漢威德，大昆彌已下皆歡喜……願遣子入侍。恭乃發使齎金帛，迎其侍子。」〔註 23〕東漢的戊己校尉還需要安撫西域諸國，維護漢王朝權威對西域進行管理和治理。另據《後漢書‧西域傳》記載「至靈帝建寧元年，疏勒王漢大都尉於獵中為其季父和得所射殺，和得自立為王」〔註 24〕由此可見，戊己校尉還需要負責討伐西域反叛，維護漢王朝在西域的統治秩序。甚至，在得知車師王準備投降匈奴，對其採取了強制措施交給都護處置，「八年，戊己校尉索頵欲廢後部王涿鞮立破虜侯細緻。」〔註 25〕，永興元年（公元 153 年），車師後部王阿羅多與戊部候嚴皓有隙，於是反叛漢朝而歸降匈奴。聽聞此事，時任敦煌太守宋亮上書漢廷立故車師後王軍就之子卑君為車師後王，但後來阿羅多又從匈奴回到車師和卑君爭國，「戊校尉閻詳慮其招引北虜，將亂西域，乃開信告示，許復為王」〔註 26〕可見戊己校尉能夠對西域諸國的政權更替產生重大影響。戊己校尉處於漢匈之間爭奪西域的前沿地帶，在領護屯田、鎮撫西域的同時還承擔著防禦匈奴、阻止匈奴對西域進行滲透的職責。王莽時期，漢朝與匈奴關係發生破裂，導致匈奴發兵攻打車師。於是，戊己校尉「遣史陳良屯桓且谷備匈奴寇，史終帶取糧食，司馬丞韓玄領諸壁，右曲候任商領諸壘，相與謀曰：西域諸國頗背叛，匈奴欲大侵，要死。可殺校尉，將人眾降匈奴。」〔註 27〕

　　東漢魏晉更迭時期，伴隨中原政治格局大變，戊己校尉也兼管民政等行政事務。據《晉書‧武帝紀》記載，咸寧二年七月，「鮮卑阿羅多等寇邊，西域戊己校尉馬循討之，斬首四千餘級，獲生九千餘人，於是來降。」〔註 28〕西域戊己校尉馬循多次討伐鮮卑，抵禦鮮卑的入侵，因為英勇殺敵，在征討過程中取得重大勝利，使鮮卑族部投降中原。後來，據《三國志‧魏書‧倉慈

〔註 22〕《漢書》卷九十六下《西域傳》，北京：中華書局，1962 年，第 3909 頁。

〔註 23〕《後漢書》卷十九《耿弇列傳》，北京：中華書局，1965 年，第 720 頁。

〔註 24〕《後漢書》卷八十八《西域傳》，北京：中華書局，1965 年，第 2927 頁。

〔註 25〕《後漢書》卷八十八《西域傳》，北京：中華書局，1965 年，第 2929 頁。

〔註 26〕《後漢書》卷八十八《西域傳》，北京：中華書局，1965 年，第 2931 頁。

〔註 27〕《漢書》卷九十六下《西域傳》，北京：中華書局，1962 年，第 3926 頁。

〔註 28〕《晉書》卷三《帝紀》，北京：中華書局，1974 年，第 66 頁。

傳》記載：「太和中，（倉慈）遷敦煌太守……數年卒官……及西域諸胡聞慈死，悉共會聚於戊己校尉及（西域）長史（史）治下發哀。」〔註29〕敦煌太守倉慈對西域諸胡往來中國十分關照，當倉慈卒官，西域諸胡要分別會聚戊己校尉及西域長史治下發哀，說明當時的戊己校尉，不僅主管屯戍，還應兼司境內諸胡事務。

漢代西域的屯田領導系統實現軍政合一，軍事屯田的性質保障軍隊能夠優先補給，同時，只有軍隊的保護才能使西域屯田得以實現。

三、戰時指揮機構——「幕府」

平時邊防地區的領導體系是固定的，是漢王朝地方官僚體系的一部分。但是戰爭來臨時，往往還需要一個戰時指揮機構來統籌規劃，完成皇權所賦予的軍事任務。

戰時的作戰指揮是由皇帝臨時任命將軍充任出征主帥。凡奉命充任出征軍隊主帥或一路統率的將軍，即建立幕府，如大將軍幕府、驃騎將軍幕府等。「幕府」一詞初見於《史記・李牧傳》記載戰國時期：「李牧者，趙之北邊良將也，常居代、雁門，備匈奴，以便宜置吏，市租皆輸入莫府，為士卒費」〔註30〕。將軍征戰時所設治所常稱「幕府」，是將軍處理軍事政務的地方，即軍政指揮機構。文獻古籍中記載的「給事大將軍幕府」〔註31〕和「斬首捕虜，上功莫府」〔註32〕等，說明西漢時期將軍多設幕府以便指揮戰事，且大多幕府都事訖皆罷。將軍幕府屬官，由將軍自選，高級職務須經皇帝批准。其設官位和員額數量，則視將軍權位高低而定。然將軍幕府屬官大體分為兩類：一是軍事行政助理人員，有長史，從事中郎、主簿、諸曹掾史、舍人等，多由文人擔任，主管府內庶務、文書往來，參贊軍務等；二是作戰指揮參謀人員，有校尉、護軍都尉、司馬、軍監、軍正、千人、武庫令、軍市令、軍司空等，皆為軍職，負責統轄將軍衛隊，掌握軍情，傳達命令，參與謀劃，協調指揮，督軍作戰，執行軍法，管理武器裝備、糧草軍需，以及修築軍事工程等。

西漢中期至東漢，大將軍等一批位高權重的將軍，往往由貴戚重臣充任，

〔註29〕《三國志》卷十六《魏書》，北京：中華書局，1971年，第513頁。
〔註30〕《史記》卷八十一《李牧傳》，北京：中華書局，1959年，第2449頁。
〔註31〕《史記》卷二十《建元以來侯者年表八》，北京：中華書局，1959年，第1061頁。
〔註32〕《漢書》卷五十《馮唐傳》，北京：中華書局，1962年，第2314頁。

其幕府無一不是長期設置，既是其戰時作戰的指揮機構，也是其平時輔政的辦事部門。東漢時期，將軍幕府加強，屬員略增，據《後漢書·百官一》，有「長史、司馬皆一人、千石。本注曰：職參謀議。掾屬二十九人。令史及御屬三十一人。本注曰：此皆府員職也。又賜官騎三十人，及鼓吹」〔註33〕。將軍幕府往往擁有高度的自主權。尤其是在人事、財政、軍功賞罰和軍事決策方面。東漢將軍幕府在邊地更趨向軍政合一，兵民共治。這是由漢代幕府制度的初期發展形態決定的。邊郡太守也設「幕府」，處理邊郡的軍事事務。漢武帝時，鑒於郡守權重，後設州部刺史進行監察。被賦予了更多職權的刺史，最終達到了制衡邊郡太守的目的。刺史位在郡守之上，掌管一州軍政大權，據《漢書·王莽傳》記載：「莽見四方盜賊多，復欲厭之，賜諸州牧號為大將軍」〔註34〕。這時的刺史在州牧的基礎上又加封大將軍。加了將軍號的地方長官，也按將軍配置開幕府，以軍事系統中的幕府這一理事機構與地方行政機構相結合，以適應邊防的特別需要。這樣就導致地方幕府逐漸政府化。常設幕府中的主要僚屬，或官至九卿，或出任郡守。東漢中晚期，有些將軍還網絡社會名流、儒士入幕，藉以抬高聲望，增強參謀效能。為此，增設了軍師、祭酒、等領銜高級幕職。幕府不僅僅是戰時的指揮機構，逐漸成為邊防領域中特殊的軍事指揮核心。軍政權與民政權的高度集中也逐漸使邊地重臣擁有了割據一方的實力。在中央集權強化的時期，幕府參贊軍務有利於鞏固邊防和維護國家的統一，一旦中央集權衰落，地方在幕府的操縱下，很快就走上分崩離析的道路，加深了國家邊疆的不穩定性。

漢王朝邊防領導機構及其職官分作幾個系統設置，互不統屬，互相鉗制，是兩漢軍事集權的一個重要表現。邊郡太守主管地方行政、軍政事務，是一方的主要領導者。屬國的屬國都尉、鎮撫系統的各校尉／將軍、屯田區的農都尉及其僚屬等各成體系，職守分明，各負其責。他們的地位及權限雖然不一，或有從屬關係，或是相互牽制，但都負責邊防的具體軍務，或是管理降漢的少數民族部族軍民，或是專職負責鎮撫邊疆少數民族，或是在邊疆管理軍事農耕生產。分工合作又互相制約，既能在平時，起到防禦互補的作用，又能在戰時起到戰略互助的作用。同時，如遇重要戰爭，又往往有臨時的將軍幕府機構指揮戰爭，與邊地各部門通力配合，調動邊防力量協同作戰。然

〔註33〕《後漢書》卷二十四《百官志》，北京：中華書局，1965 年，第 3564 頁。
〔註34〕《漢書》卷九十九《王莽傳》，北京，中華書局，1962 年，第 4158 頁

而，在某些形勢利導的情況下，往往出現幾個高層職位不得不由一人擔任的情況，這就不可避免的形成一人獨攬邊防大權的局面。邊防領導體系的形成與建立是兩漢邊防體系建構的重要體現，也是邊防體系得以運轉和防禦的核心體系。

第二節　邊防武裝力量的構成

邊防軍，文獻中統稱「戍卒」。許慎《說文解字》曰：「戍，守邊也，從人持戈」。通常是指戍守邊疆的士兵。它的主要任務是守衛邊防設施，打擊外族對邊疆的襲擾，保衛國家安全穩定。受當時政治和民族關係以及駐守邊疆地區的邊防軍所處地域環境的特殊性的影響，雖然與內地軍隊一樣施行大體相同的政治軍事制度，但在武裝力量的構成方面相對中央軍和地方軍，其結構成分要複雜很多。而根據邊防兵的領屬關係和任務，邊防軍有邊郡兵、屯田兵、屬國兵、將屯兵等。東漢時期，隨著王朝實力的變化和政治改革的演變，東漢邊防軍也有新的變化。

一、西漢邊防軍的構成

作為一個延續近三百年的統一王朝來說，西漢是幅員遼闊的大帝國。其邊境線漫長，面臨著複雜而多變的邊防問題。漢初無力顧及邊防，武帝時加大邊防力度，一方面對匈奴大規模用兵，加強邊防軍事建置；一方面修障塞，飭烽燧，在萬里邊境線上完善邊防設施。這一時期，是漢王朝邊防力量發展和壯大的重要時期，也為今後邊防力量奠定了發展的脈絡和走向。

1. 邊郡兵

邊郡兵，漢代各邊郡所建置的地方性的軍隊。通常邊郡最高行政長官太守直接掌握和統領，兵員主要來自本郡依徵兵制而應徵服現役的適齡男子，還有來自內郡執行戍邊任務的士兵。《漢書・食貨志》曰：

> 又加月為更卒，已復，為正一歲，屯戍一歲，力役三十倍於古……漢興，循而未改。又《漢官儀》云：「民年二十三歲為正，一歲以為衛士，一歲為材官、騎士……年五十六老衰乃得免為民，就田裏。〔註35〕

〔註35〕《漢書》卷二十四上《食貨志》，北京：中華書局，1962年，第1137頁。

按西漢的兵役制度的規定，百姓二十三到五十六歲期間，必須有兩年在服役當中，其中 1 年在邊疆戍邊，而在邊郡編戶齊民則無需去首都，直接在邊疆戍邊 2 年。但由於邊郡軍事活動遠較內地頻繁，與內郡兵相比，邊郡兵具有自己的特點。

第一，常駐軍且規模頗大。西漢邊防線漫長，從武帝開始，又多向北方、西北征戰，此後漢朝一直堅持著擴張的態勢。邊防的常備兵員需求量比內郡大，經常參加執勤的騎兵可達萬人。「邊郡太守各將萬騎，行障塞，烽火追虜」〔註36〕。《漢朝邊防軍的規模及其養兵費用之探討》一文中曾詳細測度了邊郡兵的數量，認為西漢邊郡的常備部隊，每郡一般在萬人上下。以此統計，邊郡兵 24 萬～25 萬左右。「當然，各時期人口和經濟發展水平並不完全一致，以及戰時和平時的邊防形勢與邊防政策不同，邊郡徵兵量會有所變化」〔註37〕。但就這一數據來說，邊郡兵的數量也相當可觀。邊郡是國家軍隊集結的重要地區，龐大的邊郡兵，是邊防軍的基礎和中堅力量，也是邊防的基本保證。

第二，以戍守邊防為要務。西漢時期，根據《漢書‧高帝紀》所引《官儀注》云：「民年二十三為正，一歲為衛士，一歲為材官、騎士，習射御騎馳戰陳」〔註38〕。內郡百姓，在本郡服役期為一年，此時稱「正卒」；另一年，如果送京師服役，則稱「衛士」；如果去邊疆戍守稱「戍卒」。與內郡不同，邊郡百姓服兵役者並未像內郡服役者那樣有被送去京師戍衛的機會，他們服役的兩年均在本郡，不赴京師充當衛士，也不徵調出境執行作戰任務，他們被統稱為「戍卒」。而黃今言先生認為無論邊郡還是內郡，服役的士兵都應分為正卒和戍卒，邊郡兵包括「候望系統的戍卒和防禦系統的正卒」〔註39〕。此種說法似乎不是很確切。根據出土的居延和敦煌簡牘顯示，對於「戍卒」的記載隨處可見，而關於「正卒」的記載卻沒有發現。因此，邊郡兵是否被細分為正卒和戍卒，還有待考證。但不管是否被細化名稱，就任務而言，邊郡兵是有明確的分工的。通常情況，部都尉以下，由候官、候長、燧長或障尉、塞尉統領的燧卒、障卒和塞卒，主要由內郡戍卒、馳刑徒和歸附少數民族兵充任，「以候望為職」。負責候望的基層軍官如部、燧長官則由本郡人擔任。要塞外

〔註36〕《後漢書》志二十八《百官志》，北京：中華書局，1965 年，第 3624 頁。
〔註37〕參閱黃今言、陳曉鳴：《漢朝邊防軍的規模及其養兵費用之探討》，《中國經濟史研究》，1997 年 1 期。
〔註38〕《漢書》卷一上《高帝紀》，北京：中華書局，1962 年，第 37 頁。
〔註39〕黃今言：《秦漢軍制史論》，江西人民出版社，1993 年，第 179、183 頁。

的「天田」、「柃柱」、「懸索」等偵跡設施是士兵平時巡視檢查的主要內容，按時檢查、巡視後，還需要填寫「日跡簿」備案，作為日後查閱的證據和檔案。邊塞戍所則設有「深目」、「望火頭」等觀察裝置，值守的戍卒通過這些設備觀察邊境動向，一旦發現敵情，按程序和規定信號，及時舉烽報警，「通烽火」、「舉和烽火」，或伴之以擊鼓，由點而線，由邊而內，通過這套「聲光」信號系統，迅速傳遞軍情，使作戰部隊及時反應，投入戰鬥。這種接力式的「聲光」通訊，速度相當驚人。如衛青、霍去病與匈奴作戰時，以烽火為進軍號令，一晝夜就從河西傳至遼東，遠達數千里。這套防禦系統行之有效，使敵人不敢輕易入犯。在少數情況下，燧卒、塞卒也執行武裝防禦任務，迎擊來犯敵人。

第三，以騎兵為主體。由郡守、長史和各部都尉直轄的本郡騎兵，則主要執行巡行障塞和「烽火追虜」、打擊來犯敵人的作戰任務。《漢書‧匈奴傳》中多次記載對匈奴擁兵都是利用騎兵，在宣帝本始二年的這次對匈奴的戰爭〔註40〕，漢發騎兵十幾萬，騎兵在邊防武裝的配置當中佔據主體，這是西北邊疆的地形和作戰需要所決定的。邊郡騎士以防衛本郡轄區為首要任務，較少徵調離邊境作戰，為隨時應付緊急情況，部隊的自主性和機動能力較強。邊疆諸郡對騎兵的建制發展空前，成為邊郡兵的主要成分。騎兵龐大，訓練有素，參加執勤，戰鬥力較強。《史記》載：「趙充國，以隴西騎士從軍得官，侍中，事武帝」〔註41〕。在《居延漢簡甲乙編》中，有關邊地「騎士」的記載也頗多。如：

「昭武騎士市陽裏儲壽」　（560‧26）

「氐池騎士安定裏彭公成」　（560‧15）

當然，漢代騎兵在邊郡的作戰中也少不了步兵和車兵的全力配合。只是相對內郡作戰來說，邊郡騎兵在對外作戰中發揮的作用更大。迅捷靈敏的作戰效率是應對西北少數民族襲擾的最佳兵種。

〔註40〕《漢書》卷九十四《匈奴傳》：「漢大發關東輕銳士，選郡國史三百石伉健習騎射者，皆從軍，遣御史大夫田廣明為祁連將軍，四萬餘騎，出西河；度遼將軍范明友三萬餘騎，出張掖；前將軍韓增三萬餘騎，出雲中；後將軍趙充國為蒲類將軍，三萬餘騎，出酒泉；雲中太守田順為虎牙將軍，三萬餘騎，出五原」。

〔註41〕《史記》卷二十《建元以來侯者年表》，北京：中華書局，1959年，第1063頁。

2. 屯田兵

屯田兵是指「以兵營田」，主要從事農業勞動、直接或間接為軍事目的服務的軍隊人員的統稱。通常是農都尉統轄的軍隊，且耕且守的邊防武裝力量，在文獻和簡牘中稱「田卒」、「吏士」、「戍卒」、「屯田卒」或「戍甲（田）卒」。屯田兵之設，始於文帝時代。文帝時，為鞏固北方邊防，採納晁錯建議「徙民實邊」，遂有邊境屯田之舉。隨後，因對匈奴戰爭的擴大，屯田規模也隨之擴大。屯軍日益增多，為避免從內地轉輸大量軍糧的巨額耗費和運輸困難，並在邊境地區建立永久性的防禦體系，陸續在西、北邊境地區設置專職官員，征伐數十萬戍卒屯墾，負責開通道路，建設水利，墾種土地，修繕郵亭、防禦工事、農業設施等。到武帝元狩年間（公元前 122 年～公元前 117 年），邊土大大開發，「匈奴遠遁，而漠北無王庭。漢渡河自朔方以西至令居，往往通渠置田，官吏卒五六萬人」〔註 42〕，開始大規模軍隊屯田。以後進一步發展，元鼎年間（公元前 116 年～公元前 111 年），「初置張掖、酒泉郡，而上郡、朔方、西河、河西開田官，斥塞卒六十萬人戍田之」〔註 43〕。即在北方諸郡開辟官田，設置田官，徵發數十萬戍卒，執行屯戍任務。又自敦煌至鹽澤，開通西域通路，建立農業和軍事設施，沿途凡有設施處，皆置屯田兵，命武將率領，且耕且守，開疆固邊。以後諸帝，對軍屯皆注重發展，如宣帝曾從邊疆趙充國之計，在湟中（今青海湟水兩岸）一帶屯田戍邊，有效遏制了羌人的進犯。

屯田兵主要從內郡正卒材官（步兵）中徵調，少部分來源於馳刑徒和應募士。凡內郡正卒，按制度規定，屯戍一年，定期輪換。但因邊境路途遙遠，常有逾期服役乃至長期戍邊者。屯田兵大體都按軍事組織編組，由農都尉、護田校尉等專官統率和管理。兵員多為來自內郡農業地區的步兵，從已在郡縣部隊服役受訓一年的適齡男子中徵調，服役期為一年（也有逾期服役者），定期輪換。西域也配有屯田部隊，但歸西域都護、戊己校尉、宜禾都尉等節制。

3. 屬國兵

屬國兵是指歸附或服屬於漢朝並由屬國都尉統轄的邊境少數民族兵，由於屬國兵性質較為特殊，因而在西漢的邊防軍中自成系統，獨立成軍。與邊

〔註 42〕《史記》卷一百一十《匈奴列傳》，北京：中華書局，1959 年，第 2911 頁。
〔註 43〕《漢書》卷二十四下《食貨志》，北京：中華書局，1962 年，第 1149 頁。

防軍其他邊郡兵等並不互相統屬，各司其職。「屬國胡騎」〔註44〕有時稱「屬國騎」〔註45〕或「胡騎」，一般在前面加一個「胡」字，跟漢軍騎士做區別。屬國在邊疆主要是安撫降服的少數民族部族，因此屬國兵幾乎都是少數民族騎兵，擅長騎射，是邊防作戰急需的兵種。屬國兵與漢廷中原兵在集兵方式、軍兵種等方面存在差異。這種差異成就了屬國兵的特殊地位，也是其在邊疆能被保留乃至迅速發展起來的主要緣由之一。

首先，集兵方式有所不同。兩漢時期漢軍以徵兵制為主。《漢舊儀》載：「民年二十三為正，一歲以為衛士，一歲為材官、騎士……民年五十六歲老衰乃得免為民」。服役者的始役年齡漢初依秦舊制以十五歲為起點。景帝二年（前155年）：「令天下男子年二十始傅」〔註46〕，而昭帝時又定為二十三始傅。有爵者五十六歲免老，無爵者六十歲免老。並從此成為漢代定制。百姓進入役齡，每年須在本地服役一個月的更役，在更役之外還須服兩年正式兵役，即：「……又加月為更卒，已復，為正一歲，屯戍一歲，力役三十倍於古……漢興循而未改。」〔註47〕漢初征兵一般是由中央下達各郡徵兵數額。各郡都尉、縣尉以及鄉里基層組織根據地方的戶籍因地制宜地完成徵兵任務，保證兵源。自武帝後，徵、募兵兼行。如：「武與副中郎將張勝及假吏常惠等募士斥侯百餘人俱。」〔註48〕元帝永光二年（前42年）「漢復發募士萬人……」〔註49〕。到東漢時期，徵兵制漸衰，募兵制日甚。所謂「募兵」，就是募集、招募職業兵，國家用金錢或是物質條件雇傭士兵，以緩解因徵兵不足而帶來的軍士缺乏的集兵方式。《後漢書・度尚傳》提到長沙、零陵人民起義，漢廷：「遣御史丞盛修募兵討之」〔註50〕。從光武帝至獻帝，有明確繫年的招募記錄達35次以上，每次募兵的人數，少則幾百，多則上萬。招募對象有破產的農民，有刑徒，也有少數民族。一直到東漢末年，募兵也從未間斷。東漢募兵是一種早期的職業兵，有過渡性色彩，地域宗族性很濃，封建束縛也比較大，受募者的身份不如後世自由，名為招募，實際上仍然帶有很大的強制性。這

〔註44〕《漢書》卷六十九《趙充國傳》，北京：中華書局，1962 年，第 2986 頁。

〔註45〕《史記》卷二十《建元以來侯者年表》，北京：中華書局，1959 年，第 1049 頁。

〔註46〕《漢書》卷五《景帝紀》，北京：中華書局 1962 年，第 141 頁。

〔註47〕《漢書》卷二十四《食貨志》，北京：中華書局 1962 年，第 1137 頁。

〔註48〕《漢書》卷五十四《蘇武傳》，北京：中華書局，1962，第 2460 頁。

〔註49〕《漢書》卷七十九《馮奉世傳》，北京：中華書局，1962，第 3299 頁。

〔註50〕《後漢書》卷三十八《度尚傳》，北京：中華書局 1965 年，第 1285 頁。

種情況和傳統社會初期的發展階段是相一致的。〔註51〕後期又開始向世兵制過渡，從而意味著兵農合一向兵農分離的方向發展。

　　屬國兵則是以族兵制為主的兵役制度。居住在諸屬國境內的匈奴、羌、月氏、氐、夷、烏桓、鮮卑等各族人眾，多是兵牧合一或兵農合一，基本上還保持部落制生活方式。匈奴民族「寬則隨畜田獵禽獸為生業，急則人習戰攻以侵伐。師古曰：『人人皆習之，』其天性也」〔註52〕。他們平時驅趕牲畜，追逐水草，射獵禽獸以為生計，若遇緊急狀況則人人都熟悉攻戰之術。游牧區的自然環境、經濟類型以及社會風俗等因素，決定了他們的集兵方式是以全族皆兵的族兵制為主。匈奴男孩從很小就開始為他所生存的經濟集團做事，只要長到能騎羊的年齡，他們就要出去射獵鳥鼠狐兔以為食物，增加收入，「兒能騎羊，引弓射鳥鼠，少長則射狐兔，用為食」〔註53〕。匈奴的生產力發展水平有限，男孩子從小就隨父兄參加游牧、射獵以及攻伐，是普遍的現象。落後的生產力迫使游牧民族的生產生活方式以採集與游牧射獵為主，這都需要集體協作進行，否則無法與自然壞境相對抗。這在客觀上促進了集體精神和尚武精神的產生。游牧民族以原始的自覺性服從首領的指揮來完成對生產對象的進攻。因此，對於大多數游牧民族來說族兵制維護了本民族的生存和延續。族兵制「既然能夠有效培養其集體榮譽感和集體主義精神，增強個體對群體的向心力和內聚力，它就必然地被充分繼承下來」〔註54〕。於是即使匈奴部族歸降漢朝，成為漢朝的屬國民眾，歸附漢廷以後又「因其故俗」，不改變原來的生活方式和組織形式，那麼族兵制也被理所當然的繼承下來。這也正是漢廷看好少數民族兵團的原因之一。至少西漢時歸降漢廷的屬國民眾的情況當與此相差無幾。邊地有事，屬國都尉常令諸氏族、部落參戰，諸部落往往以整部落成年男子（即勝兵）從軍。有時屬國中一些部落遷徙，往往也是舉族行動。有些部落對漢朝時服時叛，服則舉部落來歸，叛則舉部落起兵。總的來看，諸屬國管轄下的歸附部落，舉族皆兵的集兵方式仍舊存在，他們的兵役制度依然保留了游牧民族部落的兵制即族兵制。而舉部落為兵的軍事體制，既維護了本地區社會秩序的安定，也促進歸附部落與附近漢民交

〔註51〕黃今言：《秦漢軍制史論》，南昌：江西人民出版社1993年，第96頁。
〔註52〕《漢書》卷九十四《匈奴傳》，北京：中華書局1962年，第3743頁。
〔註53〕《史記》卷一百一十《匈奴列傳》，北京：中華書局1959年，第2879頁。
〔註54〕曾超：《試析巴人部落兵制的久存及其原因》。《貴州民族研究》，1999年第2期。

往，促進了民族間的合作與融合，鞏固了統一的多民族國家。

其次，兵種單一。漢王朝軍的兵種主要有步兵（材官）、車兵（車士）、騎兵（騎士）、水兵（樓船士）等幾個兵種。步兵是中原軍隊的主力，在車騎所不及的山地，步兵可以充分發揮主動性、靈活性，具有較強的戰鬥力。（水兵）樓船士建置基地則多在南方和沿海諸郡，「廬江、潯陽、會稽諸處，止有樓船」。〔註55〕漢王朝軍兵種的建制完整。作戰時，一般多個兵種相互配合出擊取勝。

而由於歷史傳統和地理條件的原因，屬國兵則大多以騎兵部隊為主。主要是繼承了作為游牧民族的特點，擅長在馬背上打天下。騎兵在戰爭中能完成正面突擊、迂迴包抄、遠程奔襲、追散擊亂等任務。當時張掖屬國就有精騎萬人，游牧民族士兵本就驍勇、能騎善射，《史記・匈奴列傳》云：「兒能騎羊，……士力能彎弓，盡為甲騎」。《漢書・霍去病傳》記載，霍去病死，「上悼之（去病），發屬國玄甲，軍陣自長安至茂陵」。師古注文，「玄甲謂甲之黑色，鐵甲也」。〔註56〕這表明屬國騎的精銳，富有戰鬥力，是漢代鞏固邊防、遠襲征戰的重要力量和機動部隊。屬國騎兵的諸多特點，為漢代邊防力量注入了新鮮的血液。這種形式的軍隊建置，細化了中央集權對邊疆統治的方針和政策，也找到了一種有效的利用方式，這種聯繫和對比也將屬國騎兵立於歷史的風口浪尖之上。

根據測估〔註57〕，西漢七屬國，屬國兵大概有三萬八千人以上。宣帝以後再無屬國設立，而到元帝初元五年（前44年）上郡屬國廢置，其他六屬國都延續到了西漢末年。這一時期，西漢王朝面臨著諸多統治危機，農民起義，內郡戰亂迭起，中央對地方的統治分崩離析，屬國兵的數量可能在沒有管控的情況下有更大幅度的增長，以至到東漢時期，屬國兵的數量突飛猛進。

屬國作為軍事編制系統的行政單位，雖與邊郡的行政區劃有區別，屬國兵也與眾不同，但經過長期的招降以及漢王朝的大力發展，屬國兵已經較好地融入了邊防軍的整體系統，從屬國騎的編制是按照漢族騎士部曲制進行管理劃分可以看出屬國兵的組織管理更趨近中原化。根據《居延漢簡》：

〔註55〕馬端臨：《文獻通考》卷一百五十《兵考》，北京：中華書局，1986年，第1309頁。

〔註56〕《漢書》卷五十五《霍去病傳》，北京：中華書局，1962年，第2489頁。

〔註57〕江娜：《漢代屬國兵數量問題淺析》，《史學月刊》，2012年第5期。

　　　　　　　髃得騎士敬老裏成功彭祖　屬左部司馬宣後曲千人尊　（564‧6）

　　　　　昭武騎士益廣裏王強　屬千人霸五百倨士吏壽　　（560‧13）

　　可以排列出當時騎士部隊的編制，即部司馬——千人——五百——士吏。
還應注意在部司馬以下的文字，根據上下文的推測，「宣」是部司馬的名字，
那麼「後曲」即為部曲，應是司馬的下屬單位。樓蘭簡中有左部左曲候、右部
後曲候、左部後曲候等稱呼，就是這個意思。而簡「四月乙未左部司馬（491‧
10）」恰好說明了這一點。按漢騎士的編制設置他們的職官，主要也是為了便
於指揮和共同作戰。因而就形成了屬國兵的屬國都尉—屬國司馬—屬國千長
—屬國百長，這樣與中原軍隊相互對應的管理系統。

　　平時，屬國兵為中原王朝觀察、偵伺塞外敵情，招徠種人協助中原王朝
守邊。「破匈奴左地，因徒烏桓於上谷、漁陽、右北平、遼西、遼東五郡塞外，
為漢偵察（匈奴動靜）」〔註58〕。這是漢王朝運用屬國兵的初衷。因為屬國兵
探查的多是本民族其他部族，非常瞭解彼此，有利於漢王朝準確地得到軍事
情報。如建武二十四年，南匈奴歸降後領導下屬各部首領〔註59〕為漢王朝牽
制北匈奴。《漢書‧趙充國傳》中記載河湟屯田區附近的山穀草場由屬國羌民
游牧，屬國胡騎承擔保衛屯田的巡邏警備任務。屬國胡騎除了為漢廷偵察敵
情，招徠種人，還擔負著本屬國的保衛工作。當然屬國區域內的部隊也有防
止屬國民眾外逃謀反等鎮壓職責。如《後漢書‧盧芳傳》稱安定屬國胡，「積
苦縣官徭役」，《皇甫規傳》稱安定屬國都尉李翕等「多殺降羌」〔註60〕。統
領屬國兵的屬國都尉不僅是軍事長官，也是行政長官，而屬國兵隨時聽命調
遣，既維護當地的治安穩定也鎮壓民眾的反抗。

　　戰時，屬國兵協同漢廷軍隊出擊征戰。在西漢時期多用於對匈奴和西域
作戰，東漢時期則因屬國兵分布廣泛，主要利用屬國兵對抗鮮卑、烏桓、西
羌等各少數民族兵。下表反映了屬國兵征戰的情況：

〔註58〕《後漢書》卷九十《烏桓鮮卑列傳》，北京：中華書局，1965年，第2981
　　　　頁。

〔註59〕《後漢書》卷八十九《南匈奴傳》，「南單于既居西河，亦列置諸部王，助為
　　　　捍戍。使韓氏骨都侯屯北邊，右賢王屯朔方，當與骨都侯屯五原，呼衍骨都
　　　　侯屯雲中，郎氏骨都侯屯定襄，左南將軍屯雁門，栗籍骨都侯屯代郡，皆領
　　　　部眾為郡縣偵羅耳目」。北京：中華書局，1965年，第2945頁。

〔註60〕《後漢書》卷六十五《黃甫規傳》，北京：中華書局，1965年，第2133頁。

時間	屬國兵軍事行動	史料依據
元鼎五年，前112年	騏侯駒幾以屬國騎擊匈奴捕單于兄侯，五百二十戶。	《漢書·景武昭宣元成功臣表》
元鼎五年，前112年	梁期侯任破胡以屬國都尉間出擊匈奴將軍紊絺綬等侯。	《漢書·景武昭宣元成功臣表》
元封三年，前108年	而匈奴奇兵時時遮擊使西國者。使者爭遍言外國災害，皆有城邑，兵弱易擊。於是天子以故遣從驃侯破奴將屬國騎及郡兵數萬，至匈河水，欲以擊胡，胡皆去。其明年，擊姑師，破奴與輕騎七百餘先至，虜樓蘭王，遂破姑師。因舉兵威以困烏孫。	《史記·大宛列傳》
太初元年，前104年	天子已嘗使浞野侯攻樓蘭，以七百騎先至，虜其王，以定漢等言為然，而欲侯寵姬李氏，拜李廣利為貳師將軍，發屬國六千騎，及郡國惡少年數萬人，以往伐宛。期至貳師城取善馬，故號「貳師將軍」。	《史記·大宛列傳》
徵和三年，前90年	煇渠忠侯僕朋侯雷電嗣以五原屬國都尉與貳師將軍俱擊匈奴。	《漢書·景武昭宣元成功臣表》
徵和三年，前90年	貳師將軍將出塞，匈奴使右大都尉與衛律將五千騎要擊漢軍於夫羊句山狹。貳師遣屬國胡騎二千與戰，虜兵壞散，死傷者數百人。漢軍乘勝追北，至范夫人城，……軍大亂敗，貳師降。	《漢書·匈奴傳》
元鳳三年，前78年	張掖太守、屬國都尉發兵擊，大破之，得脫者數百人。屬國千長義渠王騎士射殺犁污王，賜黃金二百斤，馬二百匹，因封為犁污王。屬國都尉郭忠封成安侯。自是後，匈奴不敢入張掖。	《漢書·武帝紀》
章和元年～二年間，87～88年間	迷吾子迷唐及其種人向塞號哭，與燒何、當煎、當闐等相結，以子女及金銀聘納諸種，解仇交質，將五千人寇隴西塞，太守寇盯與戰於白石，迷唐不利，引還大小榆谷，北招屬國諸胡，會集附落，種眾熾盛，張紆不能討。	《後漢書·西羌傳》
永元十三年，101年	其秋，迷唐復將兵向塞。周鮪與金城太守侯霸及諸郡兵、屬國湟中月氏諸胡、隴西牢姐羌合三萬人出塞，至允川與迷唐戰。	《後漢書·西羌傳》
永和二年，137年	二月，廣漢屬國都尉擊破白馬羌。	《後漢書·孝順孝沖孝質帝紀》
永和二年，137年	武都塞上白馬羌攻破屯官，反叛連年。二年春，廣漢屬國都尉擊破之，斬首六百餘級。馬賢又擊斬其渠帥饑指累祖等三百級，於是隴右復平。	《後漢書·西羌傳》

元嘉元年， 公元 151 年	呼衍王將三千餘騎寇伊吾。伊吾司馬毛愷遣吏兵五百人於蒲類海，東與呼衍王戰，悉為所沒。呼衍王遂攻伊吾，屯城。夏，遣敦煌太守司馬打將敦煌、酒泉、張掖屬國吏士四千餘人救之，出塞至蒲類海。呼衍王聞而引去，漢軍無功而還。	《後漢書·西域傳》
永壽元年， 公元 155 年	南匈奴左薁鞬臺耆、且渠伯德等叛，寇美稷，安定屬國都尉張奐討除之。	《後漢書·桓帝紀》
永壽二年， 公元 156 年	（段熲）遷遼東屬國都尉。時鮮卑犯塞，熲即率所領馳赴之。既而恐賊驚去，乃使驛騎詐齎璽書詔熲，熲於道偽退，潛於還路設伏。虜以為信然，乃入追熲。熲因大縱兵，悉斬獲之。坐詐璽書伏重刑，以有功論司寇。刑竟，徵拜議郎。	《後漢書·段熲傳》

可見在對匈奴、西域的戰爭當中，屬國胡騎具有重要地位。東漢在對抗少數民族問題上，屬國兵更是不遺餘力的作戰。實際上，屬國兵瞭解胡俗民情、驍勇善戰，又有漢廷作為後盾支持，往往在對外戰爭中能出奇制勝。

4. 將屯兵

「將屯」的主要含義是「將兵屯守」，也如注釋家所說的「勒兵而守」、「將卒而屯守」〔註61〕，將屯兵，或曰屯兵，就由中央遣派將領直接統領駐屯於邊郡或軍事要地的常備部隊，聽命中央調遣，執行鎮壓內叛、討伐邊患的作戰任務。它是中央為了加強當地防務，特別駐紮在邊疆地區的部隊，與邊郡兵並行存在，互不統屬，卻相互合作，維護邊防的安定，是邊防軍的組成部分之一。

西漢初年即開始設置，高帝時以陽陵侯傅寬兼領邊郡屯兵，「（傅寬）徙為代相國、將屯。二歲，為代丞相、將屯」《集解》：「如淳曰：『既為相國，有警則將卒而屯守也。』案：律謂勒兵而守曰屯。」《索隱》引孔文祥云：「邊郡有屯兵，寬為代相國兼領屯兵，後因置將屯將軍也」〔註62〕。顏師古注《漢書·傅寬列傳》云：「時代國常有屯兵以備邊寇，寬為代相，兼將此屯兵也」。《史記·韓長孺列傳》：「大行王恢為將屯將軍。」《正義》引李奇云：「監主諸屯。」又曰：「衛尉（韓）安國為材官將軍，屯於漁陽。……將屯又為匈奴所欺，失亡多，甚自愧」。文帝時期也有：「屬國（徐）悍為將屯將軍」，顏師古注：「典屯軍以備非常」〔註63〕。武帝元光年間（公元前 134 年）：「程不識故

〔註61〕李炳泉：《漢代的「將屯」與「將田」小考》，《史學月刊》，2004 年第 2 期。
〔註62〕《史記》卷九十八《傅寬列傳》，北京：中華書局，1959 年，第 2708 頁。
〔註63〕《漢書》卷四《文帝紀》，北京：中華書局，1962 年，第 134 頁。

與（李）廣俱以邊太守將屯」〔註64〕。宣帝初，又遣趙充國將4萬騎兵屯緣邊九郡《漢書‧趙充國傳》：「武都氐人反，充國以大將軍護軍都尉將兵擊定之，遷中郎將，將屯上谷。」顏師古注：「領兵屯於上谷也」。西漢的將屯兵，多出現於邊郡，多為臨時設兵屯守，軍事行動一結束就解散隊伍。如文帝後六年，「匈奴三萬騎人上郡，三萬騎入雲中，以中大夫令免為車騎將軍屯飛狐，故楚相蘇意為將軍屯句注，將軍張武屯北地，河內太守周亞夫為將軍次細柳，宗正劉禮為將軍次霸上，祝茲侯徐厲為將軍次棘門，以備匈奴」〔註65〕，月餘即罷；武帝元光元年，「衛尉李廣為驍騎將軍屯雲中，中尉程不識為車騎將軍屯雁門」〔註66〕，六月罷。

將屯兵的任務，主要是加強邊境防務，奉命征戰。「（武帝建元二年），大行王恢建議宜擊。夏六月，御史大夫韓安國為護軍將軍，衛尉李廣為驍騎將軍，太僕公孫賀為輕車將軍，大行王恢為將屯將軍，太中大夫李息為材官將軍，將三十萬眾屯馬邑谷中，誘致單于，欲襲擊之」〔註67〕。「昭帝時，武都氐人反，充國將屯上谷⋯⋯本始中，遣充國將四萬騎屯緣邊九郡」〔註68〕。由此可見，漢王朝設置屯兵一是針對某一邊區力量薄弱派遣將屯兵加強防務；二是由將屯兵出擊作戰，打擊來犯。東漢時期也有利用將屯兵進行邊防工程建設的記載，如「遣兵屯河內，通谷衝要三十三所，皆作塢壁」〔註69〕。塢壁是軍隊的屯駐之所，是重要的軍事設施，類似後世的營房。而這種營房，有些是由屯兵自己動手進行構築和修繕的。總的來說，作為邊防線上的出擊部隊，將屯兵在邊郡上具有舉足輕重的地位。

兩漢還有一些中央直接任命的領、護將校，雖不同於郡、屬國一類的正式行政機構，但也有臨時屯駐的逐漸制度化，主要配置在少數民族地區，保衛該地屯駐的領護將校，防範意外事變，如西域都護、護烏桓校尉、護羌校尉、使匈奴中郎將等所領部隊，後來也會逐漸演變為常設機構，有比較固定的治所、管轄區域和行政、軍事職能等。領護兵由諸領護將校直轄，大體包括三個部分：一事負責保衛領護將校安全的隨從，具有親兵的性質。如東漢

〔註64〕《漢書》卷五十四《李廣傳》，北京：中華書局，1962年，第2441頁。
〔註65〕《漢書》卷四《文帝紀》，北京：中華書局，1962年，第130～131頁。
〔註66〕《漢書》卷六《武帝紀》，北京：中華書局，1962年，第160頁。
〔註67〕《漢書》卷六《武帝紀》，北京：中華書局，1962年，第162頁。
〔註68〕《漢書》卷六十九《趙充國傳》，北京：中華書局，1962年，2972頁。
〔註69〕《後漢書》卷八十七《西羌傳》，北京：中華書局，1965年，第2889頁。

建武二十六年（公元 50 年），正式設置使匈奴中郎將官，以段郴為「使匈奴中郎將，將兵衛護之」，屯於西河美稷縣。二是直轄的屯田積糧部隊。如《漢書‧西域傳》載武帝遣貳師將軍伐大宛以後，「自敦煌西至鹽澤，往往起亭，而輪臺、渠犂皆有田卒數百人，置使者校尉領護」。〔註70〕至元帝時，「復置戊己校尉，屯田車師前王庭」。三是直轄的征戰部隊。如武帝時征伐四夷，開地擴境，「遣將軍李息、郎中令徐自為將兵十萬人擊平」〔註71〕聯合進攻令居、安故的羌匈聯軍。「始置護羌校尉，持節統領焉」。〔註72〕總體來說，由這些校尉統轄的部隊也具有將屯兵的性質。

二、東漢邊防軍的變化和特點

東漢建國後，為適應當時政治、經濟形勢的需要，在軍制方面進行了大刀闊斧的改革。邊防軍在這一背景下，也進行了調整和改革，邊兵素質發生了較大的改變。這一影響邊防部隊的重大改革，就是罷邊郡亭侯吏卒。西漢時期的邊防軍，在文獻中統稱為「戍卒」。當時有「令戍卒歲更」〔註73〕之制。邊境地區由於大規模地建障徼、起亭燧、築外城，故於邊塞亭障，均設有重兵屯戍。且令戍卒「一歲而更」〔註74〕。即每年從內郡徵調戍卒番上戍邊，這成為西漢的定制。東漢之初，經過長期戰亂，社會經濟殘破，《後漢書‧郡國志》引應劭《漢官儀》曰「邊陲蕭條，靡有孑遺，障塞破壞，亭隊（燧）絕滅」〔註75〕。故在邊防軍方面也作了相應的調整。建武二十二年（公元 46 年）「詔罷諸邊郡亭侯吏卒」〔註76〕。即罷除西漢以來內郡戍卒番上戍邊之制。雖然大大減輕了編戶民的兵役負擔。實踐結果表明，邊郡沒有守望的戍卒仍然不行，於是採取彌補措施，大量利用「馳刑徒」和「夷兵」從事防守，以代替從前的戍卒。或以中央軍長期屯兵及邊郡臨時徵募兵員等方式來應付邊防作戰的需要。東漢的邊防軍構成，基本上還是沿用西漢時由邊郡兵、屯田兵、

〔註70〕《漢書》卷九十六上《西域傳》，北京：中華書局，1962 年，第 3873 頁。

〔註71〕《後漢書》卷八十九《西羌傳》，北京：中華書局，1965 年，第 2876～2877 頁。

〔註72〕《後漢書》卷八十七《西羌傳》，北京：中華書局，1965 年，第 2877 頁。

〔註73〕《史記》卷二十二《漢興以來將相名臣年表》，北京：中華書局，1959 年，第 1124 頁。

〔註74〕《漢書》卷四十九《晁錯傳》，北京：中華書局，1962 年，第 2286 頁。

〔註75〕《後漢書》志二十三《郡國志五》，北京：中華書局，1965 年，第 3533 頁。

〔註76〕《後漢書》卷一《光武帝紀》，北京：中華書局，1965 年，第 75 頁。

將屯兵以及屬國兵構成的形式，情況也大致如此，只是在量和質的方面有所區別。

東漢邊郡兵與西漢相比，在領導體制和邊防職責方面大致相同。只是，自「罷邊郡亭候吏卒」後，其兵源主要募自於募士、「馳刑徒」以及邊地少數民族兵。每到戰急之時，在邊郡臨時「徵兵」，這種情況非常普遍。如「秋七月，捕虜將軍馬武等與燒當羌戰，大破之。募士卒戍隴右，賜錢人三萬」〔註77〕，「耿秉、秦彭率武威、隴西、天水募士及羌胡萬騎出居延塞」〔註78〕在《後漢書》中記載這些郡兵在戰時徵發上來之後，在戰爭結束後，也就遣散回家。由於各郡的郡兵屬於臨時徵發，因而，缺少軍事訓練，戰鬥力低下。

東漢邊郡也在屯田地區駐有屯田兵，河西、西域、漢陽、河湟等地是屯田的主要區域。這是因為上述地區是羌人聚居區，屯田是為了防範羌人的反抗。當時，「邊郡置農都尉，主屯田殖穀」。〔註79〕屯田規模，東漢沒有西漢武帝時期大，如西域屯田兵的人數，一般為「數百人」、「千人」，最多時也只數萬人左右，而且時置時廢，屯田極不穩定，然而，屯田所帶來的益處使東漢統治者慢慢將屯田向內郡發展；屯田士多來自馳刑徒和免死徙邊的囚犯，開發邊疆、戍邊衛國的能力難以同西漢軍屯盛世相比。

東漢邊防軍在軍事改革的影響下發生的一系列改變，使東漢邊防軍具備了自己的特點。東漢屬國兵的大量運用和營兵的大量出現，在一定程度上緩解了邊疆地區在武裝力量上的需要。根據史料，東漢有十三個屬國（具體見於第一章第二節內容）。屬國兵勢力相當可觀。在徵兵制難以維繫，特別是各郡「材官、騎士及樓船士」等罷除的情況下，東漢屬國建置的軍隊被視為邊疆防禦的中堅力量。東漢王朝對其依賴進一步加強。這也是東漢邊防軍的特點之一：

東漢的屬國兵，在領導體制上更趨於獨立。《後漢書·百官志》：

> 每郡置太守一人，二千石，丞一人。郡當邊戍者，丞為長史。

> 王國之相亦如之。每屬國都尉一人，比二千石，丞一人」。

又有「邊郡往往置都尉及屬國都尉，稍有分縣，治民比郡」〔註80〕。東漢出現

〔註77〕《後漢書》卷二《明帝紀》，北京：中華書局，1965年，第99頁。

〔註78〕《後漢書》卷二十三《竇融列傳》，北京：中華書局，1965年，第810頁。

〔註79〕《後漢書》志第二十八《百官志五》，北京：中華書局，1965年，第3621頁。

〔註80〕《後漢書》志二十八《百官志五》，北京：中華書局，1965年，第3621頁。

了比郡屬國，屬國從郡縣區劃中被明確分配出來，屬國都尉權利擴大，可以分縣治民，這就使其集軍政大權於一身，成為地方上頗具實力的軍政要員。如光武帝時期的張掖屬國都尉竇融，「修兵馬，習戰射，明烽燧之警，羌胡犯塞，融輒自將與諸郡相救，皆如符要，每輒破之」，「推融行河西五郡大將軍事」〔註81〕，在邊地，竇融頗有威望，光武帝看到融之實力可以在邊疆與公孫子陽、隗囂等軍事集團抗衡，於是賜融璽書，授融任「涼州牧」〔註82〕。屬國在此基礎上的發展日趨壯大，隨著少數民族逐漸南遷靠近漢廷邊郡的漢族聚居區，其自然環境、經濟類型、社會組織都發生了巨大變化，接受東漢朝廷經濟賞賜援助，配合漢廷的軍事活動，長期的薰陶使其內部社會組織形式有所改變也是適應環境的結果。自主權擴大的屬國逐漸成為邊疆不可小覷的政治力量。

東漢時期，屬國兵數量龐大。光武帝時期，有越巂西部屬國，以及西漢後期遺留下來的張掖屬國、金城屬國、安定屬國等。和帝時「復置西河上郡屬國都尉官」〔註83〕。這時復置屬國是為了安置元和二年併入南單于的北匈奴降者數十萬人。那麼這兩屬國就有兵力（降者以二十萬計）4萬左右。而《後漢書·西域傳》上載，「今以酒泉屬國吏士二千餘人集崑崙塞……」可見安帝時期設置的酒泉屬國也有兵2000以上。這是東漢前期的情況已經有四萬二千人以上了。

從東漢和帝到安帝不過十幾年，又陸續設置五個屬國。這時的屬國人口已經獨立記錄，不與郡並在一起，也是擴充規模的體現。《後漢書·郡國志》上所記載安帝時屬國戶數與人口：張掖屬國4656戶，16952人；張掖居延屬國1560戶，4733人；廣漢屬國37110戶，205652人；蜀郡屬國111568戶，475629人；鍵為屬國7938戶，37187人。若一帳（戶）出一壯丁，則這五個屬國就有兵十六萬六千多人。像遼東屬國、雖無詳細史料記載，但從「遼東屬國故邯鄉，西部都尉。安帝時以為屬國都尉，別領六城。攤陽東北三千二百六十里昌遼，故天遼，屬遼西何法盛晉書有青城山。賓徒，故屬遼西」〔註84〕。可知，遼東屬國是個地域遼闊，管轄六城的大屬國。基於上文所提各屬國之情形，則可以保守估計像遼東屬國這樣的比郡屬國兵力應該不低於5000，甚至更多。因為像張掖居延屬國兵力雖然相對比較少，那是因為西北還有其

〔註81〕《後漢書》卷二十三《竇融傳》，北京：中華書局，1965年，第797頁。
〔註82〕《後漢書》卷二十三《竇融傳》，北京：中華書局，1965年，第799頁。
〔註83〕《後漢書》卷四《和帝紀》，北京：中華書局，1965年，第170頁。
〔註84〕《後漢書》志二十三《郡國志》，北京：中華書局，1965年，第3529頁。

他屬國相呼應。而東北只有遼東屬國一個屬國。可能東北只要需要安置少數民族降眾，便將他們安置在此屬國內。綜上所述，到安帝時期，東漢屬國兵力可能超過二十一萬了。縱觀之，東漢屬國兵力較之西漢有了大幅度的增強，主要與東漢屬國的增設和東漢邊防政策有關。屬國兵一方面鞏固了防禦入侵的能力，一方面也表明東漢王朝更加變本加厲地依賴歸附的少數民族勢力為自己的統治服務。說其為東漢王朝重要的邊防武裝力量，應當之無愧。

東漢時期，由於邊防形勢及邊防政策的變化，故將屯兵通常較西漢時多，不僅如此，東漢還先後設有各種名目的「營兵」，如：度遼營、象林營、扶黎營、漁陽營等，也是將屯兵的一種形式，長期屯駐於邊防重地。這是東漢邊防軍的特點之二：

東漢屯駐營兵由中央直轄，長期固守，執行戍守和機動作戰任務。在邊郡的這些屯駐營兵的設置主要有：

1. 度遼營：漢武帝拜范明友為度遼將軍，率度遼營擊遼東烏桓，始有此營，但屬臨時建置。東漢明帝永平八年（公元 65 年）「由是始置度遼營，以中郎將吳棠中郎將吳棠行度遼將軍事，副校尉來苗、左校尉閻章、右校尉張國將黎陽虎牙營士屯五原曼柏」〔註85〕，復置度遼營，屯駐五原曼柏。初由副校尉來苗等人所領得黎陽虎牙營士組成，置度遼將軍統領。安帝永初元年（107 年）定為常制。《後漢書‧明帝紀》：「冬十月，……詔三公募郡國中都官死罪繫囚，減罪一等，勿笞，詣度遼將軍營，屯朔方、五原之邊縣；妻子自隨，便占著邊縣；父母同產欲相代者，恣聽之」〔註86〕。軍人及謫發充軍者，均帶家屬隨軍，父死子繼。元初六年（119）甚至還曾調北軍積射士 3000 人增補。主要任務是長期屯守，以阻隔南北匈奴間的聯繫。

2. 象林營：和帝永元年間（公元 89 年～公元 105 年）「五月丁未，初置象林將兵長史官」〔註87〕，屯駐日南郡象林。置象林將兵長史為長，其屬官有將兵司馬等。主要任務是駐守日南郡地。

3. 扶黎營：組建不晚於安帝元初二年（公元 115 年），「復攻扶黎營，殺長吏」〔註88〕，扶黎營遭鮮卑進攻，統兵官長史被殺，可見在此之前已有此

〔註85〕《後漢書》卷八十九《南匈奴列傳》，北京：中華書局，1965 年，第 2949 頁。
〔註86〕《後漢書》卷二《明帝紀》，北京：中華書局，1965 年，第 111 頁。
〔註87〕《後漢書》卷四《和帝紀》，北京：中華書局，1965 年，第 190 頁。
〔註88〕《後漢書》卷九十《烏桓鮮卑列傳》，北京：中華書局，第 2986 頁。

營。扶黎營兵屯駐遼東屬國扶黎縣，主要任務是防遏鮮卑襲擾。

4. 漁陽營：安帝建光元年（公元 121 年）「甲子，初置漁陽營兵，伏侯《古今注》曰『置營兵千人』也」〔註 89〕，為平定鮮卑對居庸關等地襲擾而兼置。初有營兵千人，屯駐漁陽。由中央派遣將軍統領。主要任務是長期屯守北方，以對抗鮮卑為要務。

5. 征西營：順帝永和五年（公元 140 年），為平定西羌反叛，調左右玉林、北軍五校士及諸州郡兵共約 10 萬人組成。屯駐漢陽郡。初由中央直接拜馬賢為征西將軍統領，以騎都尉耿叔為副，並遣侍御史督之。任務是征討西羌，固守邊境。《後漢書‧西羌傳》〔註 90〕中有詳細記載。

上述在邊郡屯駐的營兵，除征西營是以屯兵任務命名，度遼營是沿用舊稱之外，其餘諸營都是以屯駐地的名稱命名。就地理位置上說，諸營相聚較遠，但都是配合周遭邊郡兵與屬國兵，進行聯合作戰。文獻載：「元初二年秋，遼東鮮卑圍無慮縣，州郡合兵固保清野，鮮卑無所得。復攻扶黎營，殺長史」。李賢注：「扶黎，縣，屬遼東屬國」〔註 91〕，從扶黎營的駐地是遼東屬國下屬的一縣就能證明這一點。而征西營，從建立最初，就明確是由幾方軍事力量聯合組成，後成為常置屯駐的營兵部隊。東漢時期，北方的鮮卑族、西部的羌族經常襲擾邊防，這些屯駐營兵在保障邊防安全方面具有舉足輕重的地位。

不論兩漢邊防軍由幾部分系統軍隊組成，顯然，在整個邊防體系中，多部隊配合保衛邊疆的是毋庸置疑的。平時，有邊郡兵的候望巡視以及應對邊疆突發的戰事，啟動的是邊防中最基礎的防禦系統；屯田兵的兵糧生產，以及各種後勤工作的完成，是整個邊防體系的有力保障，並使邊防體系得以順利運轉；屬國兵的運用，強調少數民族兵「以夷制夷」的優勢屬性；將屯兵，則是擴充邊防武裝力量，增強邊防實力的重要組成部分。尤其在東漢時期，邊防地區對屬國兵和屯駐營兵的依賴性更強。

三、其他征戰部隊的配合

邊防軍主要指專門擔負邊疆守衛任務，常駐邊疆地區的軍隊。除此之外，如遇敵軍來犯，尤其是大規模的軍事進攻，邊防軍的力量就相對薄弱，需要

〔註 89〕《後漢書》卷五《安帝紀》，北京：中華書局，1965 年，第 234 頁。

〔註 90〕《後漢書》卷八十七《西羌傳》，北京：中華書局，1965 年，第 2895～2896 頁。

〔註 91〕《後漢書》卷九十《鮮卑傳》，北京：中華書局，1965 年，第 2986～2987 頁。

增援和補充；如果中央王朝主動出擊攻打邊境敵軍，只有邊防軍往往不夠。因此，邊疆地區突發戰事，中央一般會根據情況派遣部隊到邊地配合作戰。

1. 期門、羽林軍與「八校尉」

期門、羽林軍屬於中央軍中的宮廷禁軍系統。武帝時期，為進一步加強宮廷禁衛，在光祿勳屬下增設了期門、羽林兩支禁軍。據《漢書‧百官公卿表》的記載期門平帝元始元年更名虎賁郎，羽林初稱簡章營騎，後更名為羽林騎。因成員出身多是戰亡將士的後代，通過培養和訓練組成精銳之師，號稱羽林孤兒。期門、羽林歸光祿勳統轄，是最接近皇帝的武裝力量。漢武帝創設期門、羽林的目的是為了加強中央軍實力。同時，也使郎衛與南北軍形成鼎足之勢，確保三支武裝力量得到平衡。東漢時期，期門、羽林仍然保持了下來，而且有了發展。東漢一代，期門、羽林的編制比西漢更完備。

作為皇帝的親軍，期門、羽林多選自三輔、六郡的良家子。來自六郡地區的期門、羽林以「善騎射」「有材力」為入選標準。建元三年，「詔隴西北地良家子能騎射者期諸殿門」〔註92〕。他們長期在役，熟悉戰陣。期門、羽林也是一種以侍衛為主要職責的候補官吏。有特殊的冠戴服飾，是一種貴族兵。衛青、趙充國、甘延壽等人，都是以「善騎射補為羽林」後身處要職的。除了選自三輔、六郡良家子外，凡從軍死事之子孫及征戰有功者，後來也可入補。如據《漢書‧宣帝紀》注引如淳曰：「《百官表》取從軍死事者之子養羽林，官教以五兵，號曰羽林孤兒，少壯令從軍」。以戰功入補羽林者，東漢為數不少，《後漢書‧耿弇傳》亦有這方面的記載。

期門、羽林除了宮廷宿衛之外，期門、羽林還要奉命出征，尤其是征戰邊疆的事例，比比皆是。因期門、羽林屬於皇帝的精良軍隊，貴精不貴多，所以一般與其他軍隊配合出擊。如：

> （宣帝神爵元年）西羌反，發三輔、中都官徒弛刑、及應募佽
> 飛射士、羽林孤兒……詣金城。〔註93〕

> （趙）充國子右曹中郎將卬，將期門佽飛、羽林孤兒、胡越騎
> 為支兵，至令居。〔註94〕

> （安帝永初元年）於是詔（鄧）騭將左右羽林、北軍五校士及

〔註92〕《漢書》卷六十五，《東方朔傳》，北京：中華書局，1962 年，第 2847 頁。
〔註93〕《漢書》卷八《宣帝紀》，北京：中華書局，1962 年，第 260 頁。
〔註94〕《漢書》卷六十九《趙充國傳》，北京：中華書局，1962 年，第 2976 頁。

　　諸部兵擊之，車駕幸平樂觀餞送。騭西屯漢陽，使征西校尉任尚、

　　從事中郎司馬鈞與羌戰，大敗。〔註95〕

與期門、羽林合作的有三輔屯兵、北軍校士、地方郡兵，也有邊防將屯兵等。其中北軍也屬於京畿衛戍的中央軍系統。

2. 北軍「八校尉」

　　漢武帝時期，為了擴充強化中央軍，在北軍中增設「八校尉」。即「中壘校尉掌北軍壘門內，外掌西域，屯騎校尉掌騎士，步兵校尉掌上林苑門屯兵，越騎校尉掌越騎，長水校尉掌長宣曲胡騎，又有胡騎校尉掌池陽胡騎，不常置，射聲校尉待詔射聲士，虎賁校尉掌輕車。」〔註96〕這八校尉掌握的軍隊各有特色，但以騎兵兵團為主，彼此具有協同作戰的能力。八校尉既有宿衛京師的責任，也有奉命出征的任務。東漢「八校」被整編為屯騎、越騎、步兵、長水、射聲五校尉，這是北軍最具戰鬥力的隊伍，當時郡兵和邊兵的實力無法與其相比擬。上文所引材料提到期門羽林的「北軍五校士」指的就是這支隊伍。需要提及的是，自東漢「罷材官、騎士」後設置的黎陽營、雍營、長安營是中央軍的重要構成，雖不在邊地，但卻也具有邊防軍的功能。如安帝永初四年（公元 110 年）始建的屯駐長安的虎牙（長安）營。由京兆虎牙都尉統領。主要任務是防備匈羌襲擾，護衛皇陵安全，執行機動作戰，與同年建置，屯駐於雍的雍營共同組成京師洛陽的西邊屏障。邊郡如遇較大規模軍事戰爭，中央營兵就是重要的參戰力量。

　　中央軍在邊疆戰爭中的主力地位，是由漢代的專制主義中央集權制所決定的。漢代憑藉「居重馭輕」的建軍方針，使國家整個軍事權利歸於皇帝手裏。即使是萬里之外的邊疆戰場，也需要皇帝親自操控。

3. 郡國兵

　　漢代在地方施行郡國並行制度，無論郡縣或是王國，都普遍建有與之相應的軍隊。這在當時統稱為「郡國兵」，也就是地方軍。地方軍是邊疆戰場上的又一主力來源。

　　地方軍的建制原則，當時採取「因地制宜」，視各個郡國地理條件之差異，而分別建置不同的兵種。文獻所載：

〔註95〕《後漢書》卷十六《鄧寇列傳》，北京：中華書局，1965 年，第 614 頁。
〔註96〕《漢書》卷十九上《百官公卿表》，北京：中華書局，1962 年，第 737～738 頁。

平地用車騎，山阻用材官，水泉用樓船，三者之兵種，各隨其

地勢所宜。〔註97〕

因為平地用車騎，故上郡、北地、隴西等北方諸郡多建騎士；山阻用材官，故巴蜀、三河、潁川諸郡多材官；水泉用樓船，於是在廬江、尋陽、會稽諸郡多樓船士。總之，對地方軍的培養建置，通常根據地理條件，因地制宜。

西漢時期，建置在全國各地的「材官、騎士」等，人數眾多，漢王朝每次戰爭時都要動用大量的材官、騎士。如元鼎五年，為平定南越，不得已需發南方的樓船士達二十餘萬人。史記上，當時全國的地方軍，占整個軍隊的比例最多，規模最為龐大。東漢建國後，在精兵簡政、并官省職的同時，對地方軍也進行了調整和改革。「罷郡國都尉官」〔註98〕，至此之後並非東漢就沒有郡兵了。翻查史料，東漢王朝運用「郡兵」征戰的事例很多。除了「郡兵」的記載之外，還有所謂「河內兵」「汝南兵」、「荊州兵」、「關中兵」、「蒼梧兵」、「幽州兵」等等。地方軍在東漢時期也是普遍存在的。只是在兵源、編制以及士兵素質等方面與西漢相比有所差異，尤其在東漢後期，刺史、太守各自有兵，互不相屬；擁有私兵部曲，從而演變為後來的軍閥割據。

地方軍除平時在本地服役、接受訓練、維護社會治安之外，戰時還要聽候中央的統一徵發，奉命打仗。在當時，每當國家遇有重大戰時，一般臨時到郡國徵發兵力，憑虎符、羽檄召而用之，事罷歸家。在戰爭年代，中央徵發地方軍的情況不盡普遍，而且有時動用地方軍的數量相當大。如：

（安帝三年）南單于與烏桓大人俱反。以大司馬何熙行車騎將

軍事，中郎將龐雄為副，將羽林五校營士，及發緣邊十郡兵二萬餘

人，又遼東太守耿夔率將鮮卑種眾共擊之。〔註99〕

此類事例，不勝枚舉。在對外族戰爭中，地方軍要配合中央軍協同作戰，或調兵屯守、或發兵征討之例，史不絕書。對匈奴作戰時，就主要調發關中、西北諸郡的輕車騎士；對南越作戰時，調發江、淮以南的樓船士；對西南夷及西羌作戰時，調發巴蜀、三河以西的材官、騎士。說明國家調發地方軍不僅因地制宜，而且因敵而異，以「近地調發」為主，針對邊疆的敵人的特點，調兵遣將。

〔註97〕《後漢書》卷一《光武帝紀》，北京：中華書局，1965 年，第 89 頁。
〔註98〕《後漢書》卷一《光武帝紀》，北京：中華書局，1965 年，第 51 頁。
〔註99〕《後漢書》卷四十七《梁慬傳》，北京：中華書局，1965 年，第 1592 頁。

地方軍是中央不可缺少的強大而雄厚的戰略後備力量，漢初的每次大規模的軍事行動，都是依靠徵用地方兵而完成的。有時地方兵還要奉命獨立作戰。這方面的事例也很多。如：

> （武帝建元三年）閩越圍東甌，東甌告急，遣中大夫嚴助持節發會稽兵，浮海救之。〔註100〕

> （建武十八年）發長沙、桂陽、零陵、蒼梧兵萬餘，討交阯徵側、徵貳。〔註101〕

> （建武二十二年）武溪蠻反，為寇害，至南郡，發荊州諸郡兵，遣武威將軍劉尚擊之。〔註102〕

大量事實表明，當時完全由地方軍單獨出戰的情況很多，地方軍實際上成為中央軍強有力的補充。隨著戰爭的結束，作為邊防力量補充的部隊會隨即離開邊疆。戰時邊地的軍隊，主要由因戰事而臨時設立的將軍和將軍幕府領導。將軍領兵作戰時，其作戰時間、行軍路線等軍事方案都要按照皇帝的規劃行事；作戰方略也要皇帝批准。實際上，皇帝擁有國家軍事的最高權力。

四、邊防軍事領導機構的相互節制

邊防領導體系和武裝力量奠定了漢王朝的邊防實力結構。這套邊防機制的運行能夠保障漢代邊疆軍事行動和防禦得以實現。

從邊防領導機構構成看來，在西漢時期，邊防的主力是邊郡行政系統，郡太守也好還是屬國都尉也好，雖然掌管邊地軍事事務，但沒有發兵的權利。平時，邊郡系統主要是駐守防禦，具體來說需要偵查軍情和敵對方軍事政治動態。如果發現有重要的軍情，就啟動了邊防軍事征伐或抵抗開關。

首先，情報被發往漢廷中央政府，中央政府作出應對決策，如需大規模作戰一般由中央任命將帥出征，如只需太守發兵，則由中央向太守發放皇帝的虎符，「（文帝二年）九月，初與郡守為銅虎符、竹使符。」應劭曰：「銅虎符第一至第五，國家當發兵遣使者，至郡合符，符合乃聽受之。」〔註103〕錢文子《補漢兵志》亦曰：「郡國之兵則材官騎士是也，非虎符不得輒發。」秦

〔註100〕《漢書》卷六《武帝紀》，北京：中華書局，1965年，第158頁。

〔註101〕《後漢書》卷八十六《南蠻西南夷傳》，北京：中華書局，1965年，第2837頁。

〔註102〕《後漢書》志第十六《五行志》，北京：中華書局，1965年，第3327頁。

〔註103〕《漢書》卷四《文帝紀》，北京：中華書局，1965年，第118頁。

朝有邊郡太守在緊急狀況下，無虎符調兵的情況，考慮漢承秦制，西漢也可無符發兵，但應急過後必須上報事情原委。〔註104〕然而，邊疆戰事多，形勢往往一觸即發，緊急發兵在現實中應經常被邊郡太守使用，因此，漢廷通過虎符發兵之制來控制邊郡太守發兵權的措施的實施效果恐怕有限。為了避免郡太守軍權的濫用，中央會在邊郡設立長史，長史由中央任命，秩六百石。如遇太守不能履行職責，則由長史代行，居延漢簡載：

> 三月丙午張掖長史延行太守事……　（10‧32）

或如懸泉漢簡記載：

> （建昭二年九月庚）申朔壬戌，敦煌長史淵以私印行太守事，
>
> 丞敞敢告部部尉卒人……　（Ⅱ0215③：46）

在邊郡行政系統中儘管太守的權利巨大，但除了長史之外，都尉也分散了太守的軍事權。日本學者永田英正也曾談到：「太守和都尉在職權上有明確的區別，而兩者的實際地位沒有很大的不同。這樣做使太守、都尉互相牽制，達到抑制各自專權的作用。」〔註105〕部都尉、屬國都尉治所分散於邊郡各地區，實際控制一定數量的兵力，尤其對所屬騎兵有相對獨立的指揮權，無形中制約了邊郡太守的實際權利。

與邊防行政機構並行的屯田機構在邊防體制運行時，也存在彼此制約，相互牽制。居延漢簡中有張掖太守發送給下屬的文件：

> 二月戊寅張掖太守福庫丞承熹兼行丞事敢告張掖農都尉護田
>
> 校尉府卒人謂縣律曰臧它物非錢者以十月平賈計案戍田卒受官袍
>
> 衣物貪利貴賈貰予貧困民吏不禁止浸益多又不以時驗問。　（4‧1）

可見農都尉也受其節制，但農都尉的直系管理機構是中央的大司農，如《居延漢簡》：

> 守大司農光祿大夫臣調昧死言守受簿丞慶前以請詔使護軍屯
>
> 食守部丞武☒以東至西河郡十一農都尉官二調物錢穀漕轉糴為民
>
> 困乏願調有餘給不☒　（214‧33A）

農都尉受雙重節制，屬國都尉也受中央典屬國和邊郡太守雙重領導。《居延漢

〔註104〕 安作璋、熊鐵基：《秦漢官制史稿‧第二編》，濟南：齊魯書社，2007年，第68頁。

〔註105〕 （日）永田英正著、張榮芳譯：《從簡牘看漢代邊郡的統治制度》，中國社會科學院歷史研究所戰國秦漢史研究室編：《簡牘研究譯叢（第二輯）》，北京：中國社會科學出版社，1987年，第353頁。

《簡》中也有太守給屬國都尉的文書記錄：

　　　　三月丙午張掖長史延行太守事肩水倉長湯兼行丞事下屬國農
　　部都尉小府縣官承書從事下當用者如詔書／守屬宗助府佐定
　　（10‧32）

這種雙重領導機制的運行，使得太守在調動農都尉、屬國都尉所屬軍隊時有約束，從側面也受到中央政府的控制。相對於太守下屬的其他職官來說，農都尉與屬國都尉較為獨立、自成一系，成為制衡邊郡太守的力量。

　　另一方面，農都尉、屬國都尉也需要太守的節制。農都尉、屬國都尉設置於邊疆地區，遠離中央，大司農、典屬國對他們的管理不可能面面俱到，如果二者只由中央機構管轄，中央定會感到鞭長莫及。西漢武帝、宣帝之後，屬國設置增多逐步融入王朝邊疆行政機構體系中，典屬國存在的意義已經不大，因此到成帝河平元年（公元前28年）便省併到大鴻臚了。農都尉、屬國都尉有可能會擁兵自重，屬國部眾也可能會起分離之心。西漢諸屬國雖然在行政方面隸屬於西漢，但其對西漢並非忠心耿耿。「元帝即位，……上郡屬國歸義降胡萬餘人反去。初，昭帝末，西河屬國胡伊酋若王亦將眾數千人畔」〔註106〕對於震懾屬國降眾，防止叛逃邊郡太守是最合適人選。《漢書‧匈奴傳》載「自中國尚建關梁以制諸侯，所以絕臣下之覬欲也。設塞徼，置屯戍，非獨為匈奴而已，亦為諸屬國降民，本故匈奴之人，恐其思舊逃亡」〔註107〕認為歸降的游牧民族政權，可能會有思想波動，出現逃亡的情況，因此不能將守護邊疆要塞的重要任務完全交由他們去完成。在戰略要塞需要有郡太守等其他機構對屬國都尉進行制衡，從而保證邊疆的穩定。

　　東漢時期，「罷邊郡亭候吏卒」後，各部都尉被省併，郡太守軍事權力提升，原有邊郡兵力不能滿足邊疆防衛的需求，在邊防上主要依靠將屯兵和民族兵。屬國開始「治民比郡」，屬國都尉地位提升不受太守節制，兩者的實力在東漢邊防戰士頻繁加劇的狀況下得到強化。這種地方軍事力量強大的局面引起了漢王朝的警惕，於是邊疆戰事再起時，漢廷更多發揮軍鎮機構的力量，客觀上分化了久在邊疆駐守的邊郡太守和屬國都尉對地方戰事的領導權。從軍鎮機構「持節領護」這一點就能看出，使匈奴中郎將、護烏桓校尉、護羌校尉持節就代表著皇帝的意志，在處理邊疆事務時擁有獨立的權利。比

〔註106〕《漢書》卷七十九《馮奉世傳》，北京：中華書局，1965年，第3295頁。
〔註107〕《漢書》卷九十四下《匈奴傳下》，北京：中華書局，1965年第3804頁。

如在徵發民族兵方面：

> 太僕祭肜、度遼將軍吳棠將河東北地、西河羌胡及南單于兵萬一千騎出高闕塞」〔註108〕

> （度遼將軍）馬續與中郎將梁并、烏桓校尉王元發緣邊兵及烏桓、鮮卑、羌胡合二萬餘人，掩擊破之。〔註109〕

> 延熹元年，鮮卑寇北邊。冬，使匈奴中郎將張奐率南單于出塞擊之，斬首二百級。〔註110〕

調遣邊郡太守和下屬軍隊作戰。如「騎都尉來苗、護烏桓校尉文穆將太原、雁門、代郡、上谷、漁陽、右北平、定襄郡兵及烏桓、鮮卑萬一千騎出平城塞。」〔註111〕「章和元年，（護羌校尉）育上請發隴西、張掖、酒泉各五千人，諸郡太守將之，育自領漢陽、金城五千人，合二萬兵，與諸郡克期擊之，令隴西兵據河南，張掖、酒泉兵遮其西。」〔註112〕但軍鎮機構的軍事權力也不是不受制約的。兩漢之交，地方軍事割據的教訓也迫使東漢王朝「十分重視防止和防範邊吏借手中之權發展勢力。」〔註113〕，一方面通過對軍鎮機構長官的頻繁調動來節制部分權力的擴大。另一方面，漢廷希望在邊郡形成多個邊防力量的相互制衡，因此軍鎮機構與邊郡和屬國形成了相互牽制的關係。原本三者之間互無行政隸屬，在彼此的內部行政事務方面互不干涉，在軍事上，雖然軍事領護機構可以指揮數郡太守、調動其下屬軍隊作戰，但是從史書記載的有關事例可知，軍事領護機構的主官不能隨意調動郡兵，必須上書中央，由中央授權，而且其對邊郡太守的指揮也只是臨時性的，一旦軍事行動結束，雙方的統屬關係也就立即結束。然而，各軍隊之間相距較遠，不利於互相聯合行動，因此軍事領護機構要想履行好職責，需要得到郡兵、屬國兵的配合。軍事領護機構在處理一些軍政問題時就需要尊重邊郡太守、屬國都尉的意見，這使得邊郡行政機構可以對軍鎮機構形成制約。

西漢與東漢的邊防軍事領導機構制約機制不同，成因也有差異。西漢初

〔註108〕《後漢書》卷二十三《竇融列傳》，北京：中華書局，1965 年，第 810 頁。
〔註109〕《後漢書》卷八十九《南匈奴列傳》，北京：中華書局，1965 年，第 2960 頁。
〔註110〕《後漢書》卷九十《烏桓鮮卑列傳》，北京：中華書局，1965 年，第 2989 頁。
〔註111〕《後漢書》卷二十三《竇融列傳》，北京：中華書局，1965 年，第 810 頁。
〔註112〕《後漢書》卷八十七《西羌傳》，北京：中華書局，1965 年，第 2882 頁。
〔註113〕李大龍：《兩漢時期的邊政與邊吏》，哈爾濱：黑龍江教育出版社，1998 年，第 130 頁。

期諸侯王的叛亂和「七國之亂」、邊疆形勢的嚴峻使得西漢形成了邊郡領導機構內部制約機制。西漢初期，諸侯王分封不利於中央集權，武帝後漢廷開始在政治、經濟、文化、軍事等各個領域強化中央皇權。在邊疆，為了抵禦匈奴等游牧民族的威脅而設置的大量軍事機構，也有壯大威脅中央的可能。尤其是諸侯王和將領手握重兵卻缺乏制衡，這對於中央集權和邊疆治理十分不利。於是「吳楚時，前後諸侯或以適削地，是以燕、代無北邊郡」〔註114〕這使諸侯王國退出邊疆地區，也使漢廷意識到要將邊防把持在中央的控制之下，就絕不能使邊郡地區出現一個橫跨數郡、總攬一切軍事權力的官職或機構，而是應該設立多個相互平行的軍事領導機構，使其彼此牽制，相互制約。而在設立新的機構時，使其除了接受邊郡太守節制外，也要受中央領導，以便加強中央在邊郡地區的力量，最終達到加強中央集權、有效控制邊疆地區的目的。

　　邊疆地區不同於中原，在中原地區，郡縣級主要的工作是行政管理。而在邊疆地區，社會經濟文化較為落後，漢族與匈奴、烏桓、鮮卑、羌等眾多游牧民族在此雜居。漢族與游牧民族在經濟生活、文化傳統、心理認同等方面都存在著很大的差異，各游牧民族與漢朝之間的和戰降叛不定，造成邊疆十分複雜的民族關係和緊張嚴峻的邊疆形勢。因此，邊郡行政事務也是以軍事為中心，中央政府不得不加強邊防長官的權力和當地的軍事力量，以便他們能夠隨機應變，更好地領兵作戰。而邊疆數地區地理形勢險要，為戰略要地，憑藉其獨特的地理位置形成了一個個相對獨立的地理單元，這為當地軍政長官脫離中央、割據一方提供了地理條件。邊郡地處邊陲，地理形勢險要，遠離漢朝中心地區，邊郡的軍事領導機構手握重兵又擁有較為靈活的緊急發兵權，如果不加以控制，很容易造成地方割據，威脅中央集權。

　　東漢時期亦有人對此表示了擔憂，東漢安帝永初四年（110年），涼州羌人叛亂，大將軍鄧騭想放棄涼州，虞詡極力反對，他對太尉李脩說：「諺曰：『關西出將，關東出相。』觀其習兵壯勇，實過余州。……若棄其境域，徙其人庶，安土重遷，必生異志。如使豪雄相聚，席捲而東，雖賁、育為卒，太公為將，猶恐不足當御。……今涼土擾動，人情不安，竊憂卒然有非常之變。誠宜令四府九卿，各闢彼州數人，其牧守令長子弟皆除為冗官，外以勸厲，答

〔註114〕《史記》卷時期《漢興以來諸侯王年表》，北京：中華書局，1965年，第803頁。

其功勤，內以拘致，防其邪計。」〔註115〕虞詡擔憂一旦放棄涼州，缺少了中央的控制，涼州豪傑會起兵叛亂，割據一方。他為防止此事發生，甚至建議不惜以涼州大小官員的子弟作為人質。此時已是東漢中期，東漢王朝的統治已經鞏固，虞詡卻仍然有這樣的擔心。故而從這裡也能看出，以涼州為代表的邊郡與中央一直若即若離，地方上存在著一定的離心傾向。邊疆地區這種特殊的政治地理形勢，使得中央政府不得不因地制宜、因俗而治，在邊郡設立了遠比內郡複雜的軍事領導機構。各軍事領導機構之間分工明確、相互制衡，共同經營邊地，將其建設成為防範匈奴等游牧民族進攻的軍事基地和主動出擊游牧民族的根據地，同時通過軍事領導機構之間存在的制約機制，將邊防軍事控制權牢牢掌握在中央手中。

到了兩漢之交，邊郡太守、都尉等軍事長官趁此機會紛紛「據郡自守」，他們坐擁強大的軍事力量，割據一方。邊郡的強大令東漢光武帝心有餘悸，於是漢光武帝推行軍制改革促使邊疆軍事力量分散，這樣即使制約機制失效，邊郡也無力同中央抗衡。「省諸郡都尉，並職太守」，使得太守的軍事權力進一步擴張，缺少了部都尉的制約，太守一枝獨大。「罷輕車、騎士、材官、樓船士及軍假吏」，意味著廢除了內郡徵兵制，使得東漢邊郡的戰略後備力量不足，屯田兵的來源也發生了變化，其軍事素質下滑，農都尉地位下降且劃歸太守獨自節制。故而在軍事上只能更加依靠屬國兵和大量徵募游牧民族為兵，這導致了屬國都尉地位的提高和軍事領護機構的設置。「罷諸邊郡亭候吏卒」，廢棄了邊郡的候望系統，東漢不得不依靠內附的游牧民族來偵查候望。自西漢時期以來，邊郡所形成的邊防軍事領導機構的內部制衡機制受到了嚴重破壞。

東漢實行「以夷制夷」的邊防戰略，需要借助游牧民族的軍事力量來維持邊境安全，平衡郡內各個民族的勢力，處理好複雜的民族關係就顯得更加重要。這就意味著，需要避免內附游牧民族的叛亂以及與塞外的游牧民族勾結。因此，為了避免邊郡的太守、屬國都尉因施政不當而導致內附的游牧民族叛亂，就需要軍鎮機構的制約。這一點從護羌校尉、護烏桓校尉設立的緣由中也能看出：「今涼州部皆有降羌，羌胡被髮左衽，而與漢人雜處，習俗既異，言語不通，數為小吏黠人所見侵奪，窮恚無聊，故致反叛。夫蠻夷寇亂，皆為此也。舊制益州部置蠻夷騎都尉，幽州部置領烏桓校尉，涼州部置護羌

〔註115〕《後漢書》卷五十八《虞詡列傳》，北京：中華書局，1965 年，第 1866 頁。

校尉，皆持節領護，理其怨結，歲時循行，問所疾苦。」〔註116〕由此可知，為避免邊郡太守等無法處理好游牧民族與漢族的關係，以致於游牧民族反叛，故而中央政府需要設立軍鎮機構以制約邊郡太守、屬國都尉，更好地貫徹「以夷制夷」的邊防戰略。

東漢中央政府希望通過各軍事領導機構之間的互相監督、互相牽制，以避免邊郡軍事長官同游牧民族的勾結，割據一方，甚至與游牧民族共同入侵內地。在東漢實行「以夷制夷」的邊防戰略的過程中，邊疆地區逐漸形成了邊郡太守、屬國都尉軍事領導機構和軍鎮機構三大軍事指揮系統，三者在履行各自的職責時，逐漸形成了相互制衡的運行機制，維護了邊疆地區的社會的穩定，強化了中央對邊郡地區的政治統治與軍事控制。

中央政府實行一系列的措施，限制邊郡軍事長官權力的發展，並使其相互制衡，本質上是中央對地方的制約，其目的是強幹弱枝，加強中央集權。然而分權制衡的各方天然具有反制衡的離心傾向，其能否發揮積極效果，除了本身制衡機制的設計外，還取決於其他外來因素。而對於邊郡軍事領導機構制約機制來說，其中一個重要因素就是中央的實力。縱觀邊防軍事領導機構制約機制演變情況，地方憑藉軍事來反抗中央，據境自守，割據一方，只有兩個時期——兩漢之交和東漢末年，而這兩個時期恰恰都是皇權衰微，中央集權被削弱的時期。因此，邊防軍事領導機構節制機制是否發揮作用，歸根結底要看中央實力是否強大。邊疆地區處於中央控制的邊緣地帶，其權力控制本就薄弱，國家強大時，還能處於中央控制之下，一旦國力減弱，離心傾向就會越來越明顯。

邊疆地區設置的邊郡、屬國和軍鎮機構形成邊防帶是漢朝抵禦游牧民族侵擾、保證內地安全的第一道防線，邊防建設受到了歷代中央政府的重視，而軍事領導機構的建立與完善正是其中重要的一環。為此，西漢中央政府在邊疆地區設立了以太守、屬國都尉為核心的邊郡軍事領導機構和農都尉等屯田軍事領導機構，東漢又設立了度遼將軍、使匈奴中郎將、護烏桓校尉和護羌校尉四個軍鎮持節領護機構。邊防軍事領導機構制約機制的存在，使得各個軍事領導機構之間相互牽制，互相制約，最終形成了分權制衡的局面，這一切均有利於中央對邊疆地區的控制，避免了尾大不掉之勢。從整個漢代的歷史來看，可知漢廷的設想基本達到了預期，在兩漢大部分時間裏，邊郡基

〔註116〕《後漢書》卷八十七《西羌傳》，北京：中華書局，1965年，第2878頁。

本上都處於中央的有效控制之下。漢代作為中國兩千多年專制王朝的初創時代，其在諸多制度上的設計為後世王朝的發展奠定了基礎和提供了借鑒，其在建立邊疆地區軍事領導體制時制衡方面的考慮，亦對後世王朝治邊產生了深遠影響。

第三章　邊防軍事工程建設和邊防體系的供給模式

　　在漫長的歷史長河中，北方民族在軍事上一直佔據絕對優勢，只有當中原王朝完全控制北方民族，從而成為中央王朝時才不用修築防禦工事。在實力均衡或處於下風時，中原似乎永遠都找不到比修築防禦工事更有效的方法來抵禦北方民族。勞幹先生曾有過一段精闢的論述，「中國的這一個國家有許多地理上的優點來便於發展古代的文化。但國防方面卻有若干不可諱言的缺點。中國國防上最大的缺點是中國的北面和中國的西北面過分的開展，對於這一面並無很顯明的國防線。而北方及西北方面卻經常是向大陸中沃壤侵略的敵人。倘若中國取攻勢，那就對於沙漠上長途的運輸負擔很重大的經費，倘若中國取守勢，那就要修築遙遠的工事，而徵集大量的軍隊。但後者較前者要容易些，因此中國對付北方和西北總是防禦時多而進攻時少，即使要想進攻，也要先顧到防禦，所以整個邊塞的政策還是建築在防禦方面上」[註1]。

　　面對廣裏無垠的西部、北部邊疆和來去無形、飄忽不定的匈奴騎兵，漢王朝無法徹底征服匈奴各部，又無法像內陸常規防禦那樣對一個或多個點進行重點防守。在點狀防禦不起任何作用的情況下，只有建築遙遠的防禦工程，進行線狀且長期防禦。漢長城就是在這樣的背景下產生的。在不同時期，漢長城防禦重點不同，西漢時期長城的修建和防禦重點在西北部，東漢時期則側重東北部長城防線的鞏固。長城是一個集多項功能為一體的綜合性防禦體系。

〔註 1〕勞幹《釋漢代的亭障與烽燧》，《勞幹學術論文集》，藝文印書館，1976 年版，第 699 頁。

第一節　邊防土木工程與候望模式

　　漢代的邊塞，是舉世聞名的偉大軍事防禦建築工程。它的構成，並非「長城」一詞給人的印像那樣，只是接連不斷的一條城牆。實際上，這個體系設城障、列亭堠，置烽燧，以軍事組織系統，執行守禦任務。這個體系的構成，大致可以看作障塞、烽燧（亭燧）基點組成連接城障中心構成邊塞線的邊防守禦土木工程，以點——線——帶的防禦層次組成工程體系。

一、烽燧、城障、塞牆與城

1. 烽燧

　　「烽燧」是一個詞，有時也可分開使用，即「烽」、「燧」簡言之，「烽」指信號，如烽火、烽煙。「燧」指施放信號和觀察、嘹望的建築，即烽臺，烽燧是古代一種用於軍事的通訊手段，也指的是發放訊息的建築。是邊防土木工程的最基層和最前沿的駐兵建築。又可稱作亭障、列亭、列隧。我國的烽燧之制可以追溯到西周，所謂烽火戲諸侯的典故反映的就是這一史實，《史記·周本紀》中記載幽王為博得寵妃褒姒一笑，數舉烽火誆騙諸侯「為烽燧，大鼓，有寇至則舉烽火，諸侯悉至，至而無寇，褒姒乃大笑，幽王說之，為數舉烽火」〔註2〕。大體說明了烽燧在國家軍事行動中的作用和地位，烽燧之制大約為我國整個封建時代諸朝所沿用，至明代止，雖然形式、內容已有很大變化，但基本功能沒有大的出入。作為城障的耳目，烽燧主要用於報警，是邊塞體系中最基層的哨所，亦是邊防候望系統的核心，地位十分重要。

　　漢代的烽燧因是邊防工程的基礎，因此廣泛分布於邊防沿線各處。根據考古資料來看，烽燧分布的密度不定，北方、西北等東起遼東西至敦煌玉門的長城一線眾多，一般羅列於長城（塞牆）內側。巴蜀與西南夷地區也有烽燧分布，《史記·司馬相如傳》載「告巴蜀太守，蠻夷自擅不討之日久矣，時侵犯邊境……夫邊郡之士，聞烽舉燧燔，皆攝弓而馳」，說的就是烽燧在巴蜀地區戰爭中所發揮的作用。根據統計：漢敦煌、酒泉二郡共發現 164 座烽燧遺址，90%以上的烽燧相距為 1～2.5 公里。在內蒙古沙井蘇木境內「塞外列城」的南塞牆內側，大約每隔 1 公里左右置一烽燧；而烏拉特後旗境內「塞外列城』的烽燧間距則為 2.5 公里左右。甘肅安西縣烽燧平均間隔 2 公里；甘肅永昌縣烽燧平均間隔 5 公里一小墩，10 公里一大墩；武威段烽燧平均間隔

〔註2〕《史記》卷四《周本紀》，北京：中華書局，1959 年，第 148 頁。

0.5～10 公里；烏蘭察布段烽燧平均間隔 1～10 公里；固陽段烽燧平均間隔 0.5
～1 公里；阿拉善右旗烽燧平均間隔 1.5～5 公里；昭烏達盟至遼西段烽燧平
均間隔 1.5～2 公里；遼東烽燧平均間隔 1.5 公里；朝陽建平縣烽燧平均間隔
1.5 公里。可見烽燧分布間距大致在 0.5～10 公里內。

那麼烽燧到底是什麼樣貌，這主要取決於它被修築在什麼地形地貌以及
所要防衛的對象。在次要防禦地段或視野開闊處，烽臺相隔較遠，在重要防
禦地段或視野狹窄處，烽臺間距較小。漢代烽燧的建築手法及形式，也是因
地域不同而各有差異。敦煌郡玉門都尉所轄烽燧中以夯土築而成者為數不少，
而中部都尉所轄烽燧還有用湖沼中鹼化的泥土間以柴木築成的。這裡的漢代
烽燧，多呈下寬上窄的方柱形，臺一般都在 10 米以下，烽臺底基一般是 36
平方米至 81 平方米，烽臺之上建一方形小屋，高 1～3 米，面積 4 平方米至
9 平方米左右，小屋四周牆壁開孔以便候望〔註3〕。許多烽臺都有牆環衛，與
塢相連。塢分內塢、外塢，內塢置居室。據漢簡記載，以馬糞塗地，「一人馬
矢塗亭戶前地二百七十尺」（《流沙墜簡》28），以草或白土塗壁，「一人草塗
□內屋上，廣丈三尺五寸，長三丈，積四百五尺」（《流沙墜簡》27）。考古工
作者發掘了一些烽燧遺址，可以幫助我們瞭解烽燧建築的詳情，如《疏勒河
流域漢長城考察報告》中所載：

16 號烽燧俗稱馬六甲墩。位於 17 號烽燧之北 3 公里的戈壁上。周圍地
勢遼闊、西、北部地勢低窪，向北可眺望北山山口。烽燧遠離長城線 3 公里，
其作用應該是監視北山敵情活動的前哨。基礎南北 5.2 米、東西 4.3 米、高 6.1
米。壘砌、五層土墼一層蘆葦。……烽燧頂仍保留有完整的女牆，牆高 0.5 米、
寬 0.55 米，有 0.6 米見方的平臺。烽燧頂部的堠樓是戍卒值勤的地方。〔註4〕

敦煌馬圈灣漢代烽燧遺址：長方形，底基 63.46 平方米，殘高 1.87 米，
為三層土墼中央一層蘆葦疊砌，無黏接材料。塢牆與烽燧的東、南壁相連，
塢牆夯築，烽燧上部結構不明，粉刷的顏色，有土紅色、淺藍色和白色數種
烽燧。此種情況，在堡內房屋中亦存在。晚期在此處向北砌築臺階，現存四
級。在烽燧東南角早期留有一長方形缺口。〔註5〕

〔註3〕程喜霖：《漢唐烽堠制度研究》，西安：三秦出版社，1990 年，第 36 頁。

〔註4〕甘肅省文物局編：《疏勒河流域漢長城考察報告》，北京：文物出版社，2001
　　　年，第 22 頁。

〔註5〕《敦煌馬圈灣漢代烽燧遺址發掘簡報》，《文物》，1981 年第 1 期，

也就是說漢代的烽燧，漢簡中稱「堠」「候樓」，從外部看烽燧是由高墩臺做基座，烽燧建有舉烽火的設施，上設置烽架（桔皋）用於舉布烽或燃草烽；漢代烽燧內部是實心夯土，因此上烽燧需要依靠外部的攀登工具，而較矮的烽燧，僅用拉繩或腳窩來解決攀爬的問題。頂部設望樓，望樓一般沒有屋頂，也有的烽燧處於使用考慮搭建草棚遮掩，烽燧有門供負責侯望執勤的戍卒使用。一部分烽燧也設有塢，塢一般是為駐紮的候長、候史辦公使用。

2. 城障

城障是某一段長城防線上特別建築的專門駐紮戍卒的防禦性城池，類似小型軍事堡壘，往往位於險要的位置，用於在邊境附近駐兵鎮守，屯聚馬車輜重。《漢書·武帝紀》顏師古注曰：「漢制，每塞要處別築為城，置人鎮守，謂之候城，此即障也」〔註6〕，《史記·匈奴列傳》中有「障，山中小城。」《史記·白起列傳》中索隱注：「障，堡城。」。在《漢書·李陵傳》中，顏師古又注：「障者，塞上險要之處，往往修築，別置候望之人，所以自障蔽而伺敵也」〔註7〕。由此看來，城障實際上就是建築在地勢險要或位置重要之處，駐有戍卒守衛的長城沿線的骨幹點。現存的遺址給我們瞭解城障提供了依據：

T.24 西城墩，位於疏勒河、黨河匯流處東南。該障是在一個烽燧基礎上擴建而成的。烽臺底基 6.4×6.4 米，殘高 1.6 米。城障與烽臺東、南兩壁相連，面積 32.6 米×32.6 米，障牆殘高 1.5 米。障牆為土墼砌築，間以紅柳枝層。城內東南角有兩間小屋殘址，也為土墼砌築。該城障在漢長城烽燧線上。〔註8〕

在內蒙古潮格旗烏力吉發現的漢代石城，可能是屬於「塞外列城」的一個城障。該城平面基本呈方形，從內牆角丈量，東西牆各為 126.8 米，南北牆各為 124.6 米，牆壁用石塊壘砌而成，基寬 5.5 米、頂寬 2.6 米、殘高 2.8 米左右；城門設在東牆，門道寬 6.6 米，外設甕城，其門南向，寬 5.6 米，甕城長 14.5 米；城門裏的兩側、四角的兩側和南牆、西牆中段的內側，都有登城臺階；城內西南部，還有一個大院的痕跡，實際上起到城中之城的作用。特別值得注意的是，該城城牆的四角向外凸出，凸出的部分也較方正，憑藉這

〔註6〕《漢書》卷六《武帝紀》，北京：中華書局，1962 年，第 201 頁。
〔註7〕《漢書》卷五十四《李陵傳》，北京：中華書局，1962 年，第 2451 頁。
〔註8〕甘肅省文物局編：《疏勒河流域漢長城考察報告》，北京：文物出版社，2001 年，第 23～24 頁。

種牆臺工事,可以控制整個城牆,消滅全部的射擊死角,從而大大增強了該城的防禦能力〔註9〕。並且從遺物中可以看出炊事用的器皿主要是鐵器,說明該城障主要是屬於軍事性的,適應於軍營生活。

城障一般都建在長城的內側,但也有少數建在長城外側者。大多城障處在長城防禦體系內的防禦要點之上。考古資料顯示,處在交通要道、險要山口等位置的障城,面積都比較大,分布也較為密集;而在非主要防禦的地段上,城障的面積比較小,間隔距離也比較大。這說明它們的位置、大小都與防禦任務及敵情、地形有密切的聯繫。

3. 塞牆(城牆)

塞牆是連接烽燧、城部的土木工事,它將駐守、預警、掩蔽和機動等功能集中於一體,是組成長城防禦體系的主體部分。由於城牆周圍的地理環境以及身負任務側重點的不同,所以各地段的構築情況也不盡相同。

牆體的結構和所用的材料,因地形、體力條件的差異而有所不同。漢代塞牆多數是以夯土修造,為使其堅固持久還會在土中摻雜石頭。一般來說,凡在高原、草地、山坡等平坦地形而又易於就近取土的地方,一律採用夯土構造,構築時,將普通土和灰砂三合土,分層夯實,層層壘築。凡在高山峻嶺或無法取土的地方,則開山採石,以石塊壘砌。《潮格旗朝魯庫倫漢代石城及其附近的長城》中記述塞外列城中南面的一道城牆,錫尼烏蘇以西都是用石塊壘砌,從錫尼烏蘇向東,則有一段由石片包外,內實夯土。再向東則又都是夯土築的。石築的長城用青灰色的石片交錯疊壓而成,壁面整齊而堅實,保存較好,有數十里一氣相連〔註10〕。漢武帝時在戈壁灘上修築兩道外長城,也是有土築和石砌兩種。夯土及砌石鑄造的城牆,其結構及形制,和戰國時的長城基本相同。而在敦煌玉門關一帶的城牆則多是流沙、碎石、蘆葦和紅柳枝與泥土混合築牆。無論是夯土結構,還是石砌結構,亦或是混合建築的城牆都是依據塞牆所在位置的自然條件,就地取材,不僅便於建造而且一旦損毀,也可在周邊尋找材料進行修繕。對保持邊塞的長久穩固具有現實意義。

〔註9〕蓋山林、陸思賢:《潮格旗朝魯庫倫漢代石城及其附近的長城》,北京:文物出版社,1981年,第25頁。

〔註10〕蓋山林、陸思賢:《潮格旗朝魯庫倫漢代石城及其附近的長城》,北京:文物出版社,1981年,第30頁。

塞牆除了是守禦的場所也可能是作戰的場所。因此,有的牆體又厚又高,頂部寬大,能容戰士在城牆上機動和戰鬥;而有的牆體又窄又矮、城牆頂部極窄,這樣的城牆,本身僅起障礙及屏蔽作用。多分布在有天然屏障、不便敵軍展開大量兵力進攻或騎兵機動困難的山地等地段。如漢武帝時所修外長城,因牆體多已傾覆,無法確知高度,但根據底寬推測,頂部寬度不會大於 2 米。城牆是連接烽燧、城障之間的紐帶,同時,以土木工程的實體在邊疆建立了一個有形的「界」。這個「界」阻隔了紛擾的戰亂也或多或少阻隔了民族間的交流。漢長城建築形式上的特性,尤其在依據險要地勢的情況下,對匈奴騎兵的機動靈活具有強烈的打擊,消耗對手的體力,放慢敵人進攻的速度。提高了漢軍的戰鬥力,保衛了邊疆人民生活的安定。同時,作為土木工程本身,就是一個非常好的掩體,即是後方根據地,也是身邊可依賴的戰場,在邊防中起到積極作用。

4. 城和治所

邊郡中的治所和轄區中有居民的縣城是邊疆百姓主要的聚居區。也是邊疆地區主要的經濟、政治活動場所,是商品貿易和人口聚集的地方,如太守太守治所(郡城),都尉治所,和普通縣城差不多。因此,在這些城中,一部分是邊疆地區原有的生存環境優越,水草豐美適合人類居住,成為聚居的城邑,往往也成為游牧民族搶劫和進攻的重要地點,因此被重點防護,在邊防中是戰略防控的重點。邊疆地區城的發展規模較經濟發達的內郡有巨大的差別,邊郡縣城分布往往也不是均衡的,根據邊防布控重點可以看出,北部邊郡較南部邊郡縣城更多。徐國龍先生在《秦漢城邑考古學研究》一書「秦漢城邑人口問題」中,詳細統計了《漢書·地理志》中所記錄的各州城邑數與各州人口數(人口數為西漢平帝二年數據),發現靠近北部邊疆的涼州、并州、幽州人城比最小,均低於 2 萬人/城,也就是這一區域內城邑總數相對於人數較多〔註 11〕。這是因為邊郡設城更多取決於城的位置以及在軍事防禦中的需求和作用。

而北部城的數量和密度大則充分說明漢代防禦力量主要集中於此,並形成一條網狀防禦帶。同時,這樣的城雖然人口較少,但具有中轉戰的功能,在戰事來臨時期,是軍隊的中轉補給地,承擔著綜合的軍事功能,因此,規

〔註 11〕徐國龍:《秦漢城邑考古學研究》,北京:中國社會科學出版社,2013 年,第310 頁。

模可觀。但畢竟城中人口數少，不利於邊防建設，後來，西漢開始實行「徙民實邊」。「徙民實邊」實際上就是漢王朝通過從中原向內地大規模遷移人口到邊疆地區，來解決邊地人口稀少問題的一種解決方案。在邊疆鼓勵這些遷徙的民眾安定生活，發展生產，充實邊地人口。尤其在西漢中後期，隨著漢王朝疆土的擴張，邊地需要鞏固和建設，而開荒、屯田和修築城市都需要大量的民眾參與。邊地的漢族與各少數民族混居，不利於管理，從中原遷徙人口充實邊地有利於邊地的防禦管理和統治。

二、邊塞的區域性重點佈防

　　所謂「長城」，狹義僅指塞牆，廣義則指塞牆、城部和亭燧所組成的邊防線。秦始皇統一中國之後，為防禦北方匈奴的進犯，派大將蒙恬駐守上郡並將秦、趙、燕等國所築的長城增建至臨洮。漢初匈奴進犯猖獗，漢王朝無力對抗，直到武帝時期才對匈奴的挑釁開始還擊，然戰爭損耗巨大，故須利用長城進行防禦。當時人們稱秦長城為「長城」或「故塞」，漢朝僅僅依靠維修和利用秦長城遠遠不能滿足對抗匈奴東進南下的需要。隨著反擊匈奴戰爭的不斷勝利，西漢王朝開始了大規模修築邊塞的行動，先後進行了七次修築。漢代長城也稱「邊塞」或稱「西塞」，是漢朝在佔據河西走廊及開通西域過程中所修築的防禦工程的通稱，可見西漢長城重點放在西北、北部地區。

　　西塞東起金城郡的令居，西直至敦煌郡的玉門關。《史記‧大宛列傳》載「始築令居以西，初置酒泉郡以通西北國」〔註12〕，這時修建的是令居塞到河西地區。這段邊塞的修建是在漢廷擊潰西羌得到河西地區的控制權才得以實現的。河西地區設置張掖、酒泉郡，並調發「數萬人渡河築令居」〔註13〕。這是西漢王朝第一次大規模地興建新的長城。據《漢書‧張騫傳》注引臣瓚之說，此次修築的邊塞，始於令居，止於酒泉。從令居北行，經張掖、休屠、武威最後延伸至酒泉，它的修築使西漢王朝達到了分隔匈奴與西羌的目的，在戰略戰術上使各個擊破成為可能。有利於鞏固河西走廊的安定局面，同時也是漢朝在軍事上打通西域的前提和基礎。元封三年（前108年）為開闢前往西方的道路，漢王朝希望能在靠近西域的地方建立一個與西域諸國聯繫的基地，漢王朝發動攻擊樓蘭的戰爭。在取得戰爭勝利後，漢

〔註12〕《史記》卷一百二十三《大宛列傳》，北京：中華書局，1959年，第3170頁。
〔註13〕《史記》卷三十《平準書》，北京：中華書局，1959年，第1439頁。

軍「於是漢列亭障至玉門矣」〔註14〕。根據考古資料顯示，在樓蘭、姑師卻有烽燧遺址。據《史記・大宛列傳》及《漢書・張騫傳》記載，玉門亭障始自酒泉，元封四年所築。此處的玉門即玉門關，指玉門都尉治所而言。太初元年至太初四年，修玉門關至新疆羅布泊的邊塞，《史記・大宛列傳》「西至鹽水，往往有亭」，這裡的鹽水指的就是羅布泊地區。長城的西延，實際上是漢朝軍事威懾力向西擴張的結果，它既是漢朝用兵西域所收穫的戰果，只有邊塞延伸到的地方，才有可能實現對當地的控制，對於西擴的疆域，軍事駐守是必須執行的統治方式。這些重點佈防的區域是漢王朝戰略決策的重要成果。

西塞是漢代邊防工事的第一道防線，是主體防線。而在一些重點地區還需要設置多層防禦工事以確保邊地的穩定，即所謂的「塞外列城」。太初元年（前104年，據《漢書・武帝紀》，當時匈奴烏師廬單于好殺伐，內部不安。是年五月，匈奴左大都尉欲殺單于而降漢。為接應左大都尉，武帝「遣因杅將軍公孫敖築塞外受降城」〔註15〕。始於據《漢書・匈奴傳》載，太初二年秋，烏師廬單于曾遣騎兵攻打受降城，不能下，乃侵邊而去。其後，漢置受降都尉長駐此城，可以推見受降城的規模較大，屯兵亦較多，其作用相當於漢邊的前哨陣地以及漢軍出征的中轉站，是漢軍深入塞外的觸角。太初三年（前102年）在河西地區令強弩都尉路博德修築居延塞，鞏固河西邊塞。與此同時，漢武帝又在五原塞外築城障列亭，「遣光祿勳徐自為築五原塞外列城，西北至盧朐」〔註16〕。五原塞位處陰山南麓，由原來的趙長城與秦長城構成，徐自為所築的塞外列城則是建築在陰山北麓的蒙古高原之上，又稱「光祿塞」〔註17〕、「光祿城」〔註18〕等。漢武帝把長城修到了匈奴的腹地，其用意不僅僅是為了加強防禦縱深，很可能是出於一種向極北地區發展的戰略動機。所以，塞外列城在當時對匈奴構成的直接威脅，似較其他邊塞為大。因此，就在徐自為完成了塞外列城的構築不久，匈奴軍便大舉入侵定襄、雲中、五原、朔方，在殺掠數千人後退軍時，又「行壞光祿所築亭障」。其目的

〔註14〕《漢書》卷九十六上《西域傳》，北京：中華書局，1962年，第3876頁。
〔註15〕《漢書》卷五十五《公孫敖傳》，北京：中華書局，1962年，第2491頁。
〔註16〕《漢書》卷六《武帝紀》，北京：中華書局，1962年，第201頁。
〔註17〕《漢書》卷九十四下《匈奴傳》，北京：中華書局，1962年，第3798頁。
〔註18〕《漢書》卷八《宣帝紀》，北京：中華書局，1962年，第271頁。

之一，顯然是想乘漢軍部署未備之機，毀壞塞外長城，由此可見匈奴對這條伸入自己腹地的漢長城的懼怕。正是因為塞外列城的戰略意義重大，漢朝一直不惜財力、人力，堅守這道防線，直至漢宣帝地節二年（前68年），因「匈奴不能為邊寇」，漢朝這才「罷外城，以休百姓」〔註19〕。

綜上所述，漢代的長城東起今朝鮮的清川江，西至新疆的羅布泊地區，再加上五原塞外的塞外列城，以多層防護、重點防禦的姿態充分發揮長城的邊防功能。

首先，對外防禦侵擾。長城防禦體系的建立最初的目的就是在漢的北部邊地建設一道屏障，來阻隔游牧民族南下侵擾和掠奪。尤其是避免像匈奴等游牧民族對中原農耕經濟的大肆破壞，長城的建立，強化邊防中的薄弱地區同時加強重點地區的防禦力量，使長城成為邊防中最有效的手段之一。

第二，在戰爭中有效的輔助進攻。漢王朝大肆修建的西塞、塞外列城是當時軍事進攻的有效輔助軍事工事。一方面，長城幫助軍隊傳遞烽火、佔領據點，提供遮蔽和屏障，是西漢軍事擴張的重要工具。另一方面，長城在戰事平息後又用來長期駐防，控制和管理新佔領地，成為邊防系統的組成部分，長期發揮作用。

第三，防止歸漢的屬國和邊地民眾外逃。《漢書》載：「設塞徼，置屯戍，非獨為匈奴而已，亦為諸屬國降民，本故匈奴之人，恐其思舊逃亡，四也」〔註20〕元帝語：「四方皆有關梁障塞，非獨以備塞外也，亦以防中國姦邪放縱，出為寇害，故明法度以專眾心也。」〔註21〕長城工事的修建，除了威懾了外族的野心，也有利於控制內附的屬國，防止屬國隨邊地形勢轉變有叛逃之心。同時，控制意欲外逃的國民，長城的進出塞制度控制了邊地人口的數量，對於外逃的民眾能夠有效的控制，使其不能向長城外流動，以便保證邊地的社會穩定和發展。

最後，長城也是西域絲路和軍事交通線暢通的有力保障。在張騫成功出使西域以後，河西走廊成為連接西域成為各國商旅販運貨物、東西方傳遞文書、使節往來的重要通道，沿著河西走廊的塞、亭遂保障了這條通道的暢通，也成為這條通道上不可或缺的軍事設施。

〔註19〕《漢書》卷九十四下《匈奴傳》，北京：中華書局，1962年，第3787頁。
〔註20〕《漢書》卷九十四下《匈奴傳》，北京：中華書局，1962年，第3804頁。
〔註21〕《漢書》卷九十四下《匈奴傳》，北京：中華書局，1962年，第3805頁。

總的來說，這些由長城牆體和一系列烽燧、亭障組成的防禦體系不僅起到軍事防禦作用，還擔負為漢軍出征提供必要的軍事掩護和前線保障的職責。作為我國歷史上偉大的軍事防禦工程，長城承載的是勞動人民的智慧和創造力，是中華民族的一份寶貴遺產。

三、候望系統的運行模式

候望系統是指以駐紮在烽燧當中的戍卒為主的邊防偵察預警系統，它是漢代邊塞防禦組織當中的基礎核心。邊塞候望系統的最高長官，是邊郡的太守。也就是說，偵察敵情並舉烽報警，是由邊郡地方負責的防務。由於太守職事繁重，所以直接負責候望系統的長官，是佐助太守掌武事的郡都尉或部都尉。都尉有候、千長、司馬等屬官，其所在稱城。這在前文的邊防領導體系中有詳細說明。下面主要說明候望系統中的基層組織機構：

候官——候

候官是都尉下屬的漢代長城防線的一級組織，因其治所往往處於交通要道或軍事要塞的城障，實際上是基層候望系統中的小指揮中心。《漢書‧地理志》敦煌郡注：「中部都尉治步廣候官」〔註22〕，《後漢書‧郡國志》張掖屬國下屬：「候官、左騎、千人、司馬官、千人官」〔註23〕，又上郡亦設「候官」〔註24〕。文獻記載的大多諸如此類。而更為詳細的第一手材料大多在漢簡中，故簡牘中候官的稱謂更為多見。

> 辭故卅井候官，令史乃五鳳三年中為候官☒
> □□□故甲渠候杜君掾廿□　　（3‧8）
>
> 肩水候官印曰朱千秋
> 十二月壬申隧長勤光以來。　　（5‧2）

候官之首領稱候或郭候，因為他們住城郭中。每一候官都有自己的名字，如上引簡中提到的卅井候官、肩水候官、甲渠候官等，「某某候」或「某某郭候」即指該候官的首領。每一候官管轄一段塞中的數十座烽隧。

部——候長

每一候官都負責一段塞，為了管理的需要，每段塞又分為若干部，每部

〔註22〕《漢書》卷二十八《地理志》，北京：中華書局，1962 年，第 1614 頁。
〔註23〕《後漢書》志二十三《郡國志》，北京：中華書局，1962 年，第 3521 頁。
〔註24〕《漢書》志二十三《郡國志》，北京：中華書局，1962 年，第 3524 頁。

設候長、士吏各一人，候長是負責各部事宜的長官。士吏則是候官派往各部督察戍務作用的官員。

　　　　●專部士吏典趣輒　　（99EST1：1）

　　　　告士吏、候長、候史〔毋〕壞亭隧外內　　（99ES16ST1：2）

　　　　告候、尉：賞，倉吏平斗斛，毋侵　　（99ES16ST1：4）

而候長的屬吏有候史，是候長的助手，主文書事，諸部的文書由候史起草，以候長的名義發出。

　　　　第四、萬歲部候長　　（267‧10）

　　　　甲渠候官建昭四年六月部候長伐錢　　（145‧19）

　　　　☑壬午朔庚寅甲渠候史光勃　　（45‧16）

每一個部都有自己的名字，簡牘中所見「某某候長」、「某某士吏」、「某某候史」，即指該部之官吏。

隧——隧長

　　每一部又設數個烽隧，即烽火臺。隧是候官下屬最基層的候望單位，隧的負責人稱為「隧長」，每隧設一名隧長，因隧也可以稱塢，所以隧長也稱塢長。隧長的下屬有燧史、助吏、伍百。陳夢家云：「在防禦組織的候望系統中，隧是最基層的哨所，即烽火臺和它的塢舍。從殘存的簡文來看，每隧的人數不多，少者一、二人，多者五、六人」〔註25〕。從漢簡的記載看，甲渠候官的諸烽隧大多為三至四人。

　　候望系統是長城防禦系統的前沿，所以候望系統的工作模式是針對匈奴人的進攻模式形成的。候望系統的首要任務是瞭望伺敵動向並利用偵跡設施偵察敵情。漢簡記為「謹候望」、「明天田，謹跡候望」。烽燧是邊塞警戒瞭望的哨所，設有「深目」、「望火頭」等觀測裝置。「深目」即塢壁垣堞上的探視孔，既有助於觀察敵情又有助於隱蔽，同時還可與轉射相結合，在開戰時打擊敵人。是候望系統中不可缺少的東西。「望火頭」是一種安裝在烽臺之上便於觀察周圍烽火臺信號的瞭望裝置，探出的管狀窺管將視線集中在一個固定點上，便於尋找和識別由另一隧發出的信號。「望火頭」直對候望目標，能夠保證烽火傳遞的準確無誤。

〔註25〕陳夢家：《漢簡所見居延邊塞與防禦組織》，《漢簡綴述》，北京：中華書局，
　　　　1980年，第55頁。

　　燧卒「以候望為職」，其候望的內容，一是敵情，二是候視烽警給予應和。由於候望是燧卒的第一項重要職責，所以西漢烽燧多有以候望為名者。如居延殄北塞有「望遠燧」（273．29）、「望熹燧」（308．26）、「察虜燧」（561．17），甲渠塞有「駟望燧」（28．18）、「望虜燧」（40．20）、「蔡微燧」（89．5）等。烽燧又設有「天田」、「枲柱」、「懸索」等偵跡設施以供燧卒觀察、掌握敵情。所謂「天田」，就是稽查越境者的一種軍事設施，「做虎落於塞要下，以沙布其表，且視其跡，知匈奴來入」〔註26〕。用細沙等沿邊塞城牆外鋪設一段特殊地帶，天田的設置可以從直觀上發現是否有敵人出現或越過邊塞。漢簡稱之為微跡，簡文「□主領吏卒日跡為職（181．18）」。除了有人工布置沙田以外，某些邊塞處於多沙地帶，可以直接利用設置天田。甚至可以利用河岸沙地即「水中天田」，來捕捉水源地是否有敵人逗留的痕跡。只要人馬一過就必留蹤跡，由此可推測敵人數量和去向。「枲柱」「懸索」是木椿和繩索之類，作用是攔截非法出入邊界者。「枲柱」和「懸索」相結合，將橫豎交叉織成一張類似今天的鐵絲網，在網上的懸索上再懸掛上警示裝置，在當時防衛線上起著封鎖禁入的威懾和警示作用。敵人要侵入塞內，得先越過天田，衝過枲柱懸索。天田是第一道防線，栓柱和懸索就是第二道防線。他們都是被設在邊防工事的外面主要還是起到通風報信的作用。燧卒除瞭望之外，每天都要巡視、檢查這些偵跡設施並將有關情況記錄在案即所謂的「日跡」，出土簡牘中有相關「日跡簿」的簡文很多，在此就不一一列舉。

　　候望系統的任務之二是舉烽報警，進行烽火的傳遞。即漢簡所云「通（驚、備、定）烽火」、「舉和烽火」。這是設置烽燧的基本目的，也是燧卒最重要的工作。在經過瞭望偵查敵情之後，將得到的情報和戰略信息發送出去，就是烽火傳遞的意義所在。烽火傳遞需要有相應的制度來保證其準確、及時和有條不紊施行，因此，規範舉烽報警的《塞上烽火品約》〔註27〕應運而生。傳世文獻中記載較少，但在出土的簡牘文物中，卻有完整的記述。根據居延漢簡和敦煌漢簡中的烽火品約，烽火信號的傳遞主要依靠的就是火光、煙、標幟物等，按照事先約定的對入侵敵人之多少和距離之遠近等情況的演示，進行不同的排列組合，通知臨近的烽燧，以此將情報信息傳遞到指揮中心。塞上預警一般有四種方式：一表或作烽，烽是將薪草置於其中，散放於籠中，

〔註26〕《漢書》卷四十九《晁錯傳》，北京：中華書局，1962年，第2287頁。
〔註27〕《「塞上烽火品約」釋文》，《考古》，1979年4期。

點火後以煙示警。居延簡有「晝舉亭上烽一煙」一例，說明烽煙可用於白天示警。「舉二烽，燔一積薪」（《居延新簡》EPF16：1）。表則是用繒布製作的警示物，懸掛在高處，由於不可點燃所以只能用於白天的預警，因是紅白二色相間很是醒目。二是煙，在烽火臺中豎立高竿，竿頭繫小籠，用薪焚燒。三是苣，或稱苣火。居延發現的苣多為蘆葦或芨芨草束成的，類似於現在的火把。苣把多懸掛在塢上烽竿。四是積薪，薪，堆積的各種雜色柴草。居延簡中有很多關於燧卒刈草的記載，燧卒伐薪積草主要是配合烽、苣等其他烽具使用，「□傳言舉二苣火，燔一積薪」（427‧2C）。按照《塞上烽火品約》的規定，積薪即有火光又有煙，以此晝夜均可使用。

考居延漢簡，可見戍卒中有專司烽火者，「謹侯望，通烽火」是漢代塞上亭燧的主要任務，要求警戒瞭望，觀察敵情，發放信號，急傳言府，因而，要求職責明確，事有專人負責，如（456.4）「狀辭居延肩水裏上造年四十二歲，姓鄔氏，除為卅井士吏，主亭燧候望，通烽火、備盜賊為職」。戍卒中也有這類「狀辭」，責成其「以候望為職」如：「戍卒三人以候望為職，戍卒濟陰郡定陶羊於裏魏賢，己卯夜直候半夜時絕不□使戍卒除□」（甲1035）。觀察相近烽燧的燔舉情況需要戍卒掌握一定的技巧並安《品約》規範執行，這需要他們在平時進行訓練，同時，加以考核，簡文中有戍卒負一算，負二算的記載，這正是考核的結果。而不熟悉《品約》條令的戍卒應予以聲明，如「□竟卒三人一人病，二人見，卒符澤月廿三日病傷汗，卒範前不知蓬火品」。根據簡文「扁書亭燧顯處，令盡諷誦知之，精候望，即有蓬火，亭燧回度舉毋忽」（敦煌漢簡C432）。不熟悉品約條令就要抓緊背誦多加訓練。

候望系統的任務之三是防禦入寇之敵和應付盜賊等，即漢簡所云「驚戒便兵」。烽燧地位邊塞前沿，往往首當敵鋒，史籍中常見匈奴入塞後首先攻擊烽燧的記載，所以燧卒雖以候望、舉烽為本職，但同時又必須兼行戰士之事。為增強烽燧的戰鬥力和安全防護能力，燧內部配備有弩、矢、劍（刀）、方（戟）等兵器和多種守禦器。

在修築烽燧時還特意增加垣牆、橐戶擊、闔門羨黎、自製羨薄和虎落等守禦設施。「橐戶擊」用以閉門或加固塢門，每烽備300塊。羨黎是一種生長在沙地中的植物，因為它全身長滿針刺，作為阻隔敵人接近和破壞城門的物品，是天然又易於得到的東西。並且戍卒們受到羨黎多刺的啟發，自製羨薄，一是在交通要地和障隧附近零星散佈，二是可以化身為刺傷入侵者的武器布

置在城牆上面，具有一定的殺傷力。「虎落」即欄籬，是置於烽燧前攔截敵人的障礙物。「羊頭石」，主要堆放在障塢頂部。豐富的來源和居高臨下的地理優勢，即便於獲取又能根據實際需要在戰爭中發揮作用。這樣，每一處烽燧都猶如一個戰鬥堡壘，每一處烽燧也就成為一個最小的獨立的作戰單位。漢代邊塞烽燧部署兵士的數量很大。前引趙充國奏書所言自敦煌至遼東有燧卒數千人的說法，應是昭、宣以後已經大為減少了的統計數字。今人曾測算居延、肩水二都尉所轄燧卒的數量在 1044 人到 2610 人之間，說明漢武帝時期的燧卒人數甚多。儘管燧卒作戰主要是防禦敵人對烽燧的圍攻和協助屯兵掃蕩或清除亭障附近之敵、捕獲盜賊、亡人，但他們仍然是邊塞防禦作戰當中的有生力量。

在候望系統正常運作的情況下，它對西漢邊防的鞏固起到了巨大的作用，《漢書·匈奴傳》載，漢昭帝之時，「漢邊郡烽火候望精明，匈奴為邊寇者少利，希復犯塞」〔註28〕漢宣帝時期，由於數千「乘塞列燧」的吏卒辛勤戍邊，「虜數大眾攻之而不能害」〔註29〕。

總體來說，邊防的土木工程基礎為整個漢代邊防定下基調。郡守駐紮在每個邊郡的郡城中，因此郡城是每個防區（邊郡）的最高等級城池。每邊郡分設多個都尉和部都尉，駐地在郡城下轄的各個縣城中，此外還有城尉、司馬、千人等武將領兵駐紮在縣城內。候駐守在重要的障城，此外的障城大部分由障尉駐守，塞城由塞尉駐守。負責候望具體工作的候長也分駐在障城中。候長負責管轄區段的各烽燧設隧長，隧長領戍卒數名，隧長和戍卒都駐紮在烽燧中，負責舉烽燧傳遞信息和偵查。通過候望系統的運行，使邊防「點—線—帶」的防禦土木工事發揮作用。

第二節　交通與郵驛的邊防使命

兩漢時期，國家已經形成了縱貫整個統治區域的陸路交通網，不僅有助於安定國內的局勢，也加強了漢王朝對邊疆地區的控制；交通和郵驛不僅是邊防體系中的信息傳遞系統，而且也是邊防後勤供應系統的紐帶。在邊防體系中起著聯繫地方與中央、地方與地方的物質與信息的交流功能。

〔註28〕《漢書》卷九十四上《匈奴傳》，北京：中華書局，1962 年，第 3784 頁。
〔註29〕《漢書》卷六十九《趙充國傳》，北京：中華書局，1962 年，第 2989 頁。

一、交通的軍事使命

秦朝在邊防交通方面的投入和建設是空前的。秦時拓路的主要目的也是為了維護邊疆的安全，為軍事活動作準備。因此，整個邊疆防禦工程體系當中，軍用道路應該是最先完成的部分。這是因為，數十萬修築邊塞的施工人員分布在連綿千萬里的廣闊地帶，他們的給養輸運不可或缺，而這就首先要求道路暢通。當防禦工程初步完成之後，為滿足皇帝巡邊、大軍出塞以及傳遞情報等方面的需要，也勢必要對道路的平整和暢通提出較高的要求。秦始皇在令豪恬修築長城之後，又命他修築了由九原郡（今內蒙古包頭西）至國都咸陽的「直道」。根據調查，秦直道的許多地段殘寬 30～50 米，能夠保證車、步、騎混合編成的大軍團順利通過。沿途還設有兵站，既可貯存裝備，又可駐屯軍隊，從而保證了隨時以物資、兵力沿直道支持長城防線。

西漢時期長城沿線修築軍用道路的情況，史書中缺乏記載，但以漢朝歷來以秦朝的治國為範本的考量，至少，對於秦時所修造的北邊道會沿用下去。事實上，兩漢前期，曾經數次繕治秦時的北邊長城，這其中自然包括了對北邊道為主幹的軍用道路的修整。漢武帝元光五年（前 130 年）夏，曾經「發巴蜀治南夷道，又發卒萬人治雁門阻險」〔註 30〕，前一句是整修南夷道，後一句的「治雁門險阻」也應是以修築道路為這項工程的主要部分。漢武帝紀元封元年（前 110 年），巡行北部諸郡，「行自雲陽，北歷上郡、西河、五原，出長城，北登單于臺，至朔方，臨北河。勒兵十八萬騎，旌旗徑千餘里，威震匈奴」〔註 31〕。這表明，北邊道路的規模已經可以適應帝王乘輿通過，也說明北邊道路用於行軍和運輸已經具備良好效能。在漢武帝元狩四年（前 119 年）漠北決戰的前夕，大將軍衛青與驃騎將軍霍去病臨時調換出擊地點，數十萬大軍的行動，如果沒有暢通的交通道路系統作保障，是根本不可能順利完成的。

西漢又在秦的基礎上修建了一系列的邊防軍用道路。自武帝時與西域諸國聯盟擊退匈奴後，漢王朝開通了河西走廊及西域地區的道路。據《漢書·西域傳》載：

> 自玉門、陽關出西域有兩道：從鄯善傍南山北，波河西行至莎車，為南道；南道西踰蔥嶺則出大月氏、安息。自車師前王廷隨北

〔註 30〕《漢書》卷六《武帝紀》，北京：中華書局，1962 年，第 164 頁。
〔註 31〕《漢書》卷六《武帝紀》，北京：中華書局，1962 年，第 189 頁。

山，波河西行至疏勒，為北道；北道西踰蔥嶺則出大宛、康居、奄
蔡焉（耆）。〔註 32〕

這兩條道路也成為漢匈爭奪西域的焦點和籌碼。南北兩道是漢通西域的軍事
要道也是兩地經濟文化交流的通道。東漢時期，除了西漢時已經打通的南北
兩道外，還新開闢了一條伊吾道，這是應對匈奴作戰的需要，是為了維護西
域安定，抑制匈奴對西域不利的軍事通道，「（永平）十六年，明帝乃命將帥，
北征匈奴，取伊吾廬地，置宜禾都尉以屯田，遂通西域，於竇諸國皆遣子入
侍」〔註 33〕。這條路線，據《後漢書·西域傳》記載：「自敦煌西出玉門、陽
關，涉鄯善，北通伊吾千餘里，自伊吾車師前部高昌壁千二百里，自高昌壁
北通後部金滿城五百里。此其西域之門戶也」〔註 34〕，這條道路關係到西域
與漢關係的發展。東漢時期的所謂「三通三絕」，也就是指西域道路暢通與否
來說的。可見，道路交通是漢王朝是否控制西域的標誌。

漢武帝時還致力於西南諸道的開通。元光五年（公元前 130 年）「夏，
發巴蜀治南夷道。」據《漢書·西南夷傳》記載，武帝採納唐蒙的建議，通夜
郎。並以唐蒙為郎中將「發巴蜀卒治道，自僰道指牂柯江」〔註 35〕。與此同
時西南少數民族邛、筰的首領聽說南夷與漢朝交往得到很多賞賜，多數願意
成為漢朝的臣國，請求他們設置官吏，享受與南夷同等待遇。天子詢問相如，
司馬相如向皇上建議將邛、筰、冄、駹這些靠近蜀郡的西夷各部的道路打通，
因為有秦時開通為郡縣的先例，現在如果開通並設置郡縣，勝過南夷。「今
誠復通，愈於南夷，天子以為然，乃拜相如為中郎將，建節往使」〔註 36〕。
開始興修西南夷道。唐蒙、司馬相如開通的西南夷道路，穿山越嶺數千里，
使西南地區與中原的交流有了便利的途徑。這在很大程度上加深了與邊疆少
數民族政權的溝通和瞭解，甚至也有利於漢王朝對這些地區進行政治滲透，
如招降等一系列的治邊策略的實施。

褒斜道也是漢王朝開闢了一條通往西南巴蜀地區的道路。據《漢書·溝
洫志》記載御史大夫張湯認為從故道進入蜀郡，有很多坡且曲折遙遠，如果
開通褒斜道，坡路少，比原路程少四百里，「天子以為然，拜湯子卬為漢中

〔註 32〕《漢書》卷九十六上《西域傳》，北京：中華書局，1962 年，第 3872 頁。
〔註 33〕《後漢書》卷八十八《西域傳》，北京：中華書局，1965 年，第 2909 頁。
〔註 34〕《後漢書》卷八十八《西域傳》，北京：中華書局，1965 年，第 2914 頁。
〔註 35〕《漢書》卷九十五《西南夷傳》，北京：中華書局，1962 年，第 3840 頁。
〔註 36〕《漢書》卷五十七下《司馬相如傳》，北京：中華書局，1962 年，第 2581 頁。

守，發數萬人作褒斜道五百里，道果便近」〔註37〕。這條棧道的開闢，縮短了關中到巴蜀的距離。此後相當長的一段時期，褒斜道還進行過維修和改建，直到三國時期仍然被使用。與褒斜道齊名的還有子午道，子午道在秦漢之際就已通行。《史記·高祖本紀》中有「發關內兵，從雍州入子午道，至漢中，歷漢水而下」〔註38〕，《史記·張儀列傳》：「秦遣張儀從子午道伐蜀」。西漢末年，王莽又再通子午道「其秋，莽以皇后有子孫瑞，通子午道。子午道從杜陵直絕南山，徑漢中」〔註39〕。子午道與褒斜道，兩道交互使用，互為興廢。飛狐道是在盧芳和匈奴、烏桓聯合，頻繁入侵搶劫，邊地軍民愁苦的背景下開通的，據《後漢書·王霸傳》記載：「詔霸將弛刑徒六千餘人，與杜茂治飛狐道，堆石布土，築起亭障，自代至平城三百餘里」〔註40〕。飛狐道的開通使亭障的修建和邊防的設立成為可能，有利於維護北部邊地的穩定。

　　帶有濃厚軍事色彩的邊疆地區交通道路的開通，最主要的任務就是為邊防前線後勤轉輸提供保障。邊防軍所需的各種軍用物資主要是靠中原腹地的供給和支持，為邊防所修建的道路在這個時候發揮了巨大地作用。軍用物資調配的路途遙遠，使得道路的暢通無阻是首先具備的條件。同時，道路的開通也為軍事信息的傳遞帶來了方便。如漢宣帝時，趙充國平羌遠在金城前線，距離長安相當於現在的 4200 公里，但其上書在七日之內便可遞交到宣帝手中，平均每日夜可傳 250 公里。在當時的情況下，不僅有良馬還得有良好的軍用道路網絡，否則是難以達到這個速度的。就當時而言，對邊疆地區道路的修建還是相當發達和有遠見性的。另一方面，道路交通的發展，也使漢王朝的政治策略得以在邊疆地區實行；統治政策到達邊疆，或招降或內附，對於不用軍事手段就完成邊防使命，也是漢政府樂見其成的最佳效果。如上引唐蒙開通夜郎道，使周邊的少數民族看到了內附漢庭的好處，主動歸附漢王朝，並要求修建道路，以通中原。這就是典型的例子。

二、郵驛的邊防使命

　　所謂「郵驛」，就是政府為傳遞文書、接待使客、轉運物資而設立的通

〔註37〕《漢書》卷二十九《溝洫志》，北京：中華書局，1962 年，第 1681 頁。
〔註38〕《史記》卷八《高祖本紀》，北京：中華書局，1959 年，第 370 頁。
〔註39〕《後漢書》卷六《順帝紀》，北京：中華書局，1965 年，第 251 頁。
〔註40〕《後漢書》卷二十《王霸傳》，北京：中華書局，1965 年，第 737 頁。

信和交通組織。〔註41〕郵驛是中央與地方進行信息傳達、軍事情報傳遞的國家機構，郵驛受到歷代統治者的高度重視。郵驛系統需要硬件設施的修建諸如建設驛路、興修驛舍；也需要制定諸如法律等的管理制度，郵驛通信的內容往往涉及到國家機密，因此需要在接力通信的情況下確保安全無誤迅速有效的傳達，郵驛的各個環節緊密相連，環環相扣。兩漢時期，為鞏固多民族封建國家的統一局面，保障軍事行動的信息通信流暢，加強邊疆地區與中央政府的溝通，漢王朝建立了一套較為嚴格完善的郵驛制度。

漢代郵驛已經具有古代郵驛的主要特徵：官辦、官管、官用。所謂官辦，就是郵驛相關諸事物，均由政府一手操辦。如建設郵路驛道、設郵亭驛置，都是政府行為。這在傳統社會也是私人所無法觸及的領域。官管，是指郵驛系統由漢朝政府部門協調管理。在中央基本上是丞相府（東漢為尚書臺）和典屬國（漢成帝以後為大鴻臚）兩級管理。在地方郡縣長吏對郵驛機構負有直接管理的責任義務；邊塞地區則為都尉府、候官、部、燧分級管理。所謂官用，則是指漢代的郵驛主要職責是為國家傳遞官方文書。漢代，大致用車傳送稱作「傳」，步遞稱作「郵」，為郵傳設置的中途休息站稱作「亭」。馬遞則稱作「驛」，為驛傳設置的中途休息站稱作「置」。亭，作為短途步行投遞書信的機構，主要設在交通乾道上。郵亭的通信業務是大量的，這種步傳通常是接力傳遞，逐程更替。所謂的「十里一亭，五里一郵，郵人居間，相去二里半」〔註42〕，就是指步行投遞的情況。因為步行速度慢，所以執行的是兩郵亭的郵差在中間接力傳遞郵件的運作形式。驛置，是指長途傳遞信件文書的設施。漢朝的緊急和重要公文都由它來傳運。驛置的長處在於傳遞迅速，通常以輕車快馬為主。這些特徵，鮮明的表示出郵驛系統作為國家機器運轉的齒輪之一，是中央與地方之間互通的有效機制，也確保了中央對地方尤其對邊疆地區的控制力。

1. 軍情傳遞。漢時郵驛以傳遞軍情要務為主要工作任務，是保持邊防信息可以上傳下達的重要途徑。邊防上一些重要緊急文書，都是靠郵傳遞送的。來自邊疆的軍事信息或傳達給邊疆各地的領導體系或從邊疆直接傳達到中央政府，不管是短途傳遞還是長途傳遞都對信息傳播速度、質量的要求非常高。

〔註41〕劉廣生、趙梅莊編著：《中國古代郵驛史》，北京：人民郵電出版社，1999 年，第 5 頁。

〔註42〕《史記》卷五十五《留侯世家》，北京：中華書局，1959 年，第 2046 頁。

軍情要務關係到國家機密，影響到軍事行動的成敗和戰略決策的制定，因此軍事信息的傳遞是郵驛系統在設置最初主要就是為傳遞軍情服務的。而且，對於「郵」《說文解字》云「郵，境上行舍」，意思是「郵」是邊防中專門傳遞軍事信息的設施。漢武帝時大將李陵北征，兵達受降城，他馬上通過郵傳給武帝上書報告。漢成帝時，西域都護段會宗遭到烏孫軍隊圍攻，曾經「驛騎上書」〔註43〕以求救。東漢時我國通過絲綢之路與西方國家進行了溝通和往來，尤其在班超和甘英出使西域和大秦之後，暢通的西北郵驛隨之發展起來，邊遠地區郵驛的發達程度更能代表這一時期發展的水平，文獻記載「列郵置於要害之路，馳命走驛，不絕於時月；商胡販客，日款於塞下」〔註44〕，郵驛不僅是軍事通信的手段，也將經濟文化的繁榮景象帶到了西北邊疆地區。郵驛通信還與邊地的烽火通信相輔相成，構成了邊防嚴密的通信網絡。烽火通信的缺點是一旦遭遇陰天下雨，烽火不能馬上燃起，而軍情緊急時，就不得不有戍卒飛騎或快跑向鄰近的烽燧亭障傳遞。這在《塞上烽火品約》中有詳細記載，郵驛通信是烽火通信的有力補充，使邊防通訊網絡不因特殊原因而中斷。

2. 邊疆日常管理的上傳下達文書、政令的傳遞系統。中央和地方之間日常行政事務的聯繫、官員的奏摺，如年終人口錢糧的統計、盜賊獄訟等向中央的定期彙報，都是通過郵驛的途徑上奏朝廷。東漢劉虞與公孫瓚不和，雙方利用郵驛上奏功能，展開口水戰，虞「乃遣驛使奉章陳其暴掠之罪，瓚亦上虞稟糧不周，二奏交馳，互相非毀，朝廷依違而已」〔註45〕。地方上有緊急事務，如通報天災人禍等突發事件都需要利用郵驛，以最快的速度讓中央政府瞭解情況。如《後漢書・張衡傳》載，張衡發明了候風地動儀後，「嘗一龍機發而地不覺動，京師學者咸怪其無徵，後數日驛至，果地震隴西」〔註46〕。等到地震地區的上報驛使到達後，中央才最後確定消息。中國幅員遼闊，地方與中央的政務只有在郵驛的正常運轉下才能交流，達到上傳下達的目的。

3. 郵驛也是漢庭對新的控制區實行國家政治控制力的象徵。漢武帝「初

〔註43〕　《漢書》卷七十《陳湯傳》，北京：中華書局，1962 年，第 3022 頁。
〔註44〕　《後漢書》卷八十八《西域傳》，北京：中華書局，1962 年，第 2931 頁。
〔註45〕　《後漢書》卷七十三《劉虞公孫瓚陶謙列傳》，北京：中華書局，1965 年，第 2356 頁。
〔註46〕　《後漢書》卷五十九《張衡傳》，北京：中華書局，1965 年，第 1909 頁。

開河西，列置四郡，通道玉門，隔絕羌胡，使南北不得交關，於是郡塞亭燧出長城數千里。」〔註47〕西漢經營西域，除軍事攻伐而外，也有郵驛建設相應而行。漢武帝元封三年（前 108 年），漢軍破姑師，「於是酒泉列亭鄣至玉門矣。」漢遠征軍伐大宛，「西至鹽水，往往有亭」，〔註48〕後桑弘羊等也曾奏請「請遠田輪臺，欲起亭燧」。〔註49〕王莽時期，在西羌地區設置西海郡，「邊海亭燧相望焉」。〔註50〕可見，郵驛系統的建設，是緊隨軍隊的推進而施行的。〔註51〕天漢二年（前 99 年），漢武帝詔令李陵進軍受降城，「因騎置以聞」〔註52〕，以驛騎通告消息。當時西北邊地的郵驛建設，正如《後漢書・西域傳》所說，「列郵置於要害之路。馳命走驛，不絕於時月」。只有在邊地設置郵驛才能體現中央對該地的主權。

　　由於郵驛系統的高速運轉，即便是對疆土遼闊的大漢王朝來講，中央政府與各地方之間也能保持著正常的溝通。隨著交通條件的不斷發展，使臣出行、官員往來、政令發布、文書傳遞都依賴郵驛系統的高效運作，是中央集權的君主專制政體對地方進行控制和管理的途徑。同時，郵驛系統為官方控制，是官方信息流通的主動脈，提高了君主專制的官僚機構運行的效率，傳達的是統治者的主流意識。

第三節　後勤供給模式和軍需儲備系統

　　軍事後勤指的是運用人力物力和財力對軍隊建設和作戰需要進行的各種保障工作。在後勤供給體系中，因為受到各種因素的制約，邊防的物資補給模式主要以輜重轉輸為主，自給自足為輔，兼以軍隊隨機補給等各種靈活途徑。物資的補給是戰時穩定軍心、振奮士氣、克敵制勝的先決條件，是軍事行動順利完成的重要保障。軍需儲備系統的糧倉和武庫在邊疆地區的廣泛分布，是後勤保障在邊防一線的重要措施。漢代是中國軍事後勤發展的初期階段，其邊防後勤補給模式和邊防軍需儲備為後世後勤發展奠定了基礎。

〔註47〕《後漢書》卷八十七《西羌傳》，北京：中華書局，1965 年，第 2876 頁。

〔註48〕《史記》卷一百二十三《大宛列傳》，北京：中華書局，1959 年，第 3179 頁。

〔註49〕《漢書》卷九十六下《西域傳》，北京：中華書局，1962 年，第 3913 頁。

〔註50〕《後漢書》卷八十七《西羌傳》，北京：中華書局，1965 年，第 2878 頁。

〔註51〕《漢書》卷九十四上《匈奴列傳》，北京：中華書局，1962 年，第 3776 頁。

〔註52〕《漢書》卷五十四《李陵傳》，北京：中華書局，1962 年，第 2451 頁。

一、邊防物資的供給模式

漢代邊防軍屯駐或作戰的地區，不是游牧民族的草原戈壁，就是西南夷的崇山峻嶺，地理情況複雜，大多數是漢軍部隊所不熟悉的環境。在多年的經驗總結基礎上，物資補給模式從以輜重轉輸形式擴展到在邊地屯田以便自給自足。同時，漢軍學習當地土著民族的補給模式，隨機綜合補給。從而解決邊防駐軍和遠離後方作戰所帶來的物資補給困難。

首先，後方的輜重轉輸是兩漢邊防物資補的主要方式。兩漢時期，由於邊防軍數量眾多，邊地戰事頻繁，持續時間長，加之戰爭多發生在經濟欠發達地區，轉輸是保障後勤供給的傳統方式，因此，負擔繁重。漢武帝時為了抵禦匈奴，開拓邊疆而大動干戈，「又興十餘萬人築衛朔方，轉漕甚遼遠，自山東咸被其勞，費數十百鉅萬，府庫並虛」，「輦車相屬，轉粟流輸，千里不絕」〔註53〕。武帝時，對西域作戰，「發天下七科適，及載糧給貳師，轉車人徒相連屬至敦煌」。〔註54〕王莽時，轉輸之役加重。《漢書·食貨志》載：「募發天下囚徒丁男甲轉委輸兵器，自負海江淮而至邊，使者馳傳督趣，海內擾矣」。東漢時期，戰亂不斷，輜重轉輸也不曾間斷。《後漢書·西羌傳》：「自羌叛十餘年間，兵連師老，不暫寧息，軍旅之費，轉運委輸，用二百四十餘億，府帑空竭」。受限於當時的生產力，兩漢的後方運輸困難重重，耗費人力物力卻效率低下。並且，因為路途遙遠、艱難險阻不斷，轉輸中損耗奇高，待到邊疆地區所剩無多。《漢書·食貨志》曰：武帝通西南夷道，「千里負擔，率十餘鍾致一石」，《漢書·西南夷傳》：王莽「大發天水、隴西騎士，廣漢、巴、蜀、犍為吏民十萬人，轉輸者合二十萬人」，結果「軍糧前後不相及，士卒饑疫，三歲餘死者數萬」〔註55〕。轉輸的過程中，需要大量的人力，這也是百姓所服徭役的內容之一。如果遇到大規模戰爭，男人多數參軍，轉運的重擔就落到女人的肩上，常常至民不聊生。當運力明顯不足時，國家甚至還需出錢雇民轉輸。然而，在以自然經濟為主導的封建社會裏，由於生產力低下，軍事技術欠發達，輜重轉輸是行之有效的保障物資補給的方式。因為，有舉國之力的保障，運量大，抵達穩定可靠，是支持大規模屯駐軍隊穩定的基礎。只是遭遇騎兵為主的戰略形勢，無法機動靈活的為軍隊提供物資。所以還需要其他的補給途徑。

〔註53〕《漢書》卷五十一《鄒陽傳》，北京：中華書局，1962年，第2338頁。

〔註54〕《漢書》卷六十一《李廣利傳》，北京：中華書局，1962年，第2700頁。

〔註55〕《漢書》卷九十五《西南夷傳》，北京：中華書局，1962年，第3846頁。

第二，軍事屯田和軍需採買的自我保障途徑。自給自足式的軍事屯田，是在轉輸以外能夠及時補充物資的途徑之一。軍事屯田史記上是耕戰結合的一種形式。西漢屯田，始於武帝，興於昭宣。《漢書·食貨志》：「初置張掖、酒泉郡，而上郡、朔方、西河、河西開田官，斥塞卒六十萬人戍田之」。〔註56〕邊防軍平時生產，戰時打仗，亦兵亦農，自己自足是主要特點。此後在輪臺、伊循、渠犂、車師、河湟地區都有屯田。東漢屯田，規模進一步擴大。兩漢屯田，軍事色彩濃重，屯田事務也常由各領兵大將軍管理，如後將軍趙充國，光武帝車騎大將軍杜茂。從事軍屯生產的士兵稱為「田卒」，如居延漢簡：「田卒淮陽新平常昌裏上造柳道年廿三（11·2）」〔註57〕，「田卒大河郡平富西里公士昭遂年卅九（303·13）」。〔註58〕兩漢政府重視軍事屯田，屯田卒的生產工具、耕牛諸項也由國家供給。兩漢屯田兵，因為兵農合一，戰時打仗，平時進行農業生產，為軍隊的後勤貢獻了糧草也改善了自身的生活條件，是一種可持續發展的後勤供給形式。據《後漢書·西羌傳》，順帝永建四年，重開朔方、西河、上郡屯田，「省內郡費歲一億計」，經濟效益相當可觀。漢朝在主要的戰略方向上布設屯田，積穀存糧，在戰時便可為過往部隊逐次提供補給，起到了前進「兵站」的作用。兩漢的屯田制度使兵農結合，既保證了軍隊的糧草供應，也省去了大量的轉輸之勞，正所謂一舉兩得，因此被後世歷代所採納和繼承。總之，屯田逐漸成為邊境駐屯軍物資供應的主要方式。

在屯田之外，軍需採買也是物資補給的一種手段。漢代商品交換經濟較為發達，軍隊可以通過市場採購來滿足需求，這在當時是極為普遍的現象。軍營中專闢集市，可供官兵交易，是為軍市。在邊塞互市中，戍卒在民間市場進行軍需採購的也比比皆是。漢簡中記錄的採購名單內既有糧食、副食品又有衣物等日常生活用品：

> 從史弘受錢千二百，出錢七百廿糴粟六石。　　（EPT51：5）

> 其市買五均之物及鹽而無二品。　　（EPT6：88）

> 蔡良買襲一領，直九百；布綺一兩，直四百，凡千三百。
（EPT57：3A）

〔註56〕《漢書》卷二十四下《食貨志》，北京：中華書局，1962年，第1173頁。

〔註57〕謝桂華等：《居延漢簡釋文合校》，北京：文物出版社1987年版，第18頁。

〔註58〕謝桂華等：《居延漢簡釋文合校》，北京：文物出版社1987年版，第497頁。

甚至可以採購武器裝備，簡文：「出錢九百買弓檠（11‧12）」〔註59〕，「以令買矢（228‧5）」〔註60〕，又「刺馬刀一直七千（262‧28B）」〔註61〕等都反映了這一狀況。軍事採買是國家物資供給的市場經濟型補充，促進了邊疆經濟的活躍。它能靈活多變的處理因供給調配不當還有產生的供需不對稱，從而滿足軍隊對物資的多元化需求。

　　第三，隨機補給和繳獲敵方物資也是邊防軍隊常見的補給方式。漢朝在拓邊的過程中，數次深入到大漠深處，投入大量騎兵集群參戰。騎兵的突襲優勢使漢軍在戰爭中取得勝利，但機動性強的特性，使騎兵的補給較為困難。通常情況下，騎兵在行軍過程中會攜帶部分給養以滿足短期作戰需求。漢代騎兵在騎乘的戰馬外，還要攜行副馬，以駄載必需的衣糧器械。《漢書‧趙充國傳》所載：「至四月草生，發郡騎及屬國胡騎伉健各千，倅馬什二，就草，為田者遊兵。」顏師古注曰：「倅，副也」〔註62〕。衛青、霍去病遠征匈奴時，「發十萬騎，私負從馬凡十四萬匹，糧重不與焉」，〔註63〕文獻中提到的十四萬匹私馬，其實就是騎兵隨行攜帶物資的副馬。對於強調迅速反應的騎兵軍團來說，在不妨礙突擊的情況下攜載物資是最有效最直接地補給方式。

　　然而，隨著戰線的拉長，攜載物資的短缺，供應一時補給不到位，就需要利用行軍沿途和戰場條件就地補給。這一補給方式，多半是學習游牧民族的補給經驗，也是適應外部環境的結果。在水草豐美處歇馬整軍，甚至，進軍路線就是依照水草分布狀況而設定的。史載，西漢飛將軍李廣的帶兵之道就是「就善水草屯」，使得將士「人人自便」〔註64〕。張騫任校尉出擊匈奴時也是「知水草處，軍得以不乏，乃封騫為博望侯」〔註65〕。張騫知水草等給養處是得益於多年出使西域的經驗，可見在大漠行軍，熟悉自然環境尤為重要，在關鍵時刻，可能就可以絕處逢生。遠征軍還可從同盟者那裡獲取補給，也算是就地補給的一種形式。漢武帝晚年所發罪己詔中提到：「前開陵侯擊車師時，危須、尉犁、樓蘭六國子弟在京師者皆先歸，發畜食迎漢軍，又自發

〔註59〕謝桂華等：《居延漢簡釋文合校》，北京：文物出版社1987年版，第18頁。
〔註60〕謝桂華等：《居延漢簡釋文合校》，北京：文物出版社1987年版，第370頁。
〔註61〕謝桂華等：《居延漢簡釋文合校》，北京：文物出版社1987年版，第436頁。
〔註62〕《漢書》卷六十九《趙充國傳》，北京：中華書局，1962年，第2986頁。
〔註63〕《漢書》卷九十四上《匈奴傳》，北京：中華書局，1962年，第3769頁。
〔註64〕《史記》卷一百九《李將軍列傳》，北京：中華書局，1959年，第2869頁。
〔註65〕《漢書》卷六十一《張騫傳》，北京：中華書局，1962年，第2691頁。

兵，凡數萬人，王各自將，共圍車師，降其王。諸國兵便罷，力不能復至道上食漢軍」〔註66〕。說明漢軍在西域的軍事活動很大程度上依賴藩屬國的支持。漢軍所到之處，礙於同盟關係各國必當食迎，這也是諸國的無奈之舉，令各國為此苦不堪言。漢軍如遇孤軍深入等情況，也習匈奴之惡習，強行劫掠。東漢班超出使西域，就曾「因縱兵鈔掠，斬首五千餘級，獲生口萬五千人，馬畜牛羊三十餘萬頭」〔註67〕。這種行為與匈奴等少數民族的搶掠行徑無異，但非常態，只是在特殊狀況下不得已而為之的隨機行為。

對敵軍物資的繳獲，與戰時野蠻強掠性質不同。因為，它的作戰目標就是敵方的軍用物資，是雙方交戰後的戰利品。所謂「食敵一鍾，當吾二十鍾」〔註68〕，說的就是敵軍物資對我軍的重要性。西漢霍去病率襲擊匈奴左賢王後，就曾：「絕大幕，涉獲單于章渠，……取食於敵，卓行殊遠而糧不絕」〔註69〕。元帝建昭三年，陳湯出征康居，「內不煩一夫之役，不開府庫之臧，因敵之糧以贍軍用，立功萬里之外，威鎮百蠻，名顯四海」。〔註70〕投降者的供納也成為漢軍軍資的及時補給。《漢書·朝鮮傳》載，樓船將軍楊僕領兵直奔王險城，右渠降服，「遣太子入謝，獻馬五千匹，乃饋軍糧」。又大宛民持王首請降，「乃出良馬，令漢自擇之，而多出食食漢軍」〔註71〕因糧於敵，憑空增加物資來源，可省後方轉運之勞，優勢明顯。繳獲的物資是將士們奮勇殺敵最好的鼓勵，但這種補給方式具有不可控性，因為只有殲滅敵人或是迫敵投降才能實現。事實上，並非每次出征都能覓得有利戰機，如戰事拖延日久，攜載耗盡，後方轉運不靈，軍隊則難免覆滅的命運。

總之，漢代的後勤供給，綜合運用各種補給方式，以當時最先進的技術條件和政府的全力協調，完成物資的配送任務。雖然在現在看來是緩慢的、被動的，但是這種依託後方基地，以儲備和運輸為前提，以前線物資配送為目的，本土型後勤模式還是在大規模的戰爭中起到了關鍵作用。與之互補的是，在與游牧民族長期的對陣中，漢軍的供給模式還呈現出游牧民族的特徵。

〔註66〕《漢書》卷九十六《西域傳》，北京：中華書局，1962年，第3913頁。

〔註67〕《後漢書》卷四十七《班超傳》，北京：中華書局，1965年，第1582頁。

〔註68〕孫武撰、曹操等注、楊丙安校理：《十一家注孫子兵法校理》卷上《作戰篇》，北京，中華書局1999年，第36頁。

〔註69〕《漢書》卷五十五《霍去病傳》，北京：中華書局，1962年，第2487頁。

〔註70〕《漢書》卷七十《陳湯傳》，北京：中華書局，1962年，第3020頁。

〔註71〕《漢書》卷六十一《李廣利傳》，北京：中華書局，1962年，第2702頁。

特別是騎兵隨行攜載和就地取給，這是進入游牧世界不得不做的調整和適應，成為漢代邊防後勤顯著的時代特色。

二、邊防上的軍需儲備系統

為了供應邊防上的軍需物資，漢王朝舉全國之力生產、轉輸，將軍需物資運抵邊防區域。同時，邊防區域也會生產儲備一定的軍需物資。這些來自全國各地和邊疆當地的物資在未被使用和消耗之前，需要進行儲備和存放，以備不時之需。因此，邊防的後勤軍需儲備是前線的重要而直接的保障，關係到邊防的安危。其中尤其以軍糧儲備和武器儲備為重點。

漢代實行以軍倉為主幹的多渠道、多層次的軍糧供應體制，各種途徑得來的糧穀儲存在邊境地區的糧倉裏。邊郡地區各類倉廩重疊設置，糧倉林立，既有軍隊自己的糧倉，又有郡縣倉。各類糧倉取長補短，互通有無，使軍糧供應在後勤保障方面基本上滿足了軍隊的需求。漢宣帝時，根據耿壽昌的建議在邊郡建立倉庫，可以穩定物價，即常平倉制度。而《漢書‧宣帝紀》載：「大司農中丞耿壽昌奏設常平倉，以給北邊，省轉漕」〔註72〕。看來，當時設倉的本意主要在於供給邊軍使用。

邊郡治所所在地或其附近重要地區常設有郡倉。如蜀郡在治所成都設倉，曾任蜀郡郡守的張若在成都建儲糧的糧倉。成都倉一直存在到東漢後期，東漢公孫述將其改名為白帝倉，只是後來荒廢不長用，但經過百年風霜還屹立不倒，可見當時建造的牢固。郡下所轄縣，縣有縣屬之倉，這在史書上也有證據。《後漢書‧安帝紀》載永初七年曾「調賓水縣谷輸敖倉」。《華陽國志‧蜀志》載蜀郡下轄新都縣有「漢時五倉，名萬安倉」。在內蒙古等地出土的東漢壁畫中，也曾在一座建築上看到「繁陽縣倉」字樣。西漢有平都量，是平都倉製品，平都為上郡屬縣。上郡另一個屬縣陽周縣也有糧倉謂之陽周倉。一些半通印上也有「海曲倉」「略倉」等，可能是屬於琅琊郡海曲縣、屬北地郡略縣或天水郡略陽縣。〔註73〕

見於居延漢簡有明確倉名的也有很多。如：北倉、城倉、部倉、斥胡倉、吞遠倉、收虜倉、肩水倉、居延倉等。其中，按照儲量和所屬管制區，大概可以分為幾個層次。根據居延漢簡，邊塞都尉一級機構下設糧倉：

〔註72〕《漢書》卷八《宣帝紀》，北京：中華書局，1962年，第268頁。
〔註73〕丘光明：《中國古代度量衡考》，北京：科學技術出版社，1992年。

居延都尉德、庫丞登兼行丞事下庫、城倉　（139‧13）

居延城倉佐王禹□汙裏　年廿七　（62‧55）

□九十九石　卅三卷　建平二年十月癸未甲渠令史宗受城倉
令史譚　（84‧27）

都尉是邊防軍事統領，都尉治所曰城，城倉應該指的是設置在駐所城內
或附近的糧倉。根據日本學者富谷至論證「城倉」「居延城倉」和「居延都
尉倉」是不同名字的同一穀倉，都是居延都尉府直接管轄的穀倉〔註74〕，同
樣說明了城倉的性質。

入谷五千二百二斛　受城倉吏□　（EPT27‧11）

上簡文提到入城倉的糧食一次就可有五千多斛，說明都尉倉是邊郡設立
容量很大的穀倉。都尉倉要向下級撥糧，分發穀物到候官一級。燧卒的月食
也可以到城倉領取。如：

三斛二斗二升，食十六斛城倉有十六斛券，二十九斛二斗二升，
士吏徐忠出問忠此假取斛　（EPT59‧178）

候官是邊塞的二級機構，也設有糧倉。如下：

□□受候官倉□　（EPT4‧57）

□（甲）　渠倉到甲渠　（85‧32）

載肩水倉麥小石卅五石輸居延　（75‧25）

這種候官之倉比城倉稍小。候官下級軍事機關為部，各部長官為候長，
候長一級的倉為部倉。但並非每部都有糧倉，一般在候長駐屯的烽燧地設有
部倉，因此，在漢簡中又有冠烽燧名字的糧倉多為部倉。如：

二月癸亥除為肩水臨渠燧長至十二月庚子遣誼之部倉。
（183‧10）

吞遠倉建昭三年二月當食案□谷出入簿　（136‧48）

每部的部倉同時還要供應本部其他烽燧提取糧食，因此，沒有糧倉的烽
燧到有糧倉的中心烽燧去運糧，這也是戍卒的重要工作內容：

□卒常會晦日旦殄北第七燧廩以月旦交代罷　（EPT5‧18）

甲渠吞遠燧當受五千石　（EPT52‧390）

〔註74〕〔日〕富谷至：《從額濟納河流域的食糧配給論漢代穀倉制度》，《簡帛研究譯
叢》，長沙：湖南人民出版社，1998年。

各糧倉都有專人管理和檢查，每當糧食入倉前，要組織有關人員修繕糧倉，使其利於倉穀的儲藏保管，如：

　　　秋當早纚書道豫繕治倉叟部郭辟令　　（EPT52·396）

　　　☑□處益儲芟谷萬歲豫繕治松毋令　　（EPT59·658）

漢代官倉屯儲的穀物種類很多，履行收納手續之後，對不同種類的糧食要區別對待，分類儲藏，有序進倉，不同種類的原糧要分類儲存，各自立倉，糧食種子要單獨立倉。

糧倉出納糧食也要有一定的依據，以此決定當否出納，出納多少，在漢代，這種依據便是「當食者案」或與之類似的名冊，這是穀物配給的預定表，如：

　　　始見過天鳳三年六月甲申朔丁酉三十井郭候習敢言之謹移三
　　　月盡六月當食者案敢言之。　　（EPT68·194）

穀物的出入決定權不在糧倉管理人員，而是要得到上級主管部門的授權，得到上級部門的授權後，糧倉主管人員才可以開倉付糧，糧食的廩出才順理成章。這樣既加強了國家對糧倉的控制，也使穀物出納有法可依。如：

　　　建武四年□□壬子朔壬申守張掖☑曠丞謂城倉居延甲渠卅並
　　　殄北言吏當食者先得二月食調給有書為調如牒書到付受與校計同
　　　月出入毋令繆如律令　　（EPF22·462A）

管理糧倉的吏員在接到上級的命令後，即著手進行穀物出倉前的準備工作。首先要組織專門人員驗倉，看有否虧損短缺，如果發現穀物確有短缺，管理人員又隱瞞不報，或假作注銷等，那麼糧倉管理人員要以盜竊罪論處。糧食實施支出時與收納一樣，其原始檔案也是以流水帳的形式記錄在案的。如：

　　　□□候長王昌五月食三石三斗三升少　　四月戍卒千取阝
　　（39·6）

邊塞所在郡縣有郡縣糧倉，邊防軍也擁有自己的糧倉，倉廩數量多，分布密集，各糧倉協同並存，平時接納內郡轉輸的物資，危急時刻可以相互調撥。邊郡地區的各級倉廩對糧草的儲備，是為了滿足邊疆駐地官兵的需求，維護邊防體系運作的重要設施，在保衛邊疆和對抗少數民族戰爭中發揮著極其重要的作用。這或許是農耕與游牧世界長期交融的產物，成為漢代軍事後勤顯著的時代特徵。

武庫是兵器存放的重地。武庫是漢王朝裝配軍隊的基礎，也是軍隊戰鬥

力量的一個基本標誌。《墨子‧七患》曰:「庫無備兵,雖有義不能征無義」。
漢在秦的基礎上,加強了對全國武庫的建設力度。漢朝在中央設置中央級武
庫——長安武庫;在地方上更是設置了眾多武庫,如洛陽、河南、上郡、穎
川、廣漢、山陽、北海、玄菟、〔註75〕張掖、酒泉、漁陽、上黨〔註76〕等武
庫,即有內郡也有邊郡;陽陵、居延、商縣和武牢〔註77〕等縣也配備武庫。

　　邊郡上武庫的設置尤為突出,文獻記載頗多。如成帝建始元年「復立元
弟上郡庫令良。如淳曰『漢官北邊郡庫,官兵之所藏,故置令』」〔註78〕,成
帝鴻嘉三年,廣漢郡鄭躬等起義,「攻官寺,篡囚徒,盜庫兵,自稱山君」〔註
79〕。哀帝時期,隴西、北地、西河民起義,「攻取庫兵,劫略吏人」〔註80〕。
這幾條文獻一方面也說明邊郡的動亂,攻取武庫是取得戰爭主動權的一種標
誌,另一方面是說明眾多邊郡都設置了武庫。如上郡、隴西、北地、西河、廣
漢等。《居延漢簡》中也記載了一些設有武庫的邊郡。如:

　　　　☑戊子酒泉庫令安國以次行大守事丞步邊謂☑　（19‧8A）

　　　　章曰酒泉庫令印　（303‧12B）

　　　　十一月丁卯張掖太守奉世守郡司馬行長史事庫令行丞事下居

　　　　延都尉□□酒泉太守□　（505‧3）

　　可見,酒泉、張掖這樣的邊防重郡同樣配有武庫。而據《漢金文錄》中
記載漁陽、上黨也有武庫。在漢的北部、西北部、西南部等邊郡都有武庫的
記載。武庫以成為邊郡重要的配備設施之一了。不僅邊地郡縣有常設的武庫,
而且在大將軍幕府中也有武庫的設置:

　　　　出弓橫內七　付都尉庫　（28‧19）,

　　　　五月甲戌,居延都尉德、庫丞等兼行丞事下庫城倉□　（139‧

　　13）,

〔註75〕分見《漢書》卷三十五《劉澤傳》、卷四十《周亞夫傳》、卷十《成帝紀》、卷
　　　　九十九《王莽傳》,北京:中華書局1962年,第1914頁,第2059頁,第303
　　　　頁,第4077頁。

〔註76〕容庚輯:《漢金文錄》卷六《封泥彙編六十四》,國立中央研究院1934年影印
　　　　版,第6頁。

〔註77〕容庚輯:《漢金文錄》卷六《封泥彙編六十四》,國立中央研究院1934年影印
　　　　版,第6頁。

〔註78〕《漢書》卷五十三《河間獻王傳》,北京:中華書局1962年,第2412頁。

〔註79〕《漢書》卷十《成帝紀》,北京:中華書局1962年,第318頁。

〔註80〕《後漢書》卷三十四《梁統列傳》,北京:中華書局1965年,第1169頁。

簡文說明居延都尉還要管理設在此地的武庫。通過武庫的設置也可以看出在漢代邊疆地區軍政合一的管理特點。武庫是邊防後勤保障不可或缺的組成，武庫充沛與否直接影響著邊防軍戰鬥力的大小。擁有一支整齊武裝的軍隊才能保障國家政權的安定。

邊郡的武庫有一定的管理系統。邊郡武庫的長官稱「武庫令」。《漢書·成帝紀》如淳注引《漢官》：「郡庫，官之兵器所藏，故置令」。邊郡下的諸都尉或縣庫則置「庫長」，《居延漢簡》中有「庫長湯」。庫令、長以下的佐官為丞。勞榦在《居延漢簡考釋釋文之部》〔註81〕中對庫嗇夫、庫掾、庫使、庫令史等武庫中的下級職官有更詳盡的考釋，可備參考，在此不再重複贅述。漢代的武庫還有嚴格的簿籍制度。由於漢代實行郡國上計制度，邊郡每三年需向中央上報有關行政狀況。兵器的收藏和保管的記錄也在上計的範圍之內。從《居延漢簡》中可以看到與武庫系統有關的名冊有《兵簿》、《守禦器簿》、《什器簿》，還有記錄兵器損耗情況的《折傷簿》等。武庫輸出的物資有一套明確的追溯管理程序。出時有文書登記日期，驗明正身，入時也要按時間登記入冊，做到詳細備案管理。武庫有庫卒把守「張掖居延庫卒弘農郡陸渾河陽裏大夫成更年廿四」（170·2），同時又有「直符」進行巡邏值班，防止竊賊。這在《居延漢簡》裏多有記錄：

☐酉直符倉庫戶封皆完☐　（72·6）

☐乃壬申直符倉庫戶封皆完毋盜賊　（257·22）

綜上所述，漢代邊防糧倉和武庫是邊防儲備系統的重要組成。漢王朝對糧倉和武庫的管理也呈現了初步的制度化；糧倉與武庫的分布與各時期的邊防布局和軍事活動有密切的聯繫，在我們熟知的多個重點防禦的邊郡，多有糧倉與武庫的分布。這些處於邊防前線的後勤保障系統，在邊防體系運作和維護上發揮卓有成效的作用。

〔註81〕勞榦：《居延漢簡考釋釋文之部》，成都：四川南溪石印本，1943年。

第四章　邊防的「內治」功能

　　兩漢時期的邊防模式已經初步完善，邊防一方面發揮軍事防禦的作用，對抗異族侵擾，一方面對內還要管理邊疆地區的行政事務，維護本地區社會安定團結，即具有全面的「內治」功能。因此，邊疆地區設置的關、津設施需要管理；防領導機構還承擔著漢王朝涉外事務的運作和管理等職責，漢王朝藉以外交的手段促進邊疆的穩定，鞏固邊防；促進邊疆的商品經濟發展也成為邊防工作重要的組成部分，與域外民族政權的經濟來往甚至成為邊防守禦的政治軍事籌碼。

第一節　邊防法律的控制功能

　　兩漢時期的邊疆地區所設置的重要津關以及邊塞系統是維護國家安全的屏障。法律成為邊疆社會重要的管理手段之一。他在人身監控、對官吏的約束方面實現了漢政府對人的管理；他在戰略物資的管制、邊地社會的安全治理方面實現了漢政府對物的管理。法律的規範性發揮了重要的社會功能。西漢人對秦時邊防的總結性概括的同時也承秦制以治邊疆。邊地在險要或重點佈防處設有關或津。在這些地區除了通行漢代內郡的各項法律制度外，龐大的關隘邊塞還由一些特定的法律法規來進行管理。而邊防法律對不同主體的規範又有所區別，體現了不同的社會功能性。

一、嚴格的人身監控功能

　　從漢代初期的邊防法規中可以看到，漢政府以法律的形式規範統治區域內的人員流動。首先表現在民眾通關必須持有合法證件，並嚴格執行法律所

規定的相關流程。普通民眾出入關津要塞需要攜帶有效證件「傳」，否則不予通關。《居延漢簡釋文合校》中記載：

> 閏月丙子，餯得丞彭移肩水金關、居延縣索關。書到，如律令。
> 掾晏、令史建。　（15‧19）[註1]

> 建平三年二月壬子朔丙辰，都鄉嗇夫長敢言之，□同物戶籍藏
> 鄉名籍如牒，毋官獄徵事，當得以令取傳。　（81‧10）[註2]

> □□□年六月丁巳朔庚申，陽翟邑獄守丞就兼行丞事，移函裏
> 男子李立第臨自信，取傳之居延。過所縣邑侯國，勿苛留，如律令。
> 候自發，陽翟獄丞。　（140‧1）[註3]

行人出關有規定的手續需要辦理。大體來說是由各級機構出具未服役證明，符合資格者再申請取「傳」。出具的證明主要是用來審核出入關津者是否是正在服勞役、兵役、刑役人員，鄉嗇夫向縣令（長）提交的申請，有些還要注明「傳」下達的範圍、地點。「傳」最後由文書官掾、令史等簽名發放才可生效。

用於通關的「傳」上記錄了行人的身份、年齡、體貌特徵、籍貫等信息。在通關的時候需要把「傳」交給把守關津的吏卒查驗，甚至需要行人交代出關理由、攜帶物品等信息，關吏需確定信息是否屬實，並抄錄信息，注明日期後放行，而「複件」方便日後核對，檢查無誤便可出入關津。抄錄的信息會定期統計上報，使津關全面掌握出入關塞人員情況。如：

> 居延城倉佐王禹鞮汙裏，年廿七。問禹曰：之餯得視女病十月
> 乙酉入。　（62‧55）[註4]

> 戍卒梁國睢陽新□裏公乘孫□年廿六，九月丙寅出，癸巳入。
> （140‧3）[註5]

[註1] 謝桂華、李均明編：《居延漢簡釋文合校》，北京：文物出版社，1987年，第25頁。

[註2] 謝桂華、李均明編：《居延漢簡釋文合校》，北京：文物出版社，1987年，第144頁。

[註3] 謝桂華、李均明編：《居延漢簡釋文合校》，北京：文物出版社，1987年，第231頁。

[註4] 謝桂華、李均明編：《居延漢簡釋文合校》，北京：文物出版社，1987年，第111頁。

[註5] 謝桂華、李均明編：《居延漢簡釋文合校》，北京：文物出版社，1987年，第231頁。

　　……書佐忠時，年廿六，長七尺三寸，黑色，牛一車乘。第三

百九十八，出。　（280．3）〔註6〕

　　四人五月丁未盡六月乙巳八十九日，積三百五十六人。　（《敦

煌漢簡釋文》〔註7〕295）

　　出外塞吏子女婢小男女二人，凡積二百六人。　（《敦煌漢簡釋

文》〔註8〕304）

　　軍事人員出入關津的有效證件叫做「符」。這種符是出入關卡重要信物，出土簡牘中很多。符的簽發也有嚴格的規定，大致與「傳」類似。首先也是需要有申請的文書，注明申請人的姓名、職位以及申請緣由等信息，如果獲得批准，由相關的官員簽發，同時注明簽發人的職位、姓名、簽發日期等各種信息。如：

　　□詣官封符，為社市買馬□　（《居延漢簡釋文合校》63．34）

〔註9〕

　　臨之燧長威為部市藥詣官封符八月戊戌平旦入　（《居延漢簡

釋文合校》286．11）〔註10〕

　　今燧食盡願君褒到為封符遣叩頭謹□□取記　（《居延漢簡釋

文合校》89．7）〔註11〕

「詣官封符」就是申請取得符的意思。其申請理由是「為社市買馬」。申請獲得批准以後，由相關的官員簽發，同時要寫清楚簽發人的職位、姓名、簽發日期，另外《居延漢簡》中「令史嚴奏發檄符」（95．2A）的「檄符」就是注明符的類型的。

〔註6〕謝桂華、李均明編：《居延漢簡釋文合校》，北京：文物出版社，1987年，第470頁。

〔註7〕甘肅省文物考古研究所編：《敦煌漢簡釋文》，蘭州：甘肅人民出版社，1991年，第30頁。

〔註8〕甘肅省文物考古研究所編：《敦煌漢簡釋文》，蘭州：甘肅人民出版社，1991年，第30頁。

〔註9〕謝桂華、李均明編：《居延漢簡釋文合校》，北京：文物出版社，1987年，第112頁。

〔註10〕謝桂華、李均明編：《居延漢簡釋文合校》，北京：文物出版社，1987年，第483頁。

〔註11〕謝桂華、李均明編：《居延漢簡釋文合校》，北京：文物出版社，1987年，第155頁。

關津制度中對「傳」、「符」的發放如此嚴格，實際上是起到監控人口流動的作用，與封建戶籍制度的限制功能相補充呼應，便於漢政府對百姓人身的控制，利於集權統治。因此，漢庭也制定相關的法律對「越塞闌關」的行為加以懲治。

> 御史言，越塞闌關，論未有□，請闌出入塞之津關，黥為城旦舂；越塞，斬左止（趾）為城旦；吏卒主者弗得，贖耐；令（四八八）、丞、令史罰金四兩。智（知）其請（情）而出入之，及假予人符傳，令以闌出入者，與同罪。非其所口為口而擅為傳出入津關，以（四八九）傳令闌令論，及所為傳者。縣邑傳塞，及備塞都尉、關吏、官屬人、軍吏卒乘塞者□其□□□□□日□□牧□□（四九〇）塞郵門亭行書者得以符出入。制曰：可。（四九一）　　（《津關令》）〔註12〕

無符傳而擅自出入邊塞津關，「黥為城旦舂」，就是在罪犯臉上刺字後，男犯築城，女犯舂米。私自翻越邊塞，則是被斬斷腳趾，服四年兵役或修築長城或站崗放哨。吏卒沒有完成監察的職責，沒有截獲越塞闌關者，也要處以相應的懲罰，所謂罪以贖耐，就是剃掉毛髮，這是侮辱性的刑罰。而上級的丞、令史則要罰金四兩，算是經濟制裁。監察的官吏在明知道沒有符傳的情況下而放行的，或給予假憑證使之出入境者，與越塞闌關者同罪處理。在「越出闌關」的規定中，出示偽造的符傳也有相應的法律嚴懲。

> □相國上內史書言，請諸（詐）襲人符傳出入塞之津關，未出入而得，皆贖城旦舂；將吏智（知）其請（情），與同罪。御史以聞。制曰：可，以□論之。　　（《津關令》）〔註13〕

> 蜀守（讞）：大夫犬乘私馬一匹，毋傳，謀令大夫武齎舍上造熊馬傳，箸（著）其馬職（識）物，弗身（五八）更，疑罪。●廷報：犬與武共為偽書也。（五九）　　（《奏讞書》）〔註14〕

《二年律令·賊律》：「為偽書者，黥為城旦舂。」（一三）〔註15〕詐偽符

〔註12〕張家山漢墓整理小組：《張家山漢墓竹簡（二四七號墓）》，北京：文物出版社2001年，第83頁。

〔註13〕張家山漢墓整理小組：《張家山漢墓竹簡（二四七號墓）》，北京：文物出版社2001年，第84頁。

〔註14〕張家山漢墓整理小組：《張家山漢墓竹簡（二四七號墓）》，北京：文物出版社2001年，第96頁。

〔註15〕張家山漢墓整理小組：《張家山漢墓竹簡（二四七號墓）》，北京：文物出版社2001年，第10頁。

傳的刑罰，按闌出入關塞罪論處，就是說闌出入關津「黥為城旦舂」、闌出入塞「斬左趾為城旦」。如果是丟失符傳也是不被允許的。《二年律令·賊律》：「亡書、〈符〉券，入門（衛）木久（記），塞（塞）門、城門之龠（鑰），罰金各二兩。」（五二）〔註16〕

符常用做通行憑證，失亡符而未造成危害者，處罰尚不重，但須想法索回，《懸泉漢簡釋粹》〔註17〕有簡文講述的就是守禦史李忠所用通行證傳不幸遺失，御史大夫為此專門下令追索，向全國公布了遺失傳的副件，如有發現原件的人，立即拘押其證及人，並報送御史府的事件。

對於為國家辦事的公務人員等具有特殊身份的人，常以詔令批辦出入關津手續，如《津關令》：

十五、相國、御史請郎騎在關外，騎馬節（即）死，得買馬關中人一匹以補。郎中為致告買所縣道，縣道官聽，為質〈致〉告居縣，受數而籍書（五一三）馬職（識）物、齒、高，上郎中。節（即）歸休、（繇）使，郎中為傳出津關，馬死，死所縣道官診上。其詐買，皆以詐偽出馬令論。其（五一四）不得□及馬老病不可用，自言郎中，郎中案視，為致告關中縣道官，賣更買。制曰：可。　　（五一五）〔註18〕

以上材料所規範的對象，皆為朝廷各個機構的工作人員，詔令授權郎中為其開具出入關津證明書。諸侯國人員赴關中買馬，也須皇上特批。《津關令》中多見，如：

十六、相國上長沙丞相書言，長沙地卑濕，不宜馬，置缺不備一，未有傳馬，請得買馬十，給置傳，以為恒。相國、御史以聞，請許給買馬。制曰：可。　　（五一六）〔註19〕

廿一、丞相上長信詹事書，請湯沐邑在諸侯，屬長信詹事者，

〔註16〕張家山漢墓整理小組：《張家山漢墓竹簡（二四七號墓）》，北京：文物出版社2001年，第15頁。

〔註17〕中國文物研究所等編撰：《敦煌懸泉漢簡釋粹》，上海：上海古籍出版社2001年，第29頁。

〔註18〕張家山漢墓整理小組：《張家山漢墓竹簡（二四七號墓）》，北京：文物出版社2001年，第86頁。

〔註19〕張家山漢墓整理小組：《張家山漢墓竹簡（二四七號墓）》，北京：文物出版社2001年，第86頁。

得買騎、輕車、吏乘、置傳馬關中，比關外縣。丞相、御史以聞，
詔（五一九）丞相上魯御史書言，魯侯居長安，請得買馬關中。丞
相、御史以聞。制曰：可。　　（五二〇）〔註20〕

詔令還對因公務殉職的人有特別的說明，因公殉職人員的棺槨過關時，
只要蓋以縣令或縣丞印章，證明在其入殮及封棺的過程中有縣道官吏親臨現
場檢查棺內無違禁物後，就不必開棺檢查，可以完封出入關。如《津關令》中
記載：

　　□、制詔相國、御史，諸不幸死家在關外者，關發索之，不宜，
其令勿索，具為令。相國、御史請關外人宦為吏若（繇）使，有事
關中，〔不幸死〕，縣道各屬所官謹視收斂，毋禁物，以令若丞印封
槨，以印章告關，關完封出，勿索。槨中有禁物，視收斂及封。　　（五
〇一）〔註21〕

漢政府在邊防地區的監控功能主要通過法律的強制實施來完成。從普通
民眾到將吏，甚至是中央派遣到邊疆的官員，他們的行動都需要申報和批准。
這種監控形式，是國家機器完善其運作體系的表現。漢代國家體系作為中國
傳統社會發展初期所應該具備的管理功能初步形成。

二、對邊吏的制約功能

法律的約束功能在邊疆防禦方面，不僅僅針對社會各階級的出入關津，
對邊吏的法制約束性也相當突出。漢代邊防法律對邊疆將吏的職責也進行了
有效的約束。

邊關重地，常駐軍隊，中央對守關的將領依照軍法制約。《漢書·景武昭
宣元成功臣表》：武帝元狩二年，從平侯公孫戎奴「坐為上黨太守發兵擊匈奴
不以聞，免」。〔註22〕元封元年，軑侯黎扶，「坐為東海太守行過擅發卒為衛，
當斬，會赦，免」。〔註23〕興者發也，發兵或作興兵；擅者專也，引申開來，

〔註20〕張家山漢墓整理小組：《張家山漢墓竹簡（二四七號墓）》，北京：文物出版社
　　　2001年，第87頁。
〔註21〕張家山漢墓整理小組：《張家山漢墓竹簡（二四七號墓）》，北京：文物出版社
　　　2001年，第85頁。
〔註22〕《漢書》卷十七《景武昭宣元成功臣表》，北京，中華書局，1962年，第645
　　　頁。
〔註23〕《漢書》卷十六《高惠高后文功臣表》，北京，中華書局，1962年，第618
　　　頁。

擅自發兵，即違反軍法。軍戎大事，擅自徵發，是要殺頭的。《唐律疏義》解釋「擅興」說：「擅興律者，漢相蕭何創為興律，魏以擅事附之，名為擅興律，晉復去擅為興。又至高齊，改為興擅律。隋開皇改為擅興律。雖題目增損，隨時沿革，原其旨趣，意義不殊，大事至於軍戎，設法須為重防」。〔註24〕漢代軍法中的興律對於遠在邊關的守城將領來說，有著格外重要的意義，在某種程度上可以看做是中央對邊疆地區控制嚴密程度的檢測。而畏懦逗留之罪，也是邊關將領所不允許的。《漢書·武帝紀》「（天漢）三年，……匈奴入雁門，太守坐畏懦，棄市。」可見，懲罰相當嚴苛。

　　法律對守關戍邊吏卒的要求也十分嚴格，如果瀆職或失職，會受到相應的懲罰。《二年律令·賊律》首條：

> 城邑亭障反，降諸侯，及守乘城亭障，諸侯人來攻盜，不堅守而棄去之若降之，及謀反者，皆（一）要斬。其父母、妻子、同產，無少長皆棄市。其坐謀反者，能偏（遍）捕，若先告吏，皆除坐者罪。（二）〔註25〕

　　可見，以邊疆的城邑亭障為據點造反或投降諸侯蠻夷之人，在諸侯蠻夷來攻時棄守城邑亭障而逃亡之人，謀反之人，都要處腰斬之刑。其父母、妻子、同母兄弟姊妹亦連坐處死。如能捕獲謀反者，或事前能向官府告發，免除連坐之罪。多在邊疆的亭、障的防守人員是該條法律針對的重點對象，所以可以視之為守邊塞者背叛國家的法律懲罰條文。中央集權國家建立以後，西漢政府已深刻認識到國家安全的重要性。敦煌也出土了類似法律條文：

> 捕律：亡入匈奴、外蠻夷，守棄亭障逢（烽）燧者，不堅守降之，及從塞徼外來絳（降）而賊殺之，皆要（腰）斬，妻子耐為司寇，作如　　（983）〔註26〕

　　這條律文明確在邊疆地區逃亡到匈奴、外蠻夷者、不堅守亭障烽燧而投降者或殺害邊外來降者，都要處以腰斬的刑罰，其妻子也要連坐受罰。

> 乘徼，亡人道其署出入，弗覺，罰金□。　　（四〇四）〔註27〕

〔註24〕《唐律疏議》卷十六《擅興》，北京：中華書局，1983 年，第 298 頁。

〔註25〕張家山漢墓整理小組：《張家山漢墓竹簡（二四七號墓）》，北京：文物出版社 2001 年，第 7 頁。

〔註26〕甘肅省文物考古研究所編：《敦煌漢簡釋文》，蘭州：甘肅人民出版社 1991 年，第 101 頁。

〔註27〕張家山漢墓整理小組：《張家山漢墓竹簡（二四七號墓）》，北京：文物出版社

　　律文指出對於逃亡到邊境守衛地區的逃亡者，如果守衛者沒有察覺或發現，將對守衛者進行罰款，這明顯是懲罰守邊關者失職的邊境法律條文。張家山漢簡《奏讞書》中有個「北地守讞」案，主要講述大夫「有」在邊關當值的時候，沒有察覺在此通關的一個女子是逃亡的奴婢，上級認為軍官有收到賄賂，有瀆職行為，因此有被判處贖耐的罪行。這反映出當時政府在對邊疆官吏實行依法治吏的原則，還是相當嚴格的。

　　在對官吏工作職責和程序也有法律的規定。例如，官吏因公辦事，也要出示「行事符」，使工作情況得到有效的監督。

　　　　合符取荽六十束　　（《敦煌漢簡釋文》1152）〔註28〕

　　　　九月辛亥步昌侯長持第七符過田　　（《敦煌漢簡釋文》1579）
〔註29〕

　　　　正月乙卯侯長持第十五符束跡　　（《敦煌漢簡釋文》1763）〔註30〕

　　　　侯長武光、侯史拓閏月辛亥盡己卯積廿九日，日跡從第卅燧北
　　盡餅庭北界，毋蘭越塞天田出入跡　　（《居延新簡釋粹》EPT52‧82）

　　上述簡牘中有關於合符取喂馬草料的記載，每次領取必須要有憑證和記錄，因此需要合符來確認對方身份。而侯長巡視天田或巡徼這些都需要持符進行。保證沒有人越過要塞以及天田上沒有不正常現象，並且要記錄下起始和結束時間以及巡徼的情況。這在一定程度上監督了官吏工作成效，規範了工作程序。

　　官吏執行捕盜等公務事宜也要遵照相關的法律規定，不能因公違反法律條例。《津關令》：

　　　　相國、御史請緣關塞縣道群盜、盜賊及亡人越關、垣離〔籬〕、
　　格塹、封刊，出入塞界，吏卒追逐者得隨出入服跡窮追捕。令（四
　　九四）將吏為吏卒出入者名籍，伍人閱具，上籍副縣廷。事已，得
　　道出入所。出入盈五日不反（返），伍人弗言將吏，將吏弗劾，皆以

　　2001年，第63頁。

〔註28〕甘肅省文物考古研究所編：《敦煌漢簡釋文》，蘭州：甘肅人民出版社1991年，
　　　第119頁。

〔註29〕甘肅省文物考古研究所編：《敦煌漢簡釋文》，蘭州：甘肅人民出版社1991年，
　　　第163頁。

〔註30〕甘肅省文物考古研究所編：《敦煌漢簡釋文》，蘭州：甘肅人民出版社1991年，
　　　第185頁。

越塞令論之。　（四九五）〔註31〕

　　這條律令主要針對的是追捕罪犯或逃亡者的出入境吏卒。規定邊疆地區吏卒追捕罪犯或逃亡者出入邊境關塞，將吏要上報執行追捕行動的吏卒名籍，由伍人核實，上報縣廷保留，才能出入關塞。追捕者出入關塞不能超過五天，如果超時，伍人不報告將吏，將吏不追查，都要受到法律的制裁，以越塞罪論處。可見，西漢對於官吏因公務事宜出入邊境的不僅需要有合法的通行證，還規定了緝拿的時間。這是西漢出入關塞的又一條重要法律條文。

　　以上律令從不同角度反映了邊境法律不僅是針對出入境當事人，而且落腳點多在守邊關者，重點懲罰或獎賞的對象是守邊關者、邊境官吏。其目的是為了維護社會的穩定和維護漢王朝邊防的有效管理。

三、對戰略物資的管制功能

　　國家設置關津，不僅為了監控人員往來，也控制物品的出入。關津法律禁止黃金器物、銅鐵、馬匹等的出關。《漢書・西南夷兩粵朝鮮列傳》中提到呂后時期下令「毋予蠻夷外粵金鐵田器，牛馬羊，即予，予牡，毋與牝」〔註32〕。裴駰集解注引應劭曰：「胡市，吏民不得持兵器出關。雖於京師市買，其法一也」〔註33〕。可見，當時中央勢力與「蠻夷外粵」相對峙時，管控嚴格。

　　《二年律令・津關令》第二條和第三條是禁止黃金器物及銅出關的。

　　　　制詔御史，其令扜（扜）關、鄖關、武關、函谷【關】、臨晉關，及諸其塞之河津，禁毋出黃金、諸奠黃金器及銅，有犯令〔註34〕

　　根據此條的規定，禁止黃金、鑲嵌黃金的器物以及銅出境。

　　　　□、制詔御史，其令諸關，禁毋出私金器金□。其以金器入者，關謹籍書。出，復以閱出之籍器。飾及所服者不用此令。　（四九三）〔註35〕

則強調如果私人攜帶金器入境，收關人員要將其登記在冊，待其出境時，核

〔註31〕張家山漢墓整理小組：《張家山漢墓竹簡（二四七號墓）》，北京：文物出版社2001年，84頁。

〔註32〕《漢書》卷九十五《南粵傳》，北京：中華書局，1962年，第3851頁。

〔註33〕《史記》卷一百二十《汲黯傳》，北京：中華書局，1959年，第3109頁。

〔註34〕張家山漢墓整理小組：《張家山漢墓竹簡（二四七號墓）》，北京：文物出版社2001年，第83頁。

〔註35〕張家山漢墓整理小組：《張家山漢墓竹簡（二四七號墓）》，北京：文物出版社2001年，84頁。

對簡冊，無誤則允許其通過。但首飾和身上衣服用做裝飾用的黃金飾品不在此列。

> 盜出黃金邊關徼，吏、卒徒部主者智（知）而出及弗索，與
> 同罪；弗智（知），索弗得，戍邊二歲。 （《二年律令・盜律》
> 七六） [註36]

則是專門針對邊關禁運黃金出境的法律條文。這條律文規定，偷運黃金出邊境，守衛邊關的官員和士兵，知情而放行，不進行搜查的，與偷運者同罪；不知或搜查不出黃金而放行的，罰戍邊二年。可見，對禁運黃金等戰略物資的稽查相當嚴格。

其次，法律中對禁止馬匹出境的律令也非常多。如張家山漢簡中的《二年律令》中就有很多條。其中：

> □議，禁民毋得私買馬以出扞〈扞〉關、鄖關、函谷【關】、
> 武關及諸河塞津關。其買騎、輕車馬、吏乘、置傳馬者，縣各以所
> 買 （五〇六） 名匹數告買所內史、郡守，內史、郡守各以馬所
> 補名為久久馬，為致告津關，津關謹以藉（籍）、久案閱，出。 （五
> 〇七） [註37]

關外郡縣買馬關中，要把購買的馬匹數目告訴關中馬匹所在郡的郡守、內史，關中郡的郡守、內史給馬做上標記，將馬的具體特徵寫為致書並且發給津關，津關官吏仔細檢查文書、馬標誌，審核無誤，才允許其出境。關外之馬入關是被允許的。《津關令》第十一條：「及諸乘私馬出，馬當復入而死亡，自言在縣官，縣官診及獄訊審死亡，皆〈告〉津關。（五〇八）」《津關令》第十五條：「郎騎節（即）歸休、繇（徭）使，郎中為傳出津關，馬死，死所縣道官診上。（五一四）」則反映了馬應該復入關而死亡的，需再買補上，由馬匹所有者告訴馬匹死亡所在的縣道官，縣道官進行診斷並且要求當事人到庭接受詢問。這樣做是為了避免詐騙關中的馬匹賣與關外。

黃金、銅器、馬匹是國家重要的戰略物資，體現了國防實力，某種程度上甚至可以左右戰爭的勝負。禁止這些物資的流出，一方面是加強自身的物

[註36] 張家山漢墓整理小組：《張家山漢墓竹簡（二四七號墓）》，北京：文物出版社
2001年，第19頁。

[註37] 張家山漢墓整理小組：《張家山漢墓竹簡（二四七號墓）》，北京：文物出版社
2001年，第86頁。

資儲備，以防不時之需；另一方面，限制了域外民族對物資的佔有和利用，阻其發展，控制其擴張。尤其在漢政府與其他民族政權關係緊張時，在政治博弈中具有牽制作用。

四、邊地治安的規範功能

邊地社會，因其特殊的地理位置和政治因素，與內地各郡縣的情況存在一定的差別。在邊地治安的管理方面，法律的規範必不可少，並且具有濃厚的邊地特色。如張家山漢簡《二年律令》的《具律》有禁止譯詐偽的法律條文：

> 譯訊人為詐偽，以出入罪人，死罪，黥為城旦舂；它各以其所出入罪反罪之。　（一一一）〔註38〕

這條律文規定，審訊犯人時，翻譯少數民族語言詐偽不實，以致判罪有出入，導致死罪者，譯人將處以「黥為城旦舂」的懲罰；其他各以其所出入所致之罪，同罪處理譯人。通常這種情況在邊疆地區發生的較多，這裡各民族雜居，需要翻譯各少數民族語言的情況時有發生，而譯人做偽所帶來的危害，應該是促成這條法律產生的原因。

針對當地的刑事犯罪也有明確的法律規定。《盜律》：

> 徼外人來為盜者，要斬。吏所興能捕若斬一人，拜爵一級。不欲拜爵及非吏所興，購如律。」　（六一）〔註39〕

對徼外人入境為盜的處罰規定和擒獲徼外入盜者的獎勵規定。如果塞外人入境為盜，要處以腰斬。官吏徵發追捕，如能斬獲一人，拜爵一級；如不願拜爵，或非官吏徵發而捕斬盜賊，可按律令規定給予相應的獎賞。

> 盜出財物於邊關徼，及吏部主智（知）而出者，皆與盜同法；弗智（知），罰金四兩，使者所以出，必有符致，無符致，吏智（知）而出之，亦與盜同法。　（七五）〔註40〕

此條《盜律》規定，偷運盜竊的財物出邊關，如果守邊者知情而放行，

〔註38〕張家山漢墓整理小組：《張家山漢墓竹簡（二四七號墓）》，北京：文物出版社2001年，第24頁。
〔註39〕張家山漢墓整理小組：《張家山漢墓竹簡（二四七號墓）》，北京：文物出版社2001年，第17頁。
〔註40〕張家山漢墓整理小組：《張家山漢墓竹簡（二四七號墓）》，北京：文物出版社2001年，第19頁。

將與偷盜者同罪；如果不知而放行，將罰金四兩。並規定使者攜帶禁物出境，必須有官方頒發的文券證明，如果沒有，守衛邊防者明知而放行，亦將與偷運者同罪處理。

邊地防守，是日常維護邊疆地區治安的重要內容，相關的簡文有很多，其中對戍邊守衛士卒的規範要求。如《二年律令》中：

> 當戍，已受令而逋不行盈七日，若戍盜去署及亡盈一日到七
> 日，贖耐；過七日，耐為隸臣；過三月，完為城旦。 （三九八）
> 當奔命而逋不行，完為城旦。 （三九九）〔註41〕

這條律文規定，須戍邊者，若接到戍邊命令而逃跑滿七日者，或戍邊時私自離開崗位或逃跑滿一至七日者，罪以「贖耐」，逃跑過七日則「耐為隸臣」，過三月就要罪以「完為城旦」。而受命赴急難而臨陣逃脫者也要受到這樣的懲罰。

邊疆地方政府對武器裝備的保存和管理都負有法律責任。如《賊律》：

> 軍吏緣邊縣道，得和為毒，毒矢謹臧（藏）。節追外蠻夷盜，
> 以假之，事已輒收臧（藏）。匿及弗歸，盈五日，以律論。 （一
> 九）〔註42〕

這條律文講的是緣邊縣道需嚴格保管毒矢，如追捕外蠻夷盜賊時需要使用，可以借用，事後則應立即收藏起來。藏匿毒矢滿五日者，將依法處理。

邊疆地區開墾的農田數依照法律也要如實彙報，使地方政府掌握一手資料。《二年律令·田律》中：

> 縣道已墾（墾）田，上其數二千石官，以戶數嬰之，毋出五月
> 望。 （二四三）〔註43〕

這條律文規定，邊疆地方每年新開墾的農田，連同戶數，應一併上報二千石官，時間不得超過五月十五日。墾田是邊疆邊防的一項重要措施，是邊地社會安定繁榮的基礎。這條律文反映了邊地的法律已經向社會領域的各個方面滲透。總之，這些邊境地區的日常守衛和巡邏、官府緝拿逃犯、邊疆社

〔註41〕張家山漢墓整理小組：《張家山漢墓竹簡（二四七號墓）》，北京：文物出版社2001年，第62～63頁。

〔註42〕張家山漢墓整理小組：《張家山漢墓竹簡（二四七號墓）》，北京：文物出版社2001年，第11頁。

〔註43〕張家山漢墓整理小組：《張家山漢墓竹簡（二四七號墓）》，北京：文物出版社2001年，第42頁。

會公共事務的管理等都由法律進行規範，形成了一套邊地政府管理的程序。保障了邊疆地區的發展和穩定。

綜上所述，漢代的邊防法律，作為邊疆地區的一種行之有效的管理手段，在漢代這樣一個中央集權的「人治」國家中，利用「法治」的形式，使複雜的邊疆地區社會管理有所依據並形成制度，一方面體現了漢政府的邊防策略和思想，另一方面強化了中央對地方的掌控能力。

第二節　邊防的涉外職責

中國地處亞洲大陸的東端，東臨大海，北接荒漠草原，西面和西南面是高原和峻嶺，文化和政治中心處於平原地帶，四周環抱的地理位置使歷代王朝始終存在於一種相對封閉和隔絕的狀態。兩漢時期，漢文化在中原地區繁榮發展，並逐漸向四周擴散。絲綢之路的開通，加強了中原與西域乃至西方的政治經濟文化交流，這種封閉隔絕的狀態有了突破口。在與西域各國的交往中，漢朝初級階段的外交形式開始確立。由邊郡、鎮撫機構和屬國組成的邊防機構密切配合、協同運行，直接與周邊國家、地區和民族發生聯繫，故在涉外工作中處於重要地位。邊防機構平時需要將邊疆地區各國家和地區動態及外交事宜向中央彙報，並向中央提供制定外交政策的情報和建議。同時還要配合中央的外交政策和指示貫徹執行下去，可以說邊地機構是中央政府在邊疆地區設置對外聯繫的第一站，外部政權接觸漢王朝最初接待機構。他們肩負著繁重且複雜的外交事務，承擔著中原王廷與周邊國家互通的重任，但凡外交使節之迎送、外交文書之授受、對外交涉之辦理、邊境互市之管理等各種涉外事務無所不在其職責範圍之內。當然這些外交事務大多都要經過中央的批准，得到中央的指示之後才能進行，完全受到中央的管控。

一、督辦諸項涉外迎送事宜

邊防領導機構需要督辦諸項如接待來使、供應使者、迎送質子、接受降附等涉外迎送事宜。

在漢代，如果外國或周邊少數民族政權要向漢皇朝朝貢、遣使或有其他任何外交事項需與漢王朝進行聯繫時，首先由邊防各機構負責接待和傳達。如西域諸國來漢朝的使節，首先由西域都護保證南北兩條交通要道的暢通無阻，並接待使節的往來，再通過西域都護轉送朝廷，這也是都護命名的由來

之一。經海路而來的西方和南亞、東南亞使節一般自漢南部交州的日南郡入境，由其負責接待和轉致。在接待來使的同時，邊關也負責接受奉獻物品，轉交朝廷。來使出入邊境，如有外交問題未獲解決，邊防機構有權令其暫留，其去留須經邊郡請示朝廷作出答覆之後才能行動。邊防機構不僅負責迎送外國使節，而且有權直接與外國交往，接受其使節。東漢西域與漢復通後，耿恭出任戊己校尉，烏孫「大昆彌已下皆歡喜，遣使獻名馬，及奉宣帝時所賜公主博具，願遣子入侍。」〔註44〕可見，戊己校尉也接受烏孫來使。

　　邊地為使者出入中原的必經之地，因此它擔負著供應使者的任務。根據漢王朝的規定，外國來使或漢使出境，其生活服務和糧草供應均由邊郡負責承擔。為此漢朝在使節來往頻繁的邊郡，設置專門機構以管理使節生活服務以及生產糧食以供來往使節之需，據《漢書‧西域傳》記載西域都護府的機構屬官中有使者校尉一職，他負責管理輪臺和渠犁屯田，是向來朝的外國使者供應糧食和物資的官員。「顏師古注曰：「收其所種五穀以供之」〔註45〕。由於當時來往使節頻繁而且數量巨大，因而這種供應負擔是相當繁重的，「敦煌、酒泉小郡及南道八國，給使者往來人馬驢囊駝食，皆苦之」〔註46〕。幾達不堪重負的地步。漢代在邊郡對外交通要道上設立了許多郵置。主要具有傳遞外交情報的職能，但也有些郵置負有接待來往使節的任務。近年來的考古發掘，出土了大量郵驛文書，有簡牘也有麻紙和帛書。這些出土文物反映了「懸泉置地處中西交通的要衝，規模較大，額定傳馬、驛馬 36 匹。接待的過往人員除朝廷使者、行邊御史、太守、都尉、司馬等高級官員外，尚有西域各國如大月氏、烏孫、車師、莎車、且末等國的貴人、使者，規模有時多達100 餘人，並有朝廷官員護送。數量巨大的各種簿籍，翔實生動地記錄了接待官員、使者的過程，支付的食品、糧穀、車馬、草料的數額和價值。」〔註47〕

　　漢代以羈縻統治周邊藩屬國家，與漢王朝建立外交關係的國家和地區應外交需要常派遣侍子人質於漢朝的方式，藉以鞏固雙方的關係，迎送質子也是兩漢邊防各機構一項重要任務。漢在徵質成功或一些國家自願納質的情況

〔註44〕《後漢書》卷十九《耿恭傳》，北京：中華書局，1965 年，第 720 頁。
〔註45〕《漢書》卷九十六《西域傳》，北京：中華書局，1962 年，第 3873 頁。
〔註46〕《漢書》卷九十六《西域傳》，北京：中華書局，1962 年，第 3893 頁。
〔註47〕甘肅省文物考古研究所：《漢懸泉置遺址發掘獲重大收穫》，《中國文物報》
　　　　1992 年 1 月 5 日。

下，就要派人前往迎接侍子為質。這項任務主要在中央的大鴻臚統一協調下，由邊防機構中專管少數民族事務的機構，如西域都護、使匈奴中郎將、護烏桓校尉等來完成質子的徵取、身份查驗、迎送等事宜。沿途地方政府也要給予大力協助。如西域都護就有接納質子，並將其護送到中央政府的職責。黎虎認為：「西方國家的侍子入質漢朝，也由西域都護負責迎送。」〔註48〕如永平十七年（74年）耿恭為戊己校尉時，烏孫遣使至金蒲城，表示願意遣子入侍。耿恭「乃發使貴金帛，迎其侍子。」〔註49〕又如建初八年（83年），李邑出使烏孫，及到於闐，正趕上龜茲攻打疏勒，恐懼不敢前，於是上書「毀超擁愛妻，抱愛子，安樂外國，無內顧心」。「帝知超忠」，「令邑詣超受節度。詔超：『若邑任在外者，便留與從事。』」但班超並未留李邑在西域，而是遣派他「將烏孫侍子還京師」。「徐幹謂超曰：『邑前親毀君，欲敗西域，今何不緣詔書留之，更遣它吏送侍子乎？』超曰：『是何言之陋也。以邑毀超，故今遣之。內省不疚，何恤人言。快意留之，非忠臣也。』」〔註50〕可知，如留李邑在西域，還得派「它吏」送質子入朝。顯然，西域都護有送各國質子入朝的職責。東漢時的使匈奴中郎將則在對南單于「參辭訟，察動靜」的同時，在每年年末派從事一人領單于侍子入朝。「單于歲盡輒遣奉奏，送侍子入朝，中郎將從事一人將領詣闕。」〔註51〕單于侍子前者返後者至，交會道路，領送任務十分繁忙。護烏桓校尉，主烏桓胡，「並領鮮卑。客賜質子，歲時互市焉。」〔註52〕

有些邊陲重鎮建有專門接待質子的客館，叫「質館」。兩漢時期的少數民族質子非常之多，但只有一部分送往京城，還有相當一部分質子則被安置在沿邊諸郡的館舍裏。如東漢時的護烏桓校尉，並領鮮卑，「通胡市，因築南北兩部質館。」李賢注曰：「築館以受降質」〔註53〕。從東漢重置烏桓校尉的資料看，此「質館」應在烏桓校尉所在地的上谷寧城。質館接納的質子數量相當多，據稱「鮮卑邑落百二十部，各遣入質」。〔註54〕那麼，質館就成為一部

〔註48〕黎虎：《漢唐外交制度史》，蘭州：蘭州大學出版社1998年，第60頁。

〔註49〕《後漢書》卷十九《耿恭傳》，北京：中華書局，1965年，第720頁。

〔註50〕《後漢書》卷四十七《班超傳》，北京：中華書局，1965年，第1579頁。

〔註51〕《後漢書》卷八十九《南匈奴列傳》，北京：中華書局，1965年，第2944頁。

〔註52〕《後漢書》卷一一八《百官志》，北京：中華書局，1965年，第3626頁。

〔註53〕《後漢書》卷九十《烏桓鮮卑列傳》，北京：中華書局，1965年，第2986頁。

〔註54〕《後漢書》卷九十《烏桓鮮卑列傳》，北京：中華書局，1965年，第2986頁。

分質子的長期居所。還有一些地方是質子入京或回歸本國的必經之地，如敦煌，就是質子的一個中轉站，在負責質子迎來送往的同時，還有質子因一時不能決定其去留而「待詔」〔註55〕於此，或被長期留在敦煌。那麼敦煌地方政府就要給他們提供食、宿等服務，也必然建有相關的設施。

　　邊地也是接受安置降附的重要地區。最顯著的就是屬國的設置。屬國本身就是為了安置降附的少數民族部眾而設立的，並且，這些正式納入漢王朝統治區內的屬國，全部被設置在邊防帶上，多數都在邊郡中，受邊郡太守的節制。東漢時期，屬國秩比郡縣，接受的降附部眾更多，屬國規模也更大。上章以有詳細闡述此處不再贅述。這是兩漢重要的外交策略和民族政策之一，成為安置降眾的典範。西域都護也負有接受降附的職責。日逐王先賢撣欲降漢的時候曾派使臣與首任西域都護鄭吉溝通過，御史吉「發渠黎、龜茲諸國五萬人迎日逐王。口萬二千人、小王將十二人隨吉至河曲。」從此事件可以看到，降附者先遣使向西域都護通達意向，然後由西域都護負責組織人力，實施受降事宜。《漢書‧西域傳》載，元帝時「匈奴東蒲類王茲力支將人眾千七百人降都護，都護分車師後王之西為烏貪訾離地以處之。」西域都護不僅接受匈奴王的歸附，而且還在西域劃分土地安置降眾。

　　邊防機構完成中央交付的涉外迎送事宜，行事邊防機構的權利和職責。一方面，作為漢庭的下屬機構，完成上司指派的工作；一方面，從事的涉外事宜，也是維護本地區發展的重要策略和保障。他們是漢庭外交管理體系中不可缺少的、重要的組成部分。

二、代表中央行使國家外交職權

　　邊防機構作為國家外交管理體系的一部分，是不可或缺的。它不僅能與中央緊密結合，完成中央委派的任務，成為諸多外交事務的操作者，而且還能有效地代表漢王朝，以國家的象徵，全權行使外交職權。比如接受轉遞文書口信、遣使出境、簽訂條約、封賜弔慰等。

　　周邊國家和地區如有求於漢王朝，可直接致書於邊郡，或通過邊郡上交朝廷。《史記‧匈奴列傳》載漢文帝時期，匈奴單于派郎中攜帶致漢文帝的文

〔註55〕《梁書》卷十八《康絢傳》載：「初，漢置都護，盡臣西域，康居亦遣侍子待詔於河西，因留為黔首，其後即以康為姓。」可見，有些質子要等待朝廷的命令，方能決定其去留。

書,「以六月中來至薪望之地。書至,漢議擊與和親孰便」,薪望之地,《索隱》引服虔曰:「漢界上塞下地名,今匈奴使至於此也」〔註56〕。這是匈奴派遣使者攜帶文書到達塞下之薪望,由邊塞方面將文書轉送至朝廷。外交文書的傳遞,出土漢簡中有大量的反映。敦煌漢簡:「入西蒲書二封。其一封文德大尹章詣大使五威將莫府。一封文德長史印詣大使五威將莫府。始建國元年十月辛未日食時關嗇夫□受□□卒趙彭」。這是王莽時期,朝廷給出使西域的武威將之一的有關文書,敦煌太守和敦煌長史在文書封泥上蓋章以後,送達邊關時,關吏詳細登記了接到文書的時間和受授吏卒的姓名,然後再往西傳送。西域都護不僅收轉有關外交文書,而且自己也可以逕自向外發出文書。耿恭為戊己校尉時「至部,移檄烏孫,示漢威德」〔註57〕,通過向烏孫發出「檄書」而重建雙方已斷絕六十餘年的關係。文書之外,邊塞有時也負責接轉有關口信。《漢書·匈奴傳》記載王昭君的女兒和女婿,共立左犁汗王為烏累單于,並勸其與漢和親。「遣人之西河虎猛制虜塞下,告塞吏:『欲見和親侯』,王歙者,王昭君兄子也。中部都尉以聞。」〔註58〕這是匈奴派人到西河郡虎猛縣境的制虜塞,求見塞吏傳達匈奴方面的要求,塞吏將此口信轉報其上級中部都尉,中部都尉再上報中央,以轉達有關和親之意向。

邊防機構還可以直接派遣使者出境辦理交涉事宜。如遼東太守祭肜遣使向鮮卑示好並給予錢財的誘惑,鮮卑大都護也遣使來表達願意歸附的意願。通過雙方使命往還,祭肜爭取了鮮卑倒向漢朝,從而瓦解匈奴盟軍,使烏桓親附,解除了北邊的威脅。西域都護在外交上享有較大的權利,根據需要也可以直接遣使出境,聯繫或解決有關外交問題。西域都護主動的外交行動,擴展了漢朝與西方遠國的外交關係,其最著名的壯舉是班超派遣其掾屬甘英出使大秦。甘英因「海水廣大,往來者逢善風三月乃得度,若遇遲風,亦有二歲者」〔註59〕等諸多因素沒有橫渡地中海,雖然甘英出使沒有到達羅馬帝國,但也加強與他所到達的那些國家和地區的外交關係,而且溝通了蒙奇、兜勒等「遠國」與漢王朝的外交關係。邊郡有時還可與對方簽訂條約。西漢初遼東太守曾與朝鮮簽訂條約,時朝鮮王滿在位,「會孝惠、高后時天下初

〔註56〕《史記》卷一百十《匈奴列傳》,北京:中華書局,1959年,第2896頁。
〔註57〕《後漢書》卷十九《耿恭傳》北京:中華書局,1965年,第720頁。
〔註58〕《漢書》卷九十四《匈奴傳》,北京:中華書局,1962年,第3827頁。
〔註59〕《後漢書》卷八十八《西域傳》北京:中華書局,1965年,第2918頁。

定，遼東太守即約滿為外臣，保塞外蠻夷，無使盜邊；諸蠻夷君長欲入見天子，勿得禁止」〔註60〕。這是遼東太守與朝鮮王滿所簽訂的條約。條約簽訂以後要上報皇帝批准。遼東太守「以聞，上許之。」

　　封賜弔慰是漢王朝與境外國家或地區維繫外交關係的重要方式和手段。有的賞賜是外國君主或使節前來朝貢時在朝廷直接給予，有的是由邊防機構代為賞賜。如漢朝賜予高句麗、夫餘的禮儀服飾和喪葬衣物就由玄菟郡負責轉賜。「衣幘、朝服、鼓吹，常從玄菟郡受之。……後稍驕，不復詣郡，但與東界築小城以受之，至今猶名此城為幘溝婁」〔註61〕，此「小城」專為領取漢朝賞賜物品所用，由此可見，這種賞賜不是偶然的，而是經常性的。夫餘國的賞賜也是由玄菟郡轉付的。《後漢書‧東夷傳》載：「其王葬用玉匣，漢朝常豫以玉匣付玄菟郡，王死則迎取以葬焉」〔註62〕。賞賜錢穀常從邊郡就近撥付。《漢書‧匈奴傳》記載「呼韓邪單于復上書，言民眾困乏。漢詔雲中、五原郡轉穀二萬斛以給焉」〔註63〕。使匈奴中郎將還代表朝廷對南單于行使一系列封、賜、弔、慰的職責。漢庭授予南單于璽綬，即由使匈奴中郎將具體執行，遣中郎將段郴授南單于璽綬，就是具體實例。單于去世也由使匈奴中郎將代表朝廷弔祭，同時給予各種勞賜。

　　漢王朝因事向南匈奴提出抗議時，單于則直接向使匈奴中郎將謝罪，使匈奴中郎將代表漢庭接受單于的謝罪。《後漢書‧南匈奴傳》記載南匈奴左部句龍王吾斯、車紐等叛亂，「天子遣使責讓單于，開以恩義，令相招降。單于本不豫謀，乃脫帽避帳，詣（梁）並謝罪」〔註64〕。可見，在某些時刻，漢朝的邊地官吏可以代替天子，具有崇高的地位。總之，邊防的外交職責因與軍事駐守具有相輔相成的關係，因此邊防系統在處理涉外事務時能得心應手。

三、立足邊防的外交動向

　　國家的外交行為，常常著眼於大局。需要統籌協調各方面的利益和權衡利弊來為政治、軍事服務。邊防上的涉外職責是整個外交機制上面的一環，這一環除了執行漢庭中央的大政方針，還需立足本地邊防的形勢，自主靈

〔註60〕《史記》卷一百一十五《朝鮮列傳》，北京：中華書局，1959年，第2986頁。
〔註61〕《梁書》卷五十四《諸夷列傳》，北京：中華書局，1973年，第802頁。
〔註62〕《後漢書》卷八十五《東夷列傳》，北京：中華書局，1965年，第2811頁。
〔註63〕《漢書》卷九十四《匈奴傳》，北京：中華書局，1962年，第3800頁。
〔註64〕《後漢書》卷八十九《南匈奴列傳》，北京：中華書局，1965年，第2960頁。

活的行使國家賦予邊防各機構的外交權力，主動固邊守土，利用外交與軍事相結合的邊防策略。

首先，邊防機構因地因時調控邊疆地區各方利益，安輯衛護域外民族政權的行動來實現邊防的穩定。《漢書·西域傳》所謂「烏孫、康居諸外國……可安輯，安輯之；可擊，擊之」。即能通過外交手段解決的就用外交行動「安輯之」。不可，才採取軍事行動。通過外交手段使鄰國與漢保持友好關係，可以避免戰爭，減少損失。成帝元延二年（前 11 年）烏孫小昆彌末振將派人刺殺大昆彌雌栗靡，「漢欲以兵討之而未能，遣中郎將段會宗持金幣與都護圖方略，立雌栗靡季父公主孫伊秩靡為大昆彌」〔註65〕。這是武力達不到的目的。通過外交手段得以實現。不久，投靠康居的小昆彌季父卑爰疐企圖借兵兼併兩昆彌，於是「漢復遣（段）會宗使安輯，與都護孫建並力。」這種監護就是在都護的配合下進行的。烏孫是漢朝在西方的重要盟友，因此西域都護時時都在密切注視其政治動態。實際上，安輯衛護就是以武力為後盾，運用恩威並施的外交手段，維繫西域諸國的向心力，遏制匈奴在西域的勢力和影響。元和二年（85 年）漢朝陷入南匈奴出兵進攻北匈奴的爭端之中。在處理這一問題當中，漢朝擔心已經於漢朝修好的北匈奴認為漢朝欺騙他，於是要求南匈奴遣返所得北匈奴俘虜，為此漢章帝下詔讓度遼將軍及領中郎將龐奮來處理這件事，並給出了處理意見。度遼將軍一方面要從南匈奴那裡以加倍的價錢贖回北匈奴俘虜，以與北匈奴修好；另一方面又要按照以往慣例獎賞南匈奴的戰功，維護與南匈奴已有的友好關係。度遼將軍所處理的顯然是一項複雜的外交工作，這工作維護了漢朝與南北匈奴的關係，在二者之間起到協調控制的作用。邊防機構在西域事務中，作為中間人仲裁西域各國紛爭，很大程度上代表著漢廷的行事態度和決定，必要時能領漢邊地各郡兵、動用指揮各屬國的武力征戰救護，遂行意志。在西域有巨大的發言權和影響力。

建武二十五年（49 年）「南單于復遣使詣闕，奉藩稱臣，求使者監護，遣侍子，修舊約」〔註66〕，南匈奴方面主動要求派使者監護，於是第二年便派遣使匈奴中郎將進駐南單于庭。東漢的使匈奴中郎將是應南匈奴的要求而設置的。使匈奴中郎將實際上就是漢朝派駐南匈奴的使節，在南匈奴主要扮演監護的角色，是漢朝派到南匈奴的代表，保證南匈奴政局的穩定及對漢朝的

〔註65〕《漢書》卷九十六《西域傳》，北京：中華書局，1962 年，第 3909 頁。
〔註66〕《後漢書》卷八十九《南匈奴傳》，北京：中華書局，1965 年，第 2943 頁。

向心力。使匈奴中郎將熟悉藩情。漢靈帝時臧旻「遷匈奴中郎將。還京師，太尉袁逢問其西域諸國土地風俗人物種數，旻具備言西域本三十六國，後分為五十五，稍散至百餘國。」〔註67〕在南匈奴單于的廢立、叛亂的平定等方面，使奴中郎將都有巨大的影響力，甚至在軍事行動方面，也須使奴中郎將負責監護。如和帝永元二年，南匈奴遣兵進襲北匈奴，即由使匈奴中郎將「遣從事將護之」。後北匈奴歸附，東漢朝廷也「使中郎將任尚持節衛護屯伊吾，如南單于故事。」〔註68〕度遼將軍與使匈奴中郎將有密切關係，其職掌與使匈奴中郎將有很多相同之處，而且有時還要接受使匈奴中郎將的管轄。東漢時匈奴分裂為南北之後，南匈奴歸漢後，仍保持政權的獨立性。後來，由於北匈奴也與漢朝交往，引起南匈奴的猜忌和怨恨，於是南匈奴秘密遣使北匈奴，約定叛變北逃。漢使鄭眾上書宜更置大將，以防兩者勾結。御史「始置度遼營，以中郎將吳棠行度遼將軍事」，重設度遼將軍的目的便是防備南北匈奴交通。這是將軍事與外交相結合，達到牽制南北匈奴，防止他們相互勾結的目的。度遼將軍還有保護北方商賈往返道路的職責。東漢陽嘉四年，烏桓進犯雲中，「遮截道上商賈車牛千餘兩」，度遼將軍率二千餘人追擊。保護商道無疑就是保護經濟往來，是關係著多國利益的大事。護烏桓校尉「以護內附烏丸」，「擁節監護之」〔註69〕，特別是監視其與匈奴的關係，「使不得與匈奴交通」；同時令其「為漢偵查匈奴動靜」。從外交上孤立、牽制匈奴也是設立護烏桓校尉的目的。

其次，邊防機構還扮演者招降納附的角色，主動把有意歸降的敵對勢力轉化成盟友，將軍事與外交緊密結合在一起，這是分化敵人，「以夷制夷」邊防策略的高度體現。如祭肜為遼東太守近三十年，「撫夷狄以恩信，皆畏而愛之」〔註70〕肜在整個北方威望都很高，從西自武威，東到玄菟及樂浪，胡夷皆來內附。建武二十五年（49年）句驪進犯右北平、漁陽、上谷、太原等郡，而祭肜「以恩信招之，皆復款塞。」起到了化干戈為玉帛的作用。可見，邊郡太守是否善於招納，對於雙方關係有著重要的影響。東漢馬續為度遼將軍，在邊郡地區「招降畔虜」，於是「右賢王部抑鞮等萬三千口詣續降。」〔註71〕

〔註67〕《後漢書》卷五十八《臧洪傳》，北京：中華書局，1965年，第1884頁。

〔註68〕《後漢書》卷八十九《南匈奴傳》，北京：中華書局，1965年，第2954頁。

〔註69〕《後漢書》卷四《孝和帝紀》，北京：中華書局，1965年，第179～180頁。

〔註70〕《後漢書》卷二十《祭肜傳》，北京：中華書局，1965年，第745頁。

〔註71〕《後漢書》卷八十九《南匈奴傳》，北京：中華書局，1965年，第2961頁。

兩漢時期內附的少數民族部眾，主要分布在東北地區的樂浪、玄菟、遼東等郡；北部地區的雲中、五原、朔方、北地、西河等郡，嶺南地區的九真、日南等郡。漢王朝四境內附頻繁，負有招納安撫的巨大責任。

漢王朝還將招納之心延伸到西域地區，與匈奴爭奪西域。西域原先役屬於匈奴，漢通西域以後，匈奴與漢對西域仍然長期進行爭奪。匈奴一方面阻礙漢朝與西域發展關係，另一方面則繼續派出使者到西域活動，拉攏西域諸國，因此，漢朝與匈奴在西域為了配合軍事鬥爭，也要展開激烈的外交鬥爭，驅逐匈奴在西域的使者就是這一鬥爭的重要內容之一。班超通西域後，就大力驅逐匈奴在西域的使者。通過驅逐匈奴使者，迫使鄯善倒向漢王朝。班勇為西域長史時，在車師後部捕得「匈奴持節使者，將至索班沒處斬之以報其恥，傳首京師」[註72]。匈奴使者不僅活動與城郭諸國，在烏孫以西的「遠國」中也很活躍，與漢朝展開外交爭奪戰。《漢書‧西域傳》載：「自烏孫以西至安息，近匈奴。匈奴嘗困月氏，故匈奴使持單于一信道國，國傳送食，不敢留苦。及至漢使，非出幣物不得食，不市畜不得騎，所以然者，以遠漢，而漢多財物。」[註73]可見，漢、匈在西方遠國中的外交地位還比較懸殊，相互爭奪比較激烈。這種狀況在呼韓邪單于朝漢後得到改觀。匈奴郅支單于西遷後，仍企圖聯合烏孫，烏孫看準了呼韓邪歸漢後郅支孤弱的形勢，於是殺掉來使，將使者頭顱送到都護所，以表示尊漢的決心。這是漢朝與匈奴在西方遠國外交爭奪戰中的勝利。

第三、邊防機構熟悉西域遠國的風土人情和政情，又身負繁重的外交職責，因此可以對這些國家的外交問題向中央提出建議，貢獻計策。漢成帝時，康居在與漢朝交往過程中態度傲慢，儘管康居雖然向漢朝進貢，派遣侍子，與漢維持表面的安定，但是依仗其與漢朝相距遙遠，並不友善。《漢書‧西域傳》載，當時的西域都護郭舜於元延二年（前11年）向成帝上書，詳細分析了康居、烏孫、匈奴三者之間關係以及他們與漢朝關係的變化和特點，從而提出對於這三者的不同處置策略。解憂公主的孫子星靡繼任大昆彌，但幼弱無能，因此都護韓宣上書建議扶持烏孫大吏、大祿、大監等，「賜金印紫綬，以尊輔大昆彌」[註74]。朝廷同意了韓宣的意見。漢章帝時，班超計劃平定

〔註72〕《後漢書》卷四十七《班勇傳》，北京：中華書局，1965年，第1590頁。
〔註73〕《漢書》卷九十六《西域傳》，北京：中華書局，1965年，第3896頁。
〔註74〕《漢書》九十六下《西域傳》，北京：中華書局，1962年，第2908頁。

西域諸國，認為得西域必須先平龜茲，平龜茲必須聯絡烏孫。朝廷採納了班超的建議，開展了對烏孫大規模的外交行動。敦煌郡緊鄰西域諸國，敦煌太守在西域事務上對漢廷的最終決策具有很大的影響力。因為敦煌太守對西域事務的瞭解使漢朝統治者對其非常信任。西域地區有緊急軍情，也向敦煌求救。

　　兩漢時期形成的外交制度，是中國後世歷代皇朝外交制度的範式。邊防的涉外職責正是這一制度在邊疆地方靈活運作的表現。漢代邊防外交還處於初步發展階段，主要特徵還是權利的高度集中，皇帝是國家的最高決策者，地方長官是有力的執行者，在地方統領一切涉外事宜。外交體現的是漢王朝權利中心的核心意識，是整個國家邊防戰略戰術的重要體現和表現形式。

第三節　邊防與邊疆商品經濟

　　經濟是國家發展穩定的命脈，也是地區是否繁榮有序的標誌。漢武帝開拓邊疆以來，邊疆地區與中原內郡和西域諸國之間的商貿活動愈發頻繁。在邊地出現規模或大或小的市場集市，廣泛分布於交通要道、郡縣治所等人口聚集處。正是由邊地市場廣泛存在，商品交換比較活躍的緣由，既保障了邊塞屯戍軍隊更好地行使其職責，也為邊地經濟的發展提供了有力支持，尤其在漢王朝與少數民族各族關係密切，互通頻繁之際，經濟往來空前活躍。邊地貿易與內地貿易相比具有一些特點，根據買賣雙方身份的不同，經貿往來的形式更趨多樣化。如漢政府與少數民族互通關市、奉贈使節使團；邊地戍所物品交易、運輸傭人的商品販賣、民間商貿活動等等都是邊地社會經濟繁榮的表現。

一、與少數民族互通關市

　　「關市」由來已久，先秦時期已存在。漢代關市在漢初時就在發揮作用，《史記‧南越列傳》中就記載了因禁關市而引發趙佗的不滿，可見，關市對於南越來說非常重要。漢代的關市，就是漢王朝與少數民族進行經濟貿易活動的場所，是漢與少數民族經濟交流的主要形式。西漢時匈奴強大，是漢王朝北邊最強大的民族。但游牧民族的生存方式決定了他們對漢族中原領土上物產的各有所需極為迫切。漢朝於關市貿易獲得北方的馬牛、皮革、羊毛等「累金之物」，視其為「饒國用」。同時「關市」也是懷柔、羈縻政策之一，即

以漢之饒物對少數民族給遺、冊封、關市貿易等等，換取邊境的安定團結；而匈奴過著「逐水草遷徙，居無常處」的游牧生活，生產生活資料缺乏，又喜好中原物品和漢朝的金銀，對漢朝的鐵器、生產工具、絲綢等視為珍品，因而「尚樂關市」。即使在漢匈戰爭對立時期，關市貿易時斷時續，但從未真正取消過，正是迎合漢匈之間的某些需求。

張騫通西域後，有暢通河西的居延道，連接西域、中亞的絲綢之路以及從關中直抵九原的「直道」。這些交通道路的開通，使得漢代西北邊地與西域各國的貿易聯繫日益加強，往來「商胡販客，日款於塞下」〔註75〕。從文獻記載中我們看到，東漢也多次與匈奴通「關市」，或稱「合市」、「胡市」，而且東漢時關市貿易持續繁榮。「元和元年，武威太守孟雲上言北單于復願與吏人合市，詔書聽雲遣驛使迎呼慰納之。北單于乃遣大且渠伊莫訾王等，驅牛馬萬餘頭來與漢賈客交易。」〔註76〕另《後漢書‧孔奮傳》載孔奮駐守姑臧，對該地治理有方，成為河西地區富裕的邑城，姑臧關市開放，與羌胡進行貿易。姑臧位於河西走廊，是武威郡治所在，由於貿易發達而有「富邑」之稱。事實上，至三國初年，關市貿易依然很繁榮，曹魏時期「西域雜胡欲來貢獻，而諸豪族多逆斷絕。既與貿遷，欺詐侮易，多不得分明。胡常怨望。慈皆勞之。欲詣洛者，為封過所，欲從郡還者，官為平取，輒以府見物與共交市，使吏民護送道路，由是民夷翕然稱其德。」〔註77〕倉慈是三國時淮南人，太和中年任敦煌太守，由於保護西域各國商旅，為其提供各種方便，西域各國由是稱讚他的德惠，敦煌成為胡漢交往之都會。可以看出，曹魏初年，河西的關市貿易還是得到政府的保護的。漢朝與少數民族進行關市貿易，各取所需的同時，出於國家安定，或軍事戰略的考慮，還實施了「關禁」政策。這在本章的第一節有所闡述，此處不再重複。

我們可以看出，關市只不過是漢政府主觀上用以打擊削弱匈奴，政治上羈縻各周邊國家的工具而已，也不是真正希望通過關市貿易能夠獲取多麼大的利益，而且關市更多的是漢朝方面在付出，所謂「通關市，饒給之」，通過這麼多的付出之後，漢朝所得到的並非生活必需品，只是諸如明珠、文甲、通犀等供應後宮，或龍文、魚目、汗血寶馬、鉅象、獅子等奢侈品供應富豪與

〔註75〕《後漢書》卷八十八《西域列傳》，北京：中華書局，1965年，2931頁。
〔註76〕《後漢書》卷八十九《南匈奴列傳》，北京：中華書局，1965年，第2950頁。
〔註77〕《三國志》卷十六《魏書‧倉慈傳》，北京：中華書局，1971年，第512頁。

掌權者。這些東西對於促進生產力發展的作用是有限的，其經濟上的意義並不是那麼明顯的。對於關市的情況漢簡中沒有明確的記載，但在敦煌漢簡中有一條簡文可以從側面印證官方互市的存在：「出箋廿枚五年正月癸未佐梁買胡人檋板四枚付御吏夏賞官馬下用（557）」〔註78〕。這裡記載的是敦煌郡下轄的一個官方機構，可能是郵驛部門向胡人購買木板用以製作馬具，這裡的胡人顯然是指的周邊少數民族政權的人民，這筆交易可能就是在關市中完成的。顯然，漢代純商業性質的對外貿易主要就是屬於政府嚴密管制下的關市貿易，而這種關市貿易是否為漢朝政府帶來了較多的經濟利益就目前而言是缺乏明確的證據來支撐的。

　　綜上所述，漢朝在對外的交往中，主要的目的是為了聯繫西域諸國，抵制匈奴對國家安全的威脅，保障邊境和平。因此，漢朝與西域諸國更主要的是一種宗主國與附屬之間的不平等的朝貢關係，在這種體系中，周邊諸國通過以數量較少的貢品在政治上向漢朝表示臣服，而漢朝則通過回贈大量的禮物以示安撫之意，通過這樣的策略間接地來保持邊境的安定與國家關係的和平。

二、屯戍吏卒的經濟活動與地方商品市場

　　邊郡往往地處偏遠荒蕪之地，本地人口稀少，農業經濟落後。自漢武帝以後，各邊郡駐紮了大量的屯戍軍隊，很多屯戍部隊還允許攜帶家眷，這使邊地人口密度驟增，商品經濟被帶動起來。軍隊吏卒的日常生活開銷在一定程度上依賴市場的供應，屯戍軍隊也給當地的市場發展和繁榮帶來了人氣和機會，兩者密切相關。

　　屯戍軍隊吏卒本不需要到市場上購買物資，但事實上，地處偏遠，日常物資供應往往有不及時和不充沛的情況發生。國庫劃撥口糧、生活用品甚至是武器的延遲與不足，使吏卒不得不外出購買物資以保障屯戍任務的順利完成。漢簡中記載了很多關於軍隊在市場上購買糧食的情況：

　　　　出錢　四千三百升五　糴得粟五十一石石八十五　（《居延漢簡釋文合校》276·15）

　　　　　　□糴小麥十二石石九十四　（《居延漢簡釋文合校》26·25）
不僅糧食需要外出購買，肉、姜等副食產品也需要在市場上購買，而各種日

<hr>

〔註78〕甘肅文物考古所：《敦煌漢簡》，北京：中華書局 1991 年，第 240 頁。

常生活物品的配置更是仰賴於市場：

> 正月丁未買牛肉十□□　（《居延漢簡釋文合校》237‧26）

> 二月壬子置佐邊市姜二斤　（《居延漢簡釋文合校》300‧8）

> 出錢千三百卅　買膠廿三斤　（《居延漢簡釋文合校》229‧8）

> 買箸五十隻　（《居延漢簡釋文合校》257‧27）

邊地市場與內地市場最大的區別是，邊地市場應軍隊駐紮所帶來的購買需求，進行各種兵器及裝備的售賣，滿足軍隊戍所的不時之需：

> 出錢九百買弓檽□　（《居延漢簡合校》11‧12）

> □以令買矢□　（《居延漢簡合校》228‧5）

根據居延簡記載的內容，有時邊地屯戍軍隊因國家供應物品調配不合理，往往需要將閒置的物品販賣，購入需要的物品。另外，有些官吏為了獲得貨幣，往往將作為俸祿的布帛拿到市場上去銷售以換取需要的物品，如：

> □一千一百　六十受縑五匹賣鑊四三百　（《居延漢簡合校》221‧19）

眾多的屯戍吏卒生活在邊疆地區，而這裡物資缺乏，供給有限，市場經濟的靈活性使他們不得不依靠買賣來獲取生活資料和貨幣。另一方面，貨幣在購買物資中的重要性也引發屯戍軍隊中官吏對貨幣的追求，有些人開始雇傭他人進行邊地貿易，商品流通的種類增多，數量增大。正是由於大量屯戍吏卒參與市場買賣活動，從而促進了邊地市場的發展與繁榮。

邊塞戍所和當地居民在社會生活方面已經成為一個不可分割的整體。兩方各從市場上賣出所餘購進所需。邊塞戍所許多物資靠京師支持，但地理位置及環境決定了供給程度的有限。故生活的方方面面京師不可能都會支持到。因此，就要依靠當地居民所生產的農副產品或家庭手工業品與之交換。而另一方面，貨幣及糧食、布帛在邊地的流動，在有限的空間內形成了由市場進行資源調配，戍所和當地居民各取所需，往來商人進行貿易的一種經濟環境，這也就是商品經濟的一部分。

三、民間經濟貿易往來

除了戍所吏卒間、戍所與當地市場間的經濟聯繫外，私人也從事商品交易。並且，私人從事的商品貿易的活動有很多是大規模、遠距離的貿易活動。在居延漢簡中稱之為「為家私市」。

永始五年閏月己巳朔丙子北鄉嗇夫忠敢言之義成裏崔自當自
言為家私市居延謹案自當毋官獄徵事當得取傳謁移肩水金關居延
縣索關敢言之閏月丙子熊得丞彭移肩水金關居延縣索關書到如律
令掾晏令史建 （《居延漢簡釋文合校》15・19）

「為家私市」，就是為自家利益而從事的私人貿易。這條簡文是說，義成
里人崔自當，需要經過肩水金關到居延進行貿易，過肩水金關，說明他來自
樂得地區，距離居延路途十分遙遠，但還是不辭辛苦前往。

☑仁自言為家私市☑. （《居延漢簡釋文合校》29・6）

☑道鳴沙裏陵廣地為家私市張掖酒泉☑☑☑☑☑☑☑

☑門亭郭河津關毋苛止錄復傳敢言之

☑如律令／掾不害令史應四月甲戌入 （《居延漢簡釋文合校》
36・3）

☑與同裏張利中自言為家私市張掖酒泉☑☑持☑☑圍 （《居
延漢簡釋文合校》37・29）

☑為家私市酒泉持牛車二兩案毋☑☑ （《居延漢簡釋文合校》
403・12）

☑戌朔癸巳甲渠郭侯謹遣令史薛誼☑

☑張宗為家私市簇得唯府告 （《居延漢簡釋文合校》270・20）

☑為家私市張掖居延☑

☑月癸巳尉史宗敢言之 （《居延漢簡釋文合校》218・27）

上述簡文提到了張掖、酒泉、居延等地，這些地區是邊地貿易繁榮地區，吸
引很多人到此處進行販賣貿易。這些貿易雖然是民間的經濟往來，但顯然，
進行貿易的人在過關等方面需要通過官吏的批准，這就說明貿易的合法性。
而且對這幾條簡文進行分析，進行貿易的人有邊塞居民、商賈等。由此可見
漢代河西地區的商業貿易是相當活躍。而商業貿易的繁盛自然也促使私營運
輸業的發展。

在漢代，「僦人」是西北邊地直接從事運輸業以獲取「僦直」等經濟收入
的人。只有貿易往來的頻繁，才需要僦人專門從事運輸。《漢書・田延年傳》：
「初，大司農取民牛車二萬兩為就，載沙便橋下，送致方上，車直千錢。」這
裡是由大司農出面，應有徵募之意。但民牛車兩萬兩為僦，應包含了僦人在

其中。《漢書‧王莽傳》：「空貨皆重，則僦載煩費。」其中「僦費」就是雇傭運載之費。居延漢簡中記述「僦人」、「僦直」之事也比較具體：

　　（1）郡倉居攝三年正月癸卯轉雨入

　　　　居攝三年四月壬辰大煎

　　　　粟小石石六斗六斗六升大

　　　　都步昌侯史尹欽燧長張博受就人敦煌高昌滑護字君房　　（《敦煌漢簡釋文》282）

　　（2）入郡倉元年六月轉二雨

　　　　麥小石七十五石

　　　　居攝元年八月己未步昌侯長黨燧長尚受就人龍勒萬年裏□（《敦煌漢簡釋文》1234）

　　（3）出錢四千七百一十四賦就人表是萬歲裏吳成三兩半

　　　　巳入八十五石

　　　　少二石八斗三升　　（《居延漢簡釋文合校》505‧15）

　　（4）出錢千三百四十七賦就人會水宜祿裏蘭子房一兩　　（《居延漢簡釋文合校》506‧27）

　　（5）元延四年八月以來將轉守尉黃良所賦就人錢名　　（《居延漢簡釋文合校》506‧26）

　　（6）就人安故里譚昌　　（《居延漢簡釋文合校》214‧125）

　　（7）●凡五十八兩用錢七萬九千七百一十四錢不題就□（《居延漢簡釋文合校》505‧20）

　　（8）訾家安國裏王嚴車一兩九月戊辰載就人同裏時褒已到未言卿　　（《居延漢簡釋文合校》267‧16）

　　漢簡中有關僦人的簡文非常多。從上面幾簡中，發現官吏雇傭僦人從事運輸的事例很普遍。充當僦人的有民間的車父，如萬歲裏吳成、安故里譚昌，也有戍卒。簡文（8）說明居延地區的訾家雇傭僦人。居延的訾家，往往是官吏、地主及商人三位一體的人物。訾家雇傭僦人，其主要的就是從事運輸活動。僦人從事運輸活動，不論為官為私，在當時都已經成為一種很普遍的行業。居延運輸業的發達，也反應了市場與商業的繁盛。

　　漢代通關市後，漢代西北邊塞及長城防禦區成為重要的貿易地區，東西

方往來的商旅使團等絡繹不絕。此時，還有另一種身份的人群活躍在西北邊地——「客」。居延和敦煌漢簡中有關「客」的內容也很多「遠客」（2348A），「東方來客」，「有客從遠方來」等等。隨著社會的發展，秦漢魏晉時期，「客」的含義有所變化。「客」的身份、性質、階級屬性等問題也有諸多學者給予過探討〔註79〕。而本文中將要討論的是漢代邊地的「客」作為一個特殊群體出現，居延漢簡和敦煌出土的漢代簡牘資料中，可以發現「客」以及與「客」有關的記載，「客民」「客子」等等。關於「客民」，已有諸位學者對此進行過探討。《「粟君所責寇恩事」簡冊》中有「取客民寇恩為僦」的記載，蕭亢達先生曾根據此簡冊做出推斷，認為寇恩是從潁川昆陽遷至居延的。因此認為，「客民」是指從外地遷到居延地區的人戶。但，遷至居延後是否成為居延當地的編戶齊民就不一定了。但由「取客民寇恩為僦」可以推斷「客民」也從事商業活動。

在敦煌、居延漢簡中還有稱「客」者，一般是指外國使團成員，如以下簡文：「團長趙卿囡得侯史口所受官馬食二石七斗五月十日己卯盡己丑備客馬食少公」（《敦煌漢簡》1813）在西北地區出土的漢簡中，有些可以體現出「客」是經歷長途行程的中原人。「東方來客胡通到（2215）」；「旅聞盜事有凶事有客從遠方來有所得（1787）」等簡文中，可知從東方來邊地進行商貿往來，進行淘金的人絡繹不絕。

在敦煌、居延漢簡中，「客」以及與「客」有關的簡牘大量存在，我們無法盡知詳情，但這在一定程度上說明了漢代西北地區社會人員的流動性，甚至反映了當地的社會構成和文化面貌，《居延漢簡》中有：

第有丗客等四時如律令　（《居延漢簡釋文合校》16・3）

令史徐勝客始元六年五月乙卯除未得始元六年七月奉□□□
（《居延漢簡釋文合校》19・9）

□豫圖也重門擊柝以待暴客　（《居延漢簡釋文合校》395・10）

此外，在居延漢簡中還有「客吏民」、「客民卒」等稱謂，「客」的活動，涉及了多種經濟形式，並且成為西北邊地政府的管理的重要組成部分。作為西北邊地人口構成的特殊成分，尤其對當時居延地區的經濟產生了重要影響。

在傳世文獻中也有反映漢朝與少數民族匈奴進行民間經濟物資交流的史

〔註79〕高敏：《兩漢時期「客」和「賓客」的階級屬性》，載《秦漢史論集》，中州書畫社出版，1982 年。

料。「公元 84 年，『北單于乃遣大且渠伊莫訾王等，驅牛馬萬餘頭，來與漢賈客交易。』」〔註80〕中原居民從匈奴地區交換回數額巨大的牛馬牲畜、皮毛筋角等物資。當時，由於匈奴受到漢軍的攻擊，部分民眾已驅趕牲畜逃離而去，無論人口還是牲畜數量已大不如從前，如在這之前的公元 83 年已有「北匈奴三木樓訾大人稽留斯等，率三萬八千人、馬二萬匹、牛羊十餘萬，款五原塞降」〔註81〕等。可見，當時經雙方民間交換渠道進入中原的匈奴物資的數量必定遠大於此。

邊地的社會經濟生活因為民間貿易的繁榮而活躍起來，「為家私市」及大規模的經商活動，私人及官吏的商業貿易十分普遍，而且規模大、路途遠、跨越地區之間的貿易比比皆是。總之，經濟貿易的繁榮促進了邊地的穩定和發展。來往使節、商賈促進了中西文化交流，漢王朝對外輸出了豐富的物質產品的同時也將漢文化和政治制度播撒到西域諸國，擴大了國家影響力。這是商貿流通對政治、文化的又一貢獻。

〔註80〕《後漢書》卷八十九《南匈奴列傳》，北京：中華書局，1965 年，第 2950 頁。
〔註81〕《後漢書》卷八十九《南匈奴列傳》，北京：中華書局，1965 年，第 2950 頁

第五章　漢王朝的國防戰略與邊疆的隱患

漢代國防戰略文化的發展是社會歷史經驗的積累、國家價值觀念的認識，民族心理定位的共同作用形成的。漢代的國防戰略文化對治邊政策，邊防決策的制定和實施，具有主導性。是統治者執行國家意志的思想原則和指導方針。漢代的治邊決策和治邊思想對邊疆社會的影響是毋庸置疑的。但從亞洲內陸政權的角度出發，這些內陸政權又是如何與中原漢王朝進行政治，軍事互動，也是一個值得關注的命題。

第一節　漢代的邊疆戰略文化

我國地域遼闊、邊境線綿長，與多個不同意識形態、政治制度和文化特徵的民族政權毗鄰。作為一個悠久歷史的國家，中國有著特有的戰略偏好與對外行為模式。中國歷史和中華民族的民族觀所體現出來的精神特質影響著中國傳統戰略文化的發展導向。兩漢時期，是中國傳統戰略文化發展的重要階段。兩漢時期的戰略文化不僅繼承了先秦的和諧萬邦的思維，還在發展中產生變革，而在軍事戰略方面更是強調軍隊的威懾力多於破壞力、外交的安撫性多於強迫性。其中追求穩定、統一、和平、重防禦的理念逐漸豐富著中國傳統戰略文化的內涵和外延，使其成為一個穩定並具有開闊性的文化，進而為歷代所接納傳承。

一、形成的因素

一個民族，一種文明的戰略文化的形成，受到多方面因素的影響。

　　地理環境的影響。一個民族的形成和發展模式往往都是受其所處的自然地理條件所左右。生長在不同地理環境中的文明必然會產生不同的文化內涵，所處的地理環境也必然會對其戰略思想的形成產生深刻的影響，這種影響在生產力不發達的古代尤其突出，並能在這樣的環境因素影響下形成不同的戰略文化傳統。中國處於遼闊的亞洲大陸上，北面、西面既有崇山峻嶺也有戈壁荒漠，東、東南臨海是天然的屏障，中間的平原和丘陵地帶作為領土的中心，與四周的自然屏障形成了一個相對封閉且完整的地理單元，這個封閉且完整的獨立空間孕育了中華民族的物質文明和精神文明，也在無形中使古代中國人自認為「溥天之下，莫非王土；率土之濱，莫非王臣」〔註1〕，有限的地理知識和對自然環境的未知，使歷代統治者都將王朝的中心視為天下的中心，將王朝的統治視作對天下的統治。中國歷代封建王朝幾乎感受不到外部世界對中央王朝的安全威脅。被入侵以及失去土地的狀況僅限於中原不同政治體之間的權利鬥爭。即便與外族接觸，對於「天朝上國」的盲目自信，也促使歷朝形成「華夏文明至上」的觀念，視華夏以外諸族為夷狄，認為夷狄無論是在物質生產還是文化發展方面都處於「天下」的邊緣，是王朝的附庸。在這種地理環境下，中國人更熱衷於在內部互通有無，發展交往，遠離對外開拓中所面臨的地理障礙以及對位置領域的困擾。因此，中華民族更關注內部的變化，對外界的開拓不感興趣，中國所處的地理環境造就了中國傳統戰略文化的內向性和和平性。戰略文化所體現的也是內部資源的佔有，而非外部的擴張，這就是歷代帝國的大部分精力都用於維持國家內部秩序的協調和本民族的利益矛盾的主要原因之一。中國自成一體的地理結構有利於大一統的中央王朝的建立，因此，儘管歷史上時有短暫的分裂，最後都「九九歸一」復歸統一。也正是中國地理環境的封閉性，才使中國人認為的中國即為世界的構想成為可能。

　　生產生活方式的影響。遼闊富饒的土地是華夏民族產生的因素，以農為本的生產生活方式是華夏民族自然的選擇。中國大部分地處北溫帶的「文明走廊」，中華文明的發源地——黃河中下游流域和長江中下游流域以及整個東部均處於亞洲季風帶，雨量充沛，四季分明，適合農、林、牧、副、漁全面發展，受到自然條件相適應的生產力性質的制約，採取以勞動密集為特色的精

〔註1〕《史記》卷一百一十七《司馬相如列傳》，北京：中華書局，1959 年，第 3051 頁。

耕細作的經營方式，確立了小農經濟的主導地位，這一切使南北兩大農業經濟帶成為世界上少有的最適合人類居住的大面積地域之一。在農耕社會中，富饒的土地給人民帶來安定的生活和足夠的財富，自給自足的經濟形態使人民不想離開土地和生活已久的家園，對土地和家園的依賴，很難使一個民族產生對外擴張的欲望。這種生產生活方式和自己自足的經濟狀態下孕育了農耕人民含蓄勤勞、安分守己、與世無爭的傳統性格。農耕民族厭惡戰爭，因為戰爭意味著動亂，意味著顛沛流離、居無定所，這是農耕民族所不願意接受和經歷的。因此，農耕文明的戰略文化更傾向於用非暴力的方式解決爭端，「不戰而屈人之兵」被認為是發生戰爭後解決爭端的最高境界。即便是發生戰爭，多半也是解決內部紛爭，即便是對外戰爭，戰爭的最終目的也是為了保障農業生產的有序進行，人民生活的穩定。同時，在對外戰爭中，尋求民族融合、國家統一以及文化共享的可能性，農耕民族的包容性和與世無爭使戰略文化也就體現出了非暴力、追求和諧一統的民族穩定性。

對先民歷史經驗的總結和繼承。數千年來，遼闊的國土是華夏各族活動的舞臺。在「三代」之時由炎黃、東夷和南蠻三個民族集團融合而成的華夏族，經過生息和繁衍，到秦漢時期已經發展成為一個強大的農耕民族。對於歷代的統治者來說，中原地區一直是人口聚集地，是東亞大陸農業發展主產區，也是商貿和手工業發達的經濟核心區，同時，政治統治和文化科技的發展領先於周邊地區，因此，「中國」被想當然的看成世界的中心。「中國」以外的地區，則被視為未開化的夷狄之地，即華夏文明的邊陲。在一個以大一統為特徵的天下秩序中，民族自我中心意識曾是人類歷史早期普遍存在的文化現象。不過，在其他文明古國的自我中心意識逐漸淡化以至消失的同時，華夏族卻在與文明程度較低的夷狄的衝突和交往中，日益增強了自身的文化優越感，華夏中心意識成為一種普遍的社會心理。漢代的戰略文化正是在這種普遍的社會心理、文化思維中孕育生長。

二、漢代的治邊觀

漢代的治邊觀是在繼承先秦夏夷觀的基礎上，更多的提出了新的要求和變革。這些變革是經濟發展、社會政治變動的需要，也是思想文化提升的綜合作用力決定的，是儒家文化深入國家統治各個層面的反映，也是儒家文化作為邊防思想源流和原則的體現。

　　農耕民族的夏夷觀，指的是在諸夏和夷狄的關係中，當以諸夏為中心，因為夏代表著文明和先進，而夷狄分布在外圍，代表著野蠻和落後。「華夏中心」的觀念根深蒂固，這是華夏先民在相對封閉的地理環境中孕育出頗具優越感的「天下」情懷。中原王朝的夷夏觀這種中心—外圍式突出了中國居於天下之中樞、核心之地帶的優越感，以維護華夏民族在該等級秩序中的尊貴地位。

　　漢代的治邊實際上就是處理與周邊的民族問題。而「天下一統」觀所代表的以夏變夷是處理邊疆問題的指導思想。「天下」在這裡即是天子管轄的整個世界。因此，在中原王朝看來，政權的挑戰，並非來自荒蠻落後的「夷族」。對於一個頗具自信感的政權體系來說，不論在政治制度，還是思想文化方面的優越感，都使他對國家周邊蠻夷的存在，保持包容的態度。在一個以大一統為特徵的天下秩序中，統治者更注重的是王朝在時間意義上的延續與再生，而不是空間意義上的征服與擴張。而蠻荒的「四夷」若是被納入「天下一統」的華夏中心，也是先從思想文化的感染和延伸中，將大漢的「天下一統觀」發揚開去。為了實現「天下一統」，首先，要「守在四夷」，即通過「德化」的力量，使蠻夷仰慕漢王朝，從物質到文化向王朝靠攏。漢王朝強調天下一統，認為華夏文明對周邊蠻夷負有管理與教化的責任，自信於華夏文明的輻射能力以及被「四夷」接收的程度。其次，對於不得「教化」的少數民族，要「治夷」，即通過軍事行動在邊疆地區建立有效的邊防穩固統治，保持國家的安定。所謂「來則懲而御之，去則備而守之」〔註2〕，對於夷狄的侵擾要積極抵抗，夷狄撤退則積極防禦，以體現中原大國之泱泱氣度。所以羈縻之策盛行。

　　漢的天下一統觀是建立在儒家文化的基礎之上的。治邊強調的是以禮待人，以德服人，行安撫之禮，免刀兵之戰，所謂「不戰而屈人之兵」是邊防守禦的最高境界。這與漢代開始推崇的儒家思想所確立的以道德為中心的價值體系不謀而合。儒家思想以「仁」為最高原則，在治邊觀上表現為非暴力傾向，因此，關注內部秩序的協調，弱化對外擴張。儘管，在漢武帝時期，對外戰事頻繁，極具擴張性，但這種以攻為守，邊防帶前移的擴張，在某種程度上，是給國家的發展留有動態的活動空間。而且，其中漢武帝個人的政治情懷可能發揮了更大的作用，這不能完全代表國家的整體理念。並且，在他晚

〔註2〕《漢書》卷九十四《匈奴傳》，北京，中華書局，1962年，第3834頁。

年也發表了輪臺罪己詔來進行反思，將自己的政治理念又重新拉回儒家文化的道路上。

三、漢代戰略文化的內涵

戰略文化是一個民族或國家的戰略思想、戰略原則和戰略決策中所沉積的文化傳統、哲學思維和社會觀念，它是在一定的歷史和民族文化傳統的基礎上所形成的，是一種潛在意識和歷史文化情結的集中體現。簡單地說，戰略文化是那些對一個國家的戰略思維、戰略取向、戰略意圖等產生影響的深層次的文化因素。

漢代戰略文化繼承了中國傳統戰略文化「以和為貴」的內涵，恪守「柔道行之」的準則。大漢民族是一個熱愛和平的民族「和」為貴的戰略思維是儒家和道家思想的核心內容。即使在兵家著作中也強調了「和」為貴的思想，認為「百戰百勝，非善之善者也；不戰而屈人之兵，善之善者也」。「和」為貴是漢代社會歷史經驗的價值取向，也是民族特性所表現出的思維原則。這種原則促使「柔道行之」的戰略文化的形成。漢代以「柔道」治邊，主要實行羈縻政策，對各少數民族政權以招撫為主，打擊為輔；尊重當地的風俗人情，以夷治夷；在經濟上多加照拂，在文化上促進交流，最終目的就是希望在沒有戰爭的情況下，來化解政權之間的矛盾，維護國家的安定。

漢代戰略文化強調軍事戰爭的倫理道德。在這種倫理道德引導下，漢代戰略文化講究戰爭的正義性，戰爭形式為「義戰」，其核心是為了保國安民。認為正義戰爭得人心必勝，而非正義戰爭失人心必敗，這是戰略文化在心理層面的直接反映。戰爭的勝負不用軍事實力的強弱與否來定義，帶兵打仗追求的不是毀國滅族，而是國家的安定團結，故在正義之戰中，沒有領土擴張的野心，即便是軍事上很強大，但也不把發動戰爭看成是業績。儒家的道德與正義深深影響著漢代戰略文化的發展。而道家的「慎戰」思想對漢代戰略文化的影響也尤為重要，老子認為戰爭只有在迫不得已時才應該被提出來，想要真正擁有天下的人，反而不可輕易發動戰爭，從積累國家財富的角度來說，戰爭的破壞力強大，慎戰是避免失去這一切的明智選擇。

漢代戰略文化體現「天下一統」的戰略目標。經歷了春秋戰國多年的分裂之痛後，秦漢時期迎來了中國封建王朝大一統的國家局面。歷史上的戰爭大多驗證了中國傳統戰略文化的「大一統」精神，多以保持「統一」作為戰略

目標，漢代戰略文化也繼承了這一優秀的戰略目標，無論是防禦邊患，還是打擊蠻夷侵擾，都是圍繞著「統一」的思想進行的。內斂的戰略思維進而造就了漢代戰略文化目標定位上重視「大一統」，並且從不借助「統一」的名義實施對外掠奪和擴張。自秦漢統一的王朝出現後，邊疆防禦以「守」為主，漢王朝繼承了這一戰略思想，致力於維持內部秩序，於邊疆修塞，屯戍防守，將國家政權的「大一統」和「華夷一體」相結合，漢代戰略文化走的也是一條內向性的發展道路。這可以被看做是維護統一多民族國家的團結、安定、促進各民族共同進步的愛國情懷。這種文化特質是一個民族與文明的歷史經驗、民族特性、價值追求以及文化心理共同作用形成的。漢代的戰略文化，是中國傳統戰略文化中重要的發展階段。

第二節　兩漢王朝與游牧民族政權的互動

漢王朝的邊疆地帶設置邊防，將亞洲內陸的各政權「防」於邊防帶以外，這一邊防帶，也成為各少數民族政權被動劃分界線。這個相對模糊的邊防帶以及周邊形成的邊疆社會，是一個文化交流與衝突的現場和試驗田。是游牧文化與農耕文化碰撞與融合的前沿陣地。

一、游牧文明與農耕文明的衝突

游牧文明和農耕文明是人類發展史上兩種文明類型。中國處於亞歐大陸的東端，幅員遼闊，生態環境多樣性，地貌複雜。在核心的中原大陸，有廣袤的土地，綿長的河流，農耕文明佔據了主導地位。而在中國的西部以及中亞地區，則是由游牧文明佔據主導地位。由於當時生產力水平低下，自然條件的侷限，人類跨越空間阻隔進行廣泛交往的能力極其有限，即便在不同地區產生了不同的文化，整個世界呈現了文化的多元性，但始終缺乏交流與共享。到秦漢時期，西部與北部的游牧民族經過多年的繁衍生息崛起並迅速強大起來。北方的匈奴族在冒頓的帶領下實現了塞北的統一。這在中國歷史上具有異常深遠的意義，它使中國大地出現了兩個長期對峙的政權組織，即「南有大漢，北有強胡」。兩個政權代表著兩種不同的文明形態。

這一時期的農耕文明與游牧文明，在物質資料、生產技術上存在著相互依存、相互補充的關係，而在土地資源、以及價值觀念等方面卻也存在著衝突與對立。文明間的相互依存往往通過民族間的征服與掠奪得到體現，文明

間的衝突往往也是通過軍事攻伐得到解決。

對於游牧民族來說，物質資料和生產技術並不能通過自給自足的方式獲得。因為（游牧民族的環境和經濟特點決定的）游牧民族主要從事於畜牧業，長期過著「逐水草而遷徙，無城郭常居耕田之業，然亦各有分地。」〔註3〕的游牧生活，這就使他們的經濟生活受著自然地理環境，氣候條件的嚴重制約。他們的主要食物都是獵物，或畜牧的牛馬羊等，這些畜牧產品不如糧食穀物易於保存，所以游牧民族往往缺乏農耕民族那種頑強的抗災能力，當災荒發生，飢餓、死亡便接踵而至，經濟文化均面臨著崩潰的危機。除此之外，對於游牧民族來說，單純的依靠遷徙放牧並不能滿足因人口增加而不斷擴大的對生活資料的需求，於是糧食、布帛等農產品，銅、鐵等金屬器物的物質資料需求需要外界的必要補充，而這只能從中原農耕文明中獲得，游牧民族對農耕民族具有一定的物質依賴性。而農耕民族由於其自給自足的自然經濟，基本上沒有形成對畜產品的消費市場，農耕民族對游牧民族的需求則較少。游牧文明對農業文明的衝擊，不斷地喚醒農耕民族日漸消沉的鬥志。當農耕民族在豐沃大地的滋養下安土樂天，沉緬於豐衣足食的安逸時，游牧民族的侵擾使得他們不得不拿起武器自衛。縱觀兩漢四百餘年間，與游牧政權之間的戰爭可以用不計其數來形容。多數都是由游牧民族的掠奪行為引起的，是邊疆社會常常發生的事件。

土地資源對於農耕民族與游牧民族的意義完全不同。農耕民族對於土地具有深刻而執著的感情，這是由農業生產的地域固定性決定的。這種感情創造了代代傳承、家族為本的社會延續性，也是血緣與地緣的紐帶，是農民對家鄉眷戀的深刻體現。土地不僅是經濟生活的需要，而且也是情感歸屬的場所，土地價值中凝結了農耕民族對財產的理解和對家庭的責任感。而游牧民族的掠奪行徑，破壞了農耕社會的穩定和生產，破壞了農耕民族所慣有的對「財產」和「家鄉」的擁有感。這一矛盾必然引起衝突和戰爭。游牧民族對土地沒有感情，他們更重視自然界的事物，視天為父，大地為母，水為血液，草木為神靈，而對土地的認識卻相對很淡漠。久遠漫長的游牧生活使他們失去了土地私有的觀念，他們不在乎「擁有」土地，而更在乎誰能適時「使用」土地資源。這種對土地的「使用」性爭奪，不僅是游牧部落內部的衝突點，也是游牧民族與其他民族政權之間的衝突之處。

〔註3〕《漢書》卷九十四《匈奴傳》，北京：中華書局，1962年，第3743頁。

農耕文化與游牧文化對草原精神的理解也大相徑庭。草原對於農耕民族來說，就是新的遷徙地，是安生立命的場所，不管草原象徵著什麼具有什麼精神價值，在他們看來，就是一片即將按照中原農耕社會的規則進行開闢的土地。居住在草原附近也只是為了滿足自己的生存需要，草原對於農耕民族並沒有精神價值。因此，開墾草原，種植穀物，按照農耕田園的樣式，坏土壘牆，在草原上建立自己新的農耕文明的社會秩序是順理成章的事情，是農耕生產方式利用自然、改造自然的普遍表現。而游牧民族則完全相反，他們世代繁衍生息於遼闊的草原，草原是他們精神生活的重要組成部分，是游牧民族取之不盡的精神資源，文學、音樂、舞蹈都是草原賦予的靈感，文化是草原輪廓的象徵意義。因此，游牧文明包含著豐富的人與自然和諧相處的特徵。游牧生產方式是自然對人的要求和人順應自然的選擇：選擇適當的畜群、畜種；選擇適宜於不同季節、不同畜群畜種的放牧地點；選擇與不斷遷徙相適應的生存設備和生活用品；選擇能夠抗禦自然災害的社會互助合作組織；選擇愛草場如生命的行為習慣。從而形成了特有的超脫豁達的生態哲學。這種生產方式是游民牧民族適應自然的產物，而不是改造自然的產物。

對待草原不同的精神領悟和態度，是不同文明之間差異的體現。無論是游牧民族對耕地的破壞，還是農耕民族對草原的改造，都違背了各自的意願，造成了雙方的損失，這樣的矛盾所引發的戰爭與衝突，在當時是無法避免的。而隨著漢武帝對周邊游牧民族的征伐戰爭，中原農耕文化向周邊其他民族擴散。在此後漫長的歷史歲月中，農耕文化與游牧文化的碰撞慢慢地改變著中國大地上的文化格局。

二、游牧民族與農耕民族的互動和交流

農耕民族與游牧民族的關係雖然常常表現出兩者之間的矛盾，但是，兩者之間也存在著相互交流的互動關係。

漢代邊疆各地少數民族在長期的戰爭、遷徙當中彼此關係日趨密切，邊疆地區形成了各民族交錯雜居的局面，民族遷徙是影響民族間交流與融合的一個重要因素。民族的遷徙是一個異常複雜的動態演變過程。從國家政治角度分析，秦漢移民戍邊，即是將中原漢族遷往邊地，而南匈奴歸漢，則是匈奴族整體南遷的政治表現之一。從客觀因素分析，戰爭和各種社會問題、自然因素等的影響，也致使各民族間的遷徙、匯聚、分解、融合時有發生。《史

記‧正義》注引《博物志》云：「北有胡苑之塞。按：『上郡、北地（安定）之北，與胡接，可以牧羊禽獸，又多致胡馬，故謂胡苑之利也』」〔註4〕。可見，在邊郡地區，民眾的生活習慣也因遷徙而發生變化，即使是漢王朝屬地也多有牧羊養馬的游牧生活。

　　早在西漢時期，張騫通西域打通了中原與新疆經濟往來的渠道，中原的漢族與少數民族友好的物質交換日益頻繁。在馳名中外的絲綢之路上，中原地區的大批茶葉、瓷器、絲綢、藥材、顏料等運往西域，對於匈奴民族來說，他們更感興趣的是中原地區的農業手工業產品。根據考古發掘，現今發現的匈奴墓葬裏，都曾出土了大量的中原物品，包括陶鬲、絲綢、漆器、銅鏡上都印刻鑄繡有漢字或鳳凰孔雀圖案的物品等等，漠北匈奴地區甚至築有漢式「宮殿」〔註5〕。大量的出土文物資料證明，當時進入匈奴地區的中原物資，數量及種類都非常龐大。與此相應，中原居民也曾經從匈奴地區交換回數額巨大的牛馬牲畜、皮毛筋角。而從西域得到珍貴的動物及皮革、棉花、胡麻、瓜果、苜蓿、芝麻等產物。從經濟物資方面來說，游牧民族與農耕民族存在著相互補充互相依賴的關係。在邊塞內外奔波的各類胡商販客們的往來活動，不僅實現了匈漢雙方彼此之間的經濟補充，也維繫了互相兩者之間的經濟依賴。正是互為牽扯和補充的被迫式地依賴形式，才能在漫漫歷史長河中，一直強勁有力地維繫著中華各族多元文化體系的運作。經濟物資的輸入，必然會帶入物資產地的文化風俗。隨著頻繁的經濟物資交換流動而頻繁地互相碰撞互相融合，演繹著中華各族漸趨一統的歷史規律，也將兩地的絕大多數普通民眾緊密地聯結起來，構成了中華民族多元一體文化的重要組成部分。

　　由此可見兩漢時期民族間的碰撞與交流，主要表現為國內漢族與少數民族，草原游牧文化與中原農耕文化的對峙與融合。這中間既有思想文化觀念上的衝突與磨合，也有物質文化形態上的彼此滲透與相互影響。

第三節　邊防體系的危機

　　漢代的邊防體系為後世各朝代的邊防體系建立奠定了深厚的基礎。但是，

〔註4〕《史記》卷五十五《留侯世家》，北京：中華書局，1959年，第2044頁。
〔註5〕周連寬：《蘇聯南西伯利亞所發現的中國式宮殿遺址》，《考古學報》，1956年第4期。

漢代的邊防體系也存在著某些缺陷和隱患。邊防作為國家統治機器的組成部分，在政治、經濟的多重影響下，不可避免的也同王朝的繁榮衰亡同榮辱共進退。

一、邊地不實之禍

邊疆地帶，本就是自然條件惡劣，人口稀少，遠離政治、經濟中心的貧瘠之地。漢王朝為了維護在邊疆的統治所建立的邊防體系需要一系列的支撐，其中，將邊地改造為可以實現邊防體系運作的環境尤為重要，因此，徙民實邊被提上日程。西漢武帝時期，曾在十七年間進行了六次大規模的徙民實邊。大批的民眾或被安排到新設置的邊郡或被充實到舊有的邊郡地區。如元朔二年（前 127 年）「募民徙朔方十萬口」〔註6〕。元狩二年（前 121 年）「徙關東貧民所奪匈奴河南地新秦中以實之」〔註7〕。元鼎六年（前 111 年）「分武威、酒泉地置張掖、敦煌郡，徙民以實之」〔註8〕。《漢書・地理志》云：「定襄、雲中、五原。本戎狄之地，頗有趙、齊、衛、楚之徒」；「（河西四郡）其民或以關東下貧，或以抱怨過當，或以悖逆亡道，家屬徙焉」〔註9〕。徙民實邊雖然增加了邊地農耕人口，但對於荒涼的邊疆，解決大量駐軍的口糧還是杯水車薪，於是，軍事屯田也開始施行。在新開拓的河西走廊、漠南地區，「漢度河自朔方以西至令居，往往通渠，置田官吏卒五六萬人，稍蠶食，地接匈奴以北」。〔註10〕軍屯遍及西北各郡，北有朔方、五原、北地，西有河西四郡，西域軍屯分布於輪臺、渠犁、伊循、車師等地，河湟與隴西也有部分軍屯。軍事屯田取得了「內有亡費之利，外有守禦之備」〔註11〕的功效。

然而，朝代更替的動亂打破了政府邊疆政策的連續性，充實邊疆的做法在西漢後期被擱淺。東漢王朝建立之初，由於政治中心的東移，對於西北邊境地區的軍事投入逐漸減少東漢王朝甚至有放棄西北邊疆的意願。受此影響，東漢內徙邊民較為頻繁。如建武十年（公元 34 年）「省定襄郡，徙其民於西河」〔註12〕。建武十五年（公元 39 年）「徙雁門、代郡、上谷三郡民，置常

〔註6〕《漢書》卷六《武帝紀》，北京：中華書局，1962 年，第 170 頁。
〔註7〕《漢書》卷九十四上《匈奴傳》，北京：中華書局，1962 年，第 3769 頁。
〔註8〕《漢書》卷六《武帝紀》，北京：中華書局，1962 年，第 189 頁。
〔註9〕《漢書》卷二十八下《地理志》，北京：中華書局，1962 年，第 1645 頁。
〔註10〕《史記》卷一百十《匈奴列傳》，北京：中華書局，1959 年，第 2911 頁。
〔註11〕《漢書》卷六十九《趙充國傳》，北京：中華書局，1962 年，第 2991 頁。
〔註12〕《後漢書》卷一《光武帝紀》，北京：中華書局，1965 年，第 57 頁。

山關、居庸關以東」〔註13〕。建武二十年（公元 44 年），「省五原郡，徙其吏人置河東」〔註14〕。永初五年（公元 118 年），河內「隴西徙襄武，安定徙美陽，北地徙池陽，上郡徙衙」〔註15〕。永和五年（公元 140 年）：「徙西河治離石，上郡治夏陽，朔方治五原」〔註16〕。永和六年（公元 141 年）「徙安定居扶風，北地居馮翊」〔註17〕。一百多年間，內徙邊民規模巨大，使北部邊郡顯得格外蕭條，邊郡人口銳減。東漢邊境實際控制線逐年縮水，屯田區開始荒蕪，常設的屯田機構被廢。邊地不實，加劇了邊地的動盪。這與當時東漢保守消極的邊防政策有關，也與前期奉行休養生息的國家政治策略有關。

　　伴隨著徙民於內郡，則是少數民族大量入居塞內。《後漢書·南匈奴列傳》記載了建武十三年（公元 37 年）「匈奴左部遂復轉居塞內」；建武二十四年（公元 48 年）南匈奴內附，「南單于既居西河，亦列置諸部王，助為捍戍，」北匈奴「款五原塞降」，後來又戰事不斷，而「詣雲中、五原、朔方、北地降者」，遂「以分處北邊諸郡」，〔註18〕此外，「又有竄逃入塞者絡繹不絕」，〔註19〕而烏桓、鮮卑等也相繼入塞，起聚於邊郡。少數民族入居邊郡給東漢王朝增加了負擔。漢王朝需要騰挪出地方為少數民族的內遷做相應安排，如比郡屬國的相繼設立。原來歸屬中央政府的宜牧區，需要給予內遷的少數民族牧養馬匹，而漢王朝逐漸放棄了北部邊郡的苑馬牧養。這對軍隊作戰馬匹的供給產生了嚴重的影響，「詔有司省減內外廐及涼州諸苑馬」〔註20〕。內徙的少數民族名義上歸附漢廷，實際上更多的是為了汲取漢王朝的歸附賞賜。《後漢書·袁安列傳》載袁安言：「且漢故事，供給南單于費直歲一億九十餘萬，西域歲七千四百八十萬」，〔註21〕《後漢書·烏桓鮮卑列傳》也載：「於是鮮卑大人皆來歸附，並詣遼東受賞賜，青徐二州給錢歲二億七千萬為常」〔註22〕，東漢每年耗鉅資供養入居塞內的少數民族，而政府開始負擔不起對少數民族部

〔註13〕　《後漢書》卷一《光武帝紀》，北京：中華書局，1965 年，第 64 頁。
〔註14〕　《後漢書》卷一《光武帝紀》，北京：中華書局，1965 年，第 73 頁。
〔註15〕　《後漢書》卷五《安帝紀》，北京：中華書局，1965 年，第 216 頁。
〔註16〕　《後漢書》卷六《順帝紀》，北京：中華書局，1965 年，第 270 頁。
〔註17〕　《後漢書》卷六《順帝紀》，北京：中華書局，1965 年，第 271 頁。
〔註18〕　《後漢書》卷八十九《南匈奴列傳》，北京：中華書局，1965 年，第 2956 頁。
〔註19〕　《後漢書》卷八十九《南匈奴列傳》，北京：中華書局，1965 年，第 2957 頁。
〔註20〕　《後漢書》卷四《和帝紀》，北京：中華書局，1965 年，第 175 頁。
〔註21〕　《後漢書》卷四十五《袁安列傳》，北京：中華書局，1965 年，第 1521 頁。
〔註22〕　《後漢書》卷九十《烏桓鮮卑列傳》，北京：中華書局，1965 年，第 2986 頁。

族供養的情況時有發生，邊地矛盾開始擴大化。

在東漢邊民內徙，而少數民族也隨之內徙的過程中，邊防體系的一些組織結構開始變形，後勤供給的不充沛，防禦設施的廢棄和重建的困難，這些在一定程度上使邊郡失去了支撐軍事屯駐的能力。一旦爆發戰爭，漢軍「馳騁東西，奔救首尾，搖動數州之境，日耗千金之資」。〔註23〕增加了政府財政的軍費負擔。為了解決邊防費用，政府不得不「今復募發百姓，調取穀帛」〔註24〕或「常減公卿奉祿，假王侯租賦」〔註25〕，或「畝斂十錢」加重剝削，使東漢財政陷入嚴重危機。經濟危機又加重了國家的積貧積弱，這種惡性循環一時無法解決，逐漸激化了階級矛盾，農民揭竿而起。東漢政府的軍事力量屢弱，只得依靠經過累年經營發展而壯大起來的軍事集團，擁有實際軍事力量的州牧刺史、豪強地主利用鎮壓動亂的時機割據地方，東漢名存實亡。

二、邊疆勢力膨脹割據

漢代邊防體系在邊疆地區的平穩運作，不僅保障了邊疆的安定，也是國內局勢穩定的標誌。但是，邊疆經過長期的發展，邊疆勢力日益膨脹，由於邊地情勢複雜為本就動盪的漢王朝後期中央政治格局埋下了隱患。

西漢末年中央政治動盪不安，擁有土地的大多數是從事商業和高利貸活動的地主，他們採用莊園的經營模式，集多種產業發展於一身，經濟實力雄厚，為了保護財產更是豢養「部曲」或「家兵」〔註26〕，這樣武裝完備的地主集團逐漸成為當地的豪強勢力。到了西漢末期，很多豪強地主趁勢擁兵自立，以田莊塢壁為基礎工事，雄霸一方。而王莽的改制並沒有解決社會矛盾，反而激發了統治階級上層豪強地主的種種怨懟，基於自身經濟和政治利益的考慮，豪強地主階層利用手中的軍事力量進行割據一方、稱王稱霸的活動。在邊疆，割據勢力更為猖獗，。朝廷力量衰落下來，像邊郡太守、屬國都尉等握有重兵的邊地軍政首領，很容易形成地方割據，直接威脅中央政權。

如天水隗囂集團，主要借用西羌之力，「將軍（隗囂）據七郡之地，擁羌

〔註23〕《後漢書》卷八十七《西羌傳》，北京：中華書局，1965年，第2900頁。
〔註24〕《後漢書》卷五十一《龐參列傳》，北京：中華書局，1965年，第1688頁。
〔註25〕《後漢書》卷三十八《馮緄列傳》，北京：中華書局，1965年，第1283頁。
〔註26〕崔寔著，繆啟愉輯釋：《四民月令輯釋》，北京：農業出版社，1981年，第38頁。

胡之眾」，〔註27〕隗囂在隴右實力雄厚，不易被制服。後在竇融的配合下，劉秀親征才打敗隗囂，雖然隗氏勢力瓦解，但曾經被隗囂扶持而強大起來的西羌，並不屈服於東漢的征討，此後在反覆的羌漢對戰中東漢消耗了大量的人力物力，卻始終沒有制服西羌。終東漢一朝，羌亂之事也沒有得到圓滿解決，為整個東漢邊疆安定埋下了隱患。

而河西的竇融集團也頗具代表性。史載：

> 融見更始新立，東方尚擾，不欲出關，而高祖父嘗為張掖太守，從祖父為護羌校尉，從弟亦為武威太守，累世在河西，知其土俗，獨謂兄弟曰：『天下安危未可知，河西殷富，帶河為固，張掖屬國精兵萬騎，一旦緩急，杜絕河津，足以自守，此遺種處也。』兄弟皆然之。融於是日往守萌，辭讓鉅鹿，圖出河西。萌為言更始，乃得為張掖屬國都尉」。〔註28〕

融累世在河西，從高祖父至弟皆為河西等邊郡的長官，深知土俗民情。利用邊地的優越條件，在更始之時，融主動要求張掖屬國都尉一職，並由此被推薦為河西五郡大將軍。身處要職，獨霸一方。融在光武帝時才權衡利弊做出降漢的決定，上繳了「涼州牧、張掖屬國都尉、安平侯」三印綬，以示解除了涼州牧和屬國都尉的兵權。而三水盧芳則打著「皇族」和恢復漢室的旗號，號召三水地區的屬國羌胡部落與其一同討伐王莽，並割據安定地區，後來得到匈奴單于的支持，立其為「漢帝」，都九原縣，「與胡通兵，侵苦北邊」。〔註29〕建武十二年，盧芳才被東漢擊敗。

時至東漢末年，一些壯大了的豪強、軍閥將「義從」或屬國兵據為己有，進行割據的情況更為突出。其中以董卓最為典型。董卓是隴西臨洮人，地處涼州。曾「為州兵馬掾，常徼守塞下」〔註30〕，當時有很多湟中義從及秦胡來投靠他，董卓依靠這些人才在涼州地區初步建立了自己的勢力。隨後又在邊疆擔任了一系列的官職，如軍司馬、蜀郡北部尉、西域戊己校尉等。因為涼州勢力的雄厚，中平六年（公元 189 年），「徵卓為少府，不肯就」〔註31〕，涼州是董卓的勢力範圍和根基。最終他憑藉這股涼州的勢力入主中原，控制

〔註27〕《後漢書》卷卷三十六《鄭興傳》，北京：中華書局，1965 年，第 1220 頁。
〔註28〕《後漢書》卷二三《竇融傳》，北京：中華書局，1965 年，第 796 頁。
〔註29〕《後漢書》卷十二《盧芳》，北京：中華書局，1965 年，第 506 頁。
〔註30〕《後漢書》卷七十二《董卓列傳》，北京：中華書局，1965 年，第 2319 頁。
〔註31〕《後漢書》卷七十二《董卓傳》，北京：中華書局，1965 年，第 2322 頁。

了東漢政權。三國時期的公孫度也是借著殺害遼東屬國長官，奪其兵權才取得遼東地區的控制權，「所夷滅百餘家，郡中震栗。東伐高句驪，西擊烏丸，威行海外」〔註32〕。可見，擁屬國兵而自立之人不在少數。邊疆勢力的迅速崛起，成為王朝危機的重要根源，而完整有序的國家邊防在權利爭奪中逐漸瓦解。

三、中央對邊地的失控危機

邊地割據勢力壯大，顯然是中央對地方失控引起的。漢王朝本意在邊疆地區設置邊防體系以防禦外敵進攻，穩定國內局勢。而日益壯大的邊防力量，一旦脫離中央的掌控，就成為中央的不安因素。

與西漢相比，東漢的邊地豪強地主發展更為壯大。東漢初年，為了緩和尖銳的階級矛盾，光武帝施行了一系列穩定社會、休養生息的政策，如恢復三十稅一，釋放奴婢等等，但嚴重的土地兼併和莊園經濟的發展並沒有得到抑制，豪強地主對社會政治經濟產生更為深遠的影響。大土地所有制下的田莊經濟仍然在如火如荼的發展，農民失去土地不得不投靠莊園主，如此惡性循環，東漢政權逐漸失去對社會經濟的控制能力。國家的現實情況是老百姓日益貧困，成為衣食無著的流民；國家財政捉襟見肘，而土地卻高度集中在少數官僚地主集團的手中。如桓帝永興元年（153 年），發生自然災害後，政府無財力拯救民眾於水火，「百姓饑窮，流冗道路，至有數十萬戶，冀州尤甚」〔註33〕。豪強地主不僅佔有大量的田地，還蓄養大量的奴婢即社會勞動力。長此以往，國家缺少繳納賦稅的人口，財政收入受到嚴重影響，而豪強地主卻在自己自足的農莊經濟中收穫土地和人口。這在很大程度上破壞了專制主義中央集權制國家的經濟命脈，對其構成了致命的威脅和打擊。國家財政收入的銳減，影響到邊防的基本保障，進而使中央對地方掌控的更加無力。東漢中葉以後，政府的虛弱無力，使豪強地主階層也不得不自己保護自己，防止農民起義對自己經濟利益的損害，於是私家軍隊的豢養，武器的製造和防禦工事的修建都成為豪強地主維護莊園所採取的措施。豪強地主的田莊儼然成為一個獨立性很強的小王國。豪強地主勢力的膨脹威脅著國家的大一統局面，但漢王朝卻對此無能為力。

〔註32〕《三國志》卷六《魏書·公孫度傳》，北京：中華書局，1971 年，第 252 頁。
〔註33〕《後漢書》卷七《孝桓帝紀》，北京：中華書局，1965 年，第 298 頁。

東漢末期進行的職官改革，也引發了中央在邊疆地帶的大權旁落。漢光武帝時將國家的行政區劃分為十三個部，後撤銷朔方刺史部，改十三州為十二州。每州設刺史或州牧一人，主要是為了巡察郡縣、督查官吏、糾舉不法。東漢靈帝中平五年，針對國內的動亂局面，地方統治迫切需要加強，根據太常劉焉的建議選朝廷重臣出任州牧，位在郡守之上，成為常設的一方軍政長官。州成為真正意義上的行政區。這樣的設置實際上是改變了刺史或州牧的職能，從最初的監察官轉變為一方軍政要員，出任州牧多數為豪門大族成員，在對付勢如卷席的農民起義的同時，各派豪強也沒有忘記開始瓜分地盤。州牧或刺史本來是為了控制地方上原有的軍事勢力和打擊農民起義的，但在發展中本身也成了割據一方的武裝力量。在皇權衰微、中央無力控制地方的情況下，累世為州牧的軍閥集團使正常的國家基層政權解體。

劉秀在東漢初年進行了大刀闊斧的軍事改革，客觀上削弱了邊防實力。首先就是罷省兵員，在廢除都尉後又「省關都尉」，即將各地駐守關卡的兵員予以撤銷。又「罷諸邊郡亭候吏卒」。這一系列的措施雖然減輕農民的兵役負擔，但在一定程度上減弱了戰略後備力量，邊防軍消弱，兵員不繼。邊郡有事臨時徵發的情況常常發生。調兵遠赴萬里，困難諸多，不能適應急戰之需。為了彌補邊防力量的不足，東漢王朝在邊郡則多利用馳刑徒、屬國兵守邊，並大量的採取募兵的形式來補充兵員。在東漢後期，中央對募兵失控致使一些地方長官任意招募「夷兵」、「賓客」、「義從」等，擴充武裝力量，形成地方割據，直接威脅中央政權。東漢建國後，由於偃武修文實行以「柔道」治國的方針，依靠少數民族兵和邊境屯駐營兵來防守邊疆。整體邊防實力薄弱，難於適應遼闊邊防戰線的需要。因此東漢羌禍連連，不得不依靠中央軍來應付。軍隊實力不強，長期處於被動挨打的局面。與西漢相比，外患嚴重，雖戰事不斷，卻沒有從根本上減輕邊患。

東漢中後期政治的腐敗也加速了中央對邊地的失控。東漢自和帝以後，登基的多是幼主，太后臨朝聽政的最大弊端就是借助母家勢力處理朝政，外戚長期把持朝政，待皇帝成年後則只能依靠身邊的宦官重奪政權，於是外戚干政、宦官掌權的政治爭奪戰屢屢上演，朝野政治鬥爭激烈，國家政治日益混亂。政治的腐敗，進一步加深了中央的衰落，更沒有能力和實力去控制邊疆，整頓邊防。邊防在內憂外患中敗落，僅有的邊防力量也被割據勢力所利用，不僅失去了邊防的能力，甚至成為國內動亂的有生力量。

　　總之，邊防體系的崩潰危機與漢代國內政治、經濟的動盪以及國家政策的改變存在著緊密的聯繫。內憂加外患的局勢，使漢代的邊防體系動搖。中央對邊地的失控，成為邊防崩塌的罪魁禍首。

結　語

　　漢代的邊防，從軍事領導、軍事力量構成，邊防工程設施建設，邊防管理的各項職責等幾方面逐漸形成完整的體系。漢代的邊疆防禦體系，是兩漢王朝國家統治的重要軍事保障，具有明顯的時代特徵。漢代的邊防在整個漢王朝的發展脈絡裏具有重要的意義和價值，對後世有著深遠的啟示。

一

　　邊防體系建立過程中對漢代政治制度影響深遠。邊防不僅是涉及軍事領域，更是國家政治制度在邊疆的具體體現。漢朝在建設邊防的實踐過程中，促進了國家政治制度的完善，達到穩定國體的目的。事實上，漢代邊防鞏固的是專制主義中央集權制，其表現有如下幾方面：

　　首先，漢王朝以郡縣制度加強了對邊疆的統治力度。漢王朝繼承了秦的疆域，建立了一個東抵黃海、東海朝鮮半島中北部，北逾陰山，西到中亞，西南到高黎貢山、哀牢山，南到越南中部和南海的農耕型專制主義中央集權制國家。漢代針對遼闊的疆域進行行政區劃的建置與改革，確立和完善了郡縣制度，並將郡縣制度推廣到邊疆地區。在北疆、東北疆、西南地區以及南部邊疆地區設立了諸多郡縣。這些郡縣是邊防上最有力的行政區劃組織，是漢代中央對邊疆地區統治管理的有效手段，即起到了鞏固邊防的作用也完成了對中央集權制的強化。為了有效的監督地方，西漢時以州牧或刺史巡行監察各州郡縣。到漢靈帝時期，由於黃巾起義的打擊，變刺史為州牧，位在郡守之上，掌管一州軍政大權，州也是在此時變為行政區。東漢末年，各州或置牧、或置刺史，以任職者資望輕重來定。這次改革為以後各派豪強尤其是邊

疆軍閥勢力割據紛爭埋下了隱患。刺史制度所帶來的地方豪強擁兵自重的後果，攪亂了邊疆的穩定，也危及到東漢政權。原本強化中央集權的國家制度，恰恰成為地方割據分裂的罪魁禍首。

其次，邊防官吏的設立，職官制度的更新以及吸收借鑒少數民族的職官設立形式是漢代國家行政制度的發展和進步。針對邊疆某些不便納入郡縣管理範圍的事務，則設立了一些專門機構和職官來管理。諸如管理東北邊疆的烏桓、鮮卑等民族的護烏桓校尉、度遼將軍；主管北疆地區匈奴的使匈奴中郎將；掌管西部羌族的護羌校尉；管理屬國的屬國都尉以及處理西域事務的西域都護等。這些是漢王朝派駐邊疆地區的高級長官，由中央任命，對皇權負責，也是邊疆的防衛長官，既理民政，管理少數民族的安撫、賞賜、管理、互市貿易以及朝見天子、納貢等有關事務，是中央深入邊疆的觸手；也理軍政，管理戍守的軍隊、屯田的士卒，負責維護邊疆地區的穩定。在邊疆少數民族歸附地區，漢王朝保留少數民族職官直接管理，「故俗而治」的形式，順應少數民族當地的情勢，提高行政效率。

不論是中央直接任命的邊防長官也好，還是基層少數民族職官形式也罷，邊防官吏之間並不是孤立，各自為政的。在同一區域內，邊防各級官員職責明確，分工合作，上下統屬自成體系，在守禦方面，從基層的烽燧亭障到治所要塞，從戍卒到太守、校尉，層級劃分明瞭，任務分工清晰。尤其在面對同一民族的襲擾，邊防的候望系統，作戰系統，城防警衛系統雖然各自獨立，但又在獨立的基礎上有所關聯，邊郡領導體系與專職校尉或中郎將之間是相互配合的關係。並且，在地方形成了幾個權力機構，即可協同聯合又可相互牽制，使每個部分都對漢廷皇權負責。然而，在某些形勢利導的情況下，往往出現幾個高層職位不得不由一人擔任，這就不可避免的形成一人獨攬邊防大權的局面。儘管如此，漢廷設置這些官員的基本原則仍然是根據邊防的形勢需要以及邊疆民族關係發展的實踐總結出來的。因此這是邊防體系自我完善的過程也是完善漢廷職官制度的過程。

第三，邊防體系的建立使邊疆社會諸多方面從鬆散的管理過渡到有制度的約束和規範。因為邊防除負責邊疆的軍事也涉及到邊疆事務的各個層面，因此在邊郡的管理方面依然表現為軍政合一的色彩。邊疆地區行政事務都由邊防體系所負責，諸如邊疆日常行政事務的打理，經濟的開發、商品的互市、外交事務的管理、社會治安的維護等等。從日常管理上將建立的邊防體系守

護起來，同時促進了邊防地區的社會有序發展，反過來維護邊防。軍政合一本來是不利於中央集權，但邊疆社會的特殊性，各種游離的因素使邊疆必須有一個強有力的權力核心來集中管理各項事務，整合資源和團結力量，也就是說漢代邊疆的政權結構也是專制集權型的。《馬恩選集》第 2 卷曾說「就像皇帝通常被尊為全國的君父一樣，皇帝的每一個官吏也都在他所管轄的地區內被看做是這種父權的代表」〔註1〕。邊地的長官郡守被認作「父母官」，他們在自己所統轄的地區和部門是最高長官，實行的依然是局部的集權統治。這種從地方到中央層專制集權型的統治，也是中國封建社會專制主義中央集權制度的一大特色。

邊疆郡縣制度的完善，職官制度的更新以及中央對邊疆社會各方面的控制和監管都是中央集權強化的主要內容和措施，中央加強對地方的控制，確立內陸與邊疆的中心與外圍的關係，一方面有利於邊防的鞏固，促進邊疆地區的穩定和發展，另一方面堅實的邊防基礎也是中央集權制國家的重要保障。同時也從側面反映了漢代統治者在處理權力分化、制衡地方等方面還缺乏經驗。

二

漢代邊防是漢王朝的治邊思想、經濟、文化等諸方面在軍事上的集中展示。漢代邊防體系的建立體現了漢代治邊政策的實施效果。漢代邊防主要執行的是邊疆守禦，在這一過程中，禦敵於外是核心，治中守邊是基本原則。邊防設施以及邊防思想也主要以積極防禦為主。因此，羈縻政策貫穿整個漢代的治邊始終。

羈縻就是以安撫、懷柔為主要手段，借經濟和政治利益的誘惑對中國周邊少數族政權進行統治的民族政策。兩漢的羈縻政策是與武力征服交錯使用，對漢王朝武力拓邊起到輔助作用，鞏固了漢代邊疆擴張所取得的成果。漢王朝勸降、接納降附的少數民族部族，並將他們進行有效的安頓和統轄，使其成為漢王朝大一統體系的一份子。如屬國制度都是該政策的實例。漢廷不將內地的郡縣制強加於民族地區，寬容的態度和治邊理念在一定程度上兼顧了民族地區的經濟發展和社會穩定，直接作用於邊防，務實有效。而像東漢王朝曾對西羌動用過武力討伐的政策，並且曾在護羌校尉的人選方面出現過紕

〔註 1〕《馬恩選集》，第 2 卷，北京：人民出版社，1997 年，第 2 頁。

漏，過於殘暴的統治遭到西羌的強烈反抗，釀成了持續不斷的「羌禍」。可見，漢王朝在不同民族地區實施的不同形式和不同程度的羈縻統治。羈縻政策因為保留了民族上層尤其是貴族對本民族的統治特權，相對自治的政治環境常常導致分裂勢力的崛起。這在漢代尤為突出，正是吸取漢代的經驗教訓，明朝在施行土司制度同時，也開始土流合治、改土歸流與土官流官化等。清朝的改土歸流在明代的基礎上進一步強化與發展，最終使我國南方民族地區的封建領主制被封建地主制所取代。治中守邊的指導思想講究的是強化邊防的武裝力量和邊防建設；徙民實邊，充實邊疆；軍事屯田，獎勵開墾等一系列重視邊防的措施。在漢代幾百年的統治期內，但凡將此指導思想嚴格執行的時期，邊防都相對充實鞏固，反則，裁減軍備、荒廢邊塞、內遷邊民則使邊防孱弱，從而極易引發邊地的動盪不安，遭到周邊民族的覬覦。

漢代邊防也成為衡量漢王朝經濟盛衰的標尺之一。漢代經濟是漢代邊防存續和發展的物質基礎。邊防設施的建設需要國家財政提供工程物資和人工開支；武器裝備的置辦需軍費供給；軍隊人員糧草布匹的供應；軍官俸祿的發放；獎勵軍功、撫恤傷亡、歸降賞賜等無一不需要國家財力的支撐。軍事費用佔據國家財政絕大部分的開支。如果沒有強有力的經濟作後盾，邊防體系將失去物質保障，將瞬間瓦解。因此，漢代國家經濟的盛衰幾乎與漢代邊防的興衰是同步的。而如漢武帝時國家經濟繁榮，財力雄厚，才有之後的開邊拓土，強大而富足的國家支持著軍事活動的進行。可以說，邊防檢驗的是漢王朝經濟各個環節的運行狀況和支撐能力。邊防也促進了邊疆的地區經濟發展。其中，軍事屯田和邊地開墾有利於農耕經濟在邊地生根發芽。而邊疆地區商品經濟的發展也主要來自於邊防的帶動。邊防所需的軍費貨幣和軍用物資的大量湧入，以及從內地遷徙而來的民眾和派遣駐守在這裡的士兵使邊疆形成了商品經濟所需的幾個要素。邊地互市和邊地與內地經貿往來密切，市場經濟繁榮的邊地「互市」使民族之間的經濟往來密切，商品交換頻繁活躍，暢通的絲綢之路是國際貿易路線，在經濟交往的同時也使異域文化得到深入和傳播。

三

漢代邊防具有開拓性和開創性。此後不管是動盪不安的三國兩晉南北朝時期，還是隋唐的一統江山，亦或是宋元明清的更替，在邊防方面都得益於

兩漢建立起來的基礎，漢代邊防是後世各朝代建設邊防有價值的參考範本。

　　漢代邊防結合邊疆形勢，在廣大的北方、西北、東北重兵設防，對西南邊地實施封賞安撫以及武裝鎮壓，針對不同的民族施行不同的羈縻政策。此後的唐宋，一直將北部、西部邊防作為重中之重，隨後的元明清中更是由兩個北方的少數民族入主中原而建立封建王朝，可見，在漫漫歷史長河中，中國的西部、北部始終是邊防的重點區域。因此，在邊疆尤其是在西、北邊疆飽有大規模的武裝力量是十分必要的。同時，漢代施行「以夷制夷」的政策，吸收接納少數民族兵為其作戰，利用少數民族部族之間的矛盾相互牽制，同時，輔之以懷柔政策、剛柔相濟，最終達到邊疆動態安全的目的。一則有利於改進邊防軍事作戰方式，一則擴充了軍事武裝力量。而後世各朝代募兵所容納的少數民族職業兵更是國家軍事武裝的組成部分，也是征戰沙場保衛邊防的重要力量。

　　兩漢在邊疆設立屬國施行羈縻統治。唐朝則在兩漢的屬國制和西域都護制的基礎上，發展羈縻州府制，同時在大漠南北推「自太宗平突厥，西北諸蕃及蠻夷稍稍內屬，即其部落列置州縣，其大者為都督府」〔註2〕。之後，太宗又在回鶻諸部置六府七州。即利用邊疆少數民族將領或首領治理邊疆。到元朝時發展土官制，把土官納入國家的官制系統中，給土官和流官一樣的品秩：宣慰使從二品，宣撫使正三品，安撫使正三品等。土官制的核心是利用當地民族首領擔任各級土官，這與漢代的「因俗而治」以民族首領為官如出一轍。明代在治邊的過程中確立了土司制度。土司制度正式列入正史的《職官志》和《地理志》中。清代則在元明兩代土司制度管轄下的西南邊疆各族人民文化融合的基礎上施行改土歸流。羈縻的「以夷治夷」政策為後世所傚仿，確實在解決民族問題上發揮了巨大的作用。

　　漢代注重「建邊塞燧堡」，整頓軍備，後世各朝代也加強邊境軍事設施建設。像宋朝，整個邊防系統各部乃至邊塞設施廢弛相對薄弱，最後被北方少數民族滅國就是可預見的結果。明朝甚至重修漢長城，以禦敵於外。用於軍用的道路交通的開通和郵驛為後世與民用之，促進了國內各地之間的聯繫和溝通，便於國家經濟等各方面的發展。兩漢在邊疆組織「屯田開墾」，補充軍糧供應的做法為後世開創了一種寓兵於農、兵農合一的先例，被後來歷代所繼承和發展，到曹魏時期形成一套完整的屯田制度，南宋政府也曾在川陝、

〔註2〕《新唐書》卷四十三《地理志》，北京：中華書局，1974年，第1119頁。

荊襄、兩淮地區等經營屯田，鞏固邊防，從而保障南宋偏安的形勢；明代在遼東實行過軍事屯田，使遼東農業迅速恢復；清代在新疆曾大規模屯田，其組織嚴密成效斐然具有重要意義，甚至影響到近代新疆的軍墾。總之，漢代邊防作為後世邊防的藍本，提供了足夠強大的信息量。

　　漢代的邊防體系承載的不僅是國家維護自身安全的軍事管理系統，更是一個國家政治、經濟、文化微妙關聯的具體反映。事實上，漢代作為中國古代社會發展的初級階段，所確立的一切國家管理和運行體制都可看作闢路之旅，此後歷代在其開闢的道路上大踏步前行。

參考文獻

（一）古籍

1. 司馬遷：《史記》，北京：中華書局，1959 年。

2. 班固：《漢書》，北京：中華書局，1962 年。

3. 范曄：《後漢書》，北京：中華書局，1965 年。

4. 陳壽：《三國志》，北京：中華書局，1971 年。

5. 房玄齡：《晉書》，北京：中華書局，1974 年。

6. 歐陽修、宋祁：《新唐書》，北京：中華書局，1974 年。

7. 荀悅：《漢紀》，北京：商務印書館《四部叢刊》本。

8. 袁宏：《後漢紀》，北京：商務印書館《四部叢刊》本。

9. 劉珍等，吳樹平校注：《東觀漢記》，北京：中州古籍出版社，1987 年。

10. 許慎：《說文解字》，北京：中華書局，1963 年。

11. 杜佑：《通典》，北京：中華書局，1984 年。

12. 李昉：《太平御覽》，北京：中華書局，1960 年。

13. 司馬光：《資治通鑒》，北京：中華書局，1956 年。

14. 徐天麟：《西漢會要》，《東漢會要》，北京：中華書局，1998 年。

15. 馬端臨：《文獻通考》，杭州：浙江古籍出版社，1987 年。

16. 王先謙：《漢書補注》，北京：中華書局，1983 年。

17. 王先謙：《後漢書集解》，北京：中華書局，1984 年。

18. 劉熙：《釋名》，北京：中華書局，1985 年。

19. 黃本驥：《歷代職官表》，上海：上海古籍出版社，1980 年。

20. 孫星衍等輯，周天游點校：《漢官六種》，北京：中華書局，1990 年。

21. 顧祖禹：《讀史方輿紀要》，上海：上海書店出版社，1998 年。

（二）考古資料

1. 睡虎地秦墓竹簡整理小組：《睡虎地秦墓竹簡》，北京：文物出版社，1978 年。

2. 中國社會科學院考古研究所：《居延漢簡甲乙編》，北京：中華書局，1980 年。

3. 林梅村、李均明：《疏勒河流域出土漢簡》，北京：文物出版社，1984 年。

4. 銀雀山漢墓竹簡整理小組：《銀雀山漢墓竹簡》，北京：文物出版社，1985 年。

5. 謝桂華、李均明編：《居延漢簡釋文合校》，北京：文物出版社，1987 年。

6. 甘肅文物考古所編：《居延新簡釋粹》，蘭州：蘭州大學出版社，1988 年。

7. 甘肅省文物考古研究所編：《居延新簡》，北京：文物出版社，1990 年。

8. 甘肅省文物考古研究所編：《敦煌漢簡釋文》，蘭州：甘肅人民出版社，1991 年。

9. 連雲港博物館等編：《尹灣漢墓簡牘》，北京：中華書局，1997 年。

10. 中國社會科學院考古研究所：《居延新簡──甲渠候官》，北京：中華書局，1997 年。

11. 王國維、羅振玉：《流沙墜簡》，北京：中國書局，1999 年。

12. 張家山漢墓整理小組：《張家山漢墓竹簡（二四七號墓)》，北京：文物出版社，2001 年。

13. 中國簡牘集成編輯委員會：《中國簡牘集成》，蘭州：敦煌文藝出版社，2001 年。

14. 中國文物研究所等編撰：《敦煌懸泉漢簡釋粹》，上海：上海古籍出版社，2001 年。

15. 甘肅省文物局編：《疏勒河流域漢長城考察報告》，北京：文物出版社，2001 年。

16. 走馬樓簡版整理組：《長沙走馬樓三國吳簡》，北京：文物出版社，2003 年。

17. 魏堅主編：《額濟納河漢簡》，南寧：廣西師範大學出版社，2005 年。

18. 張家山二四七號漢墓整理小組：《張家山漢墓竹簡（二四七號墓）（釋文修訂本）》，北京：文物出版社，2006 年。

（三）今人論著
（1）著作

1. 周緯：《中國兵器史稿》，北京：三聯書店，1957 年。

2. 謝成俠：《中國養馬史》，北京：科學出版社，1959 年。

3. 谷霽光：《府兵制度考釋》，上海：上海人民出版社，1962 年。

4. 譚其驤主編：《中國歷史地圖集》，北京：中國地圖出版社，1975 年。

5. （美）張春樹：《漢代邊疆史論集》，上海：食貨月刊出版社，1977 年。

6. （德）克勞塞維茨：《戰爭論》，上海：商務印書館，1978 年。

7. 王希隆：《西北少數民族史研究》，北京：民族出版社，1978 年。

8. 陳夢家：《漢簡綴述》，北京：中華書局，1980 年。

9. 高敏：《雲夢秦簡初探》，鄭州：河南人民出版社，1981 年。

10. 中國社會科學院歷史研究所編：《簡牘研究譯叢》第一輯，北京：中國社會科學出版社，1983 年。

11. 安作璋、熊鐵基：《秦漢官制史稿》，濟南：齊魯書社，1984、1985 年。

12. 楊泓：《中國古兵器論叢》，北京：文物出版社，1985 年。

13. 林幹：《匈奴通史》，北京：人民出版社，1986 年。

14. 陳直：《居延漢簡研究》，天津：天津古籍出版社，1986 年。

15. 臧雲浦、朱崇業、王雲度：《歷代官制兵制科舉製表釋》，南京：江蘇國際出版社，1987 年。

16. 中國社會科學院歷史研究所編：《簡牘研究譯叢》第二輯，北京：中國社會科學出版社，1987 年。

17. 《中國軍事史》編寫組編：《中國軍事史》，北京：解放軍出版社，1987 年。

18. 軍科院：《中國大百科全書·軍制分冊》，北京：軍事科學出版社，1987 年。

19. 軍科院：《國家軍制學》，北京：軍事科學出版社，1987 年。

20. 黃今言：《秦漢賦役制度研究》，南昌：江西教育出版社，1988 年。

21. 楊建新：《中國西北少數民族史》，銀川：寧夏人民出版社，1988 年。

22. 呂思勉：《秦漢史》上下冊，北京：中國社會科學出版社，1989 年。

23. 熊鐵基：《秦漢軍事制度史》，南寧：廣西人民出版社，1990 年。

24. 馬大正：《中國古代邊疆政策研究》，北京：中國社會科學出版社，1990 年。

25. 薛英群：《居延漢簡通論》，蘭州：甘肅教育出版社，1991 年。

26. 史筠：《民族事務管理制度》，長春：吉林教育出版社，1991 年。

27. 朱紹侯：《軍功爵制研究》，上海：上海人民出版社，1991 年。

28. 郭汝瑰等執筆：《中國軍事史》，北京：解放軍出版社，1983～1991 年。

29. 劉展主編：《中國古代軍制史》，北京：解放軍出版社，1991 年。

30. 劉洪濤編：《中國古代科技史》，天津：南開大學出版社，1991 年。

31. 高銳：《中國軍事史略》上、中、下冊，北京：軍事科學出版社，1992 年。

32. 李學勤主編：《簡帛研究》第一輯，北京：法律出版社，1993 年。

33. 黃今言：《秦漢軍制史論》，南昌：江西人民出版社，1993 年。

34. 王子今：《秦漢交通史稿》，北京：中央黨校出版社，1994 年。

35. 趙雲田：《中國邊疆民族管理機構沿革史》，北京：中國社會科學出版社，1993 年。

36. 顏吾芟：《中國秦漢軍事史》，北京：人民出版社，1994 年。

37. 王綿厚：《秦漢東北史》，瀋陽：遼寧人民出版社，1994 年。

38. 朱克文：《中國軍事醫學史》，北京：人民軍醫出版社，1996 年。

39. 西北師範大學歷史系、甘肅省文物考古研究所編：《簡牘學研究》第 1 輯，蘭州：甘肅人民出版社，1996 年。

40. 童超：《中國軍事制度史》，鄭州：河南大象出版社，1997 年。

41. 中國大百科全書編委會：《中國大百科全書・中國歷史卷》，北京：中國大百科全書出版社，1997 年。

42. 中國大百科全書編委會：《中國大百科全書・軍事卷》，中國大百科全書出版社，1997 年。

43. 西北師範大學歷史系、甘肅省文物考古研究所編：《簡牘學研究》第 2 輯，蘭州：甘肅人民出版社，1998 年。

44. 霍印章等：《中國軍事通史・秦漢卷》，北京：軍事科學出版社，1998 年。

45. 陳梧桐等：《中國軍事通史・西漢卷》，北京：軍事科學出版社，1998 年。

46. 黃今言等：《中國軍事通史・東漢卷》，北京：軍事科學出版社，1998 年。

47. 〔美〕傑弗里・帕克著、傅景川譯：《劍橋戰爭史》，長春：吉林人民出版社，1998 年。

48. 何賢武、育振光：《中國古代軍事後勤史》，金盾出版社，1999 年。

49. 龔澤琪等主編：《中國軍事經濟全史》，北京：海潮出版社，1999 年。

50. 黃今言：《秦漢經濟史論考》，北京：中國社科出版社，2000 年。

51. 羅二虎：《秦漢時代的中國西南》，成都：天地出版社，2000 年。

52. 李德龍：《漢初軍事史研究》，北京：民族出版社，2001 年。

53. 西北師範大學歷史系、甘肅省文物考古研究所編：《簡牘學研究》第 3 輯，蘭州：甘肅人民出版社，2002 年。

54. 龔澤琪、王孝貴主編：《中國軍事財政史》，北京：海潮出版社，2002 年。

55. 廖伯源：《秦漢史論叢》，臺北：五南圖書出版公司，2003 年。

56. 李大龍：《都護制度研究》，哈爾濱：黑龍江教育出版社，2003 年。

57. 李保忠：《中外軍事制度比較》，上海：商務印書館，2003 年。

58. 中國邊疆史叢書：《北疆通史》、《西域通史》、《東北通史》、《西藏通史》、《西南通史》、《中國海疆通史》，鄭州：中州古籍出版社，2003 年。

59. 西北師範大學歷史系、甘肅省文物考古研究所編：《簡牘學研究》第 4 輯，蘭州：甘肅人民出版社，2004 年。

60. 彭建英：《中國古代羈縻政策的演變》，北京：中國社會科學出版社，2004 年。

61. 〔美〕拉鐵摩爾著：《中國的亞洲內陸邊疆》，唐曉峰譯，南京：江蘇人民出版社，2005 年。

62. 蔣炳釗主編：《中國東南民族關係史》，廈門：廈門大學出版社，2005 年。

63. 尤中：《中國西南民族地區沿革史（先秦至漢晉時期）》，北京：民族出版社，2005 年。

64. 王文光等：《中國西南民族關係史》，北京：中國社會科學出版社，2005 年。

65. 楊金長主編：《中國古代科學技術史》，北京：人民軍醫出版，社 2007 年。

66. 黃今言：《秦漢史叢考》，北京：經濟日報出版社，2008 年。

67. 沈剛：《居延漢簡語詞彙釋》，北京：科學出版社，2008 年。

68. 余太山：《兩漢魏晉南北朝與西域關係史研究》，上海：商務印書館，2011 年。

69. 呂思勉：《中國民族史》，北京：東方出版社，2012 年。

70. 安作璋：《秦漢史研究文集》，北京：人民出版社，2015 年。

71. 臧知非：《戰國秦漢行政與兵制研究》，蘇州：蘇州大學出版社，2016 年。

（2）論文

1. 王宗維：《漢代的屬國制度與民族關係》，《西北歷史資料》1983 年第 2 期。

2. 王宗維：《漢代的屬國》，《文史》第 20 輯，中華書局 1983 年。

3. 肖化：《略論盧水胡的族源》，《西北師院學報》1983 年第 2 期。

4. 尹湘豪：《關於漢代的「外臣」和「屬國」問題》，《歷史教學》1984 年第 2 期。

5. 吳乃驤余堯：《居延新獲建武秦胡冊再析》，《西北師院學報》1984 年第 4 期。

6. 趙克堯：《漢代的「傳」，乘舍與傳舍》，《江漢論壇》1984 年第 12 期。

7. 張勇：《試論西漢邊防兵的幾個問題》，《江西師範大學學報》，1986 年第 4 期。

8. 孫言誠：《秦漢的屬邦和屬國》，《史學月刊》1987 年第 2 期。

9. 劉光華：《西漢邊郡屯田的管理系統及其有關問題》，《敦煌學輯刊》，1988 年第 1 期。

10. 費孝通：《中華民族的多元一體格局》，《北京大學學報（哲學社會科學版）》，1989 年第 4 期。

11. 王宗維：《秦漢的邊疆政策》，馬大正主編《中國古代邊疆政策研究》中國社會科學院出版社，1990 年版。

12. 張國慶：《東漢「遼東屬國」考略》，《歷史教學》1990 年第 2 期。

13. 邊章：《兩漢的護羌校尉》，《西北師大學報》，1991 年第 1 期。

14. 馬曼麗：《從漢簡看漢代西北邊塞守禦制度》，《中國邊疆史地研究》1992 年第 1 期。

15. 莫任南：《匈奴對漢王朝的政策》，《中國邊疆史地研究》1992 年第 4 期。

16. 李大龍：《東漢度遼將軍述論》，《內蒙古社會科學》，1992 年第 2 期。

17. 高維剛：《從漢簡管窺河西四郡市場》，《四川大學學報（哲學社會科學版）》，1994 年第 2 期。

18. 韓香：《試論「使匈奴中郎將」的來源及演變》，《新疆大學學報》，1995 年第 1 期。

19. 高榮：《漢代護羌校尉述論》，《中國邊疆史地研究》，1995 年第 3 期。

20. 王宗維：《漢武帝的民族思想和政策》，《西北大學學報》1995 年第 1 期。

21. 李並成：《漢張掖屬國考》，《西北民族研究》1995 年第 2 期。

22. 李大龍：《東漢王朝護羌校尉考述》，《民族研究》1996 年第 2 期。

23. 張俊民：《從漢簡談漢代西北邊郡運輸的幾個問題》，《中國社會經濟史研究》，1996 年第 3 期。

24. 黃今言、陳小鳴：《漢代販運貿易論略》，《中國社會經濟史研究》，1997 年第 1 期。

25. 胡小鵬：《兩漢的金城屬國與護羌校尉》，《西北史研究》蘭州大學出版社1997 年版。

26. 楊永俊：《對東漢「羌禍」的重新審視》，《西北史地》，1999 年第 1 期。

27. 馬國榮：《西域都護府的建立及其歷史作用》，《烏魯木齊職業大學學報》，1999 年第 2 期。

28. 劉瑞：《秦「屬邦」、「臣邦」與「典屬國」》，《民族研究》1999 年第 4 期。

29. 李振宏：《漢代居延屯戍吏卒的醫療衛生狀況》，《中原文物》，1999 年第 4 期。

30. 高榮：《漢代對西南邊疆的經營》，《中國邊疆史地研究》，2000 年第 1 期。

31. 彭建英：《東漢比郡屬國非郡縣化略論》，《民族研究》，2000 年第 5 期。

32. 張碧波：《關於歷史上民族歸屬於疆域問題的再思考》，《中國邊疆史地研究》，2000 年第 2 期。

33. 龔留柱：《「王者無外」和「夷夏之防」：秦漢時期邊疆思想論略》，《秦漢史論叢》第八輯，雲南大學出版社，2001 年。

34. 程妮娜：《漢魏時期東北地區的民族設置與治理》，《北方文物》，2001 年第 4 期。

35. 李紹強：《論秦漢至明清時期的西部政策》，《齊魯學刊》，2002 年第 2 期。

36. 李桂閣：《漢代豪強地主莊園的武裝防衛》，《南都學壇》，2002 年第 5 期。

37. 陳曉鳴：《兩漢北部邊防若干問題之比較》，《中國邊疆史地研究》，2002 年第 3 期。

38. 丁福林：《關於漢代屬國的幾個問題》，《蘇州科技學院學報》，2003 年第 1 期。

39. 李冀：《兩漢政府對少數民族的賦役政策》，《南都學壇》，2003 年第 6 期。

40. 黃今言：《兩漢邊防戰略思想的發展及其主要特徵》，《中國邊疆史地研究》，2004 年第 1 期。

41. 上官緒智、黃今言：《漢代烽燧中的信息器具與烽火品約置用考論》，《社會科學輯刊》2004 年第 5 期。

42. 孫力舟：《西漢時期東亞國際體系的兩極格局分析——基於漢朝與匈奴兩大政治行為體得考察》，《世界經濟與政治》，2004 年第 8 期。

43. 劉洪波：《試論漢宣帝對匈奴政策的轉變》，《古史文存》，中國社科院歷史所，2004 年。

44. 閻盛國：《漢朝招降匈奴策略述論》，《軍事歷史研究》2004 年第 2 期。

45. 孟憲實：《西漢戊己校尉新論》，《廣東社會科學》，2004 年第 1 期。

46. 邵正坤：《漢代國有糧倉建置考略》，《首都師範大學學報（社會科學版）》，

2005 年第 1 期。

47. 曹旭東：《東漢初年西北邊郡的省併與徙吏民問題》,《中國歷史地理論叢》,2005 年第 2 期。

48. 朱德貴：《漢代西北邊郡軍糧財物支出諸問題考略》,《邊疆經濟與文化》,2005 年第 12 期。

49. 劉光華：《西漢西北邊塞》,《西北民族大學學報》,2005 年第 1 期。

50. 趙沛：《漢代邊塞的檔案管理——以居延邊塞為例》,《學習與探索》,2005 年第 5 期。

51. 趙沛：《居延漢簡所見邊軍的現金管理和軍官的俸金》,《甘肅社會科學》,2006 年第 5 期。

52. 方鐵：《古代「守中治邊」、「守在四夷」治邊思想初探》,《中國邊疆史地研究》2006 年第 4 期。

53. 楊芳：《從西漢屬國的設置看漢對匈奴的外交策略》,《和田師範專科學校學報》,2006 年第 2 期。

54. 金曉哲、林濤：《邊疆的類型劃分與研究視角》,《地域研究與開發》,2008 年第 3 期。

55. 李曉燕：《文化·戰略文化·國家行為》,《外交評論》,2009 年第 4 期。

56. 趙岩：《論漢代邊地傳食的供給——以敦煌懸泉置漢簡為考察中心》,《敦煌學輯刊》2009 年第 2 期·

57. 李治亭：《論邊疆問題與歷代王朝的盛衰》,《東北史地》,2009 年第 6 期。

58. 吳點明：《王符〈潛夫論〉軍事思想解讀》,《軍事歷史研究》,2010 年第 1 期。

59. 王慶憲：《西漢復增屬國地理位置考辨》,《中國邊疆史地研究》2010 年第 2 期。

60. 安梅梅：《也談五屬國——與巽蔭教授商榷》,《民族研究》2010 年第 4 期。

61. 陳玲：《簡牘所見漢代邊塞刑徒的管理》,《南都學壇》,2010 年第 5 期。

62. 賈文麗：《漢朝在河西的防禦與戰略演變》,《南都學壇》,2010 年第 7 期。

63. 高元武：《漢朝西北邊疆戍卒的基本情況及日常工作》，《重慶科技學院學報》2010 年 17 期。

64. 張安福：《中國歷代西北邊疆安全體系下的屯墾戍邊策略選擇》，《伊犂師範學院學報》，2011 年第 3 期。

65. 薛海波：《論東漢國家邊疆問題的決策體制——以北方邊疆問題為中心》，《咸陽師範學院學報》，2011 年第 3 期。

66. 於凌：《論秦漢時期遼西郡的防務建置及其作用》，《東北史地》，2011 年第 3 期。

67. 黃今言：《漢代西北邊塞的「塢」》，《江西師範大學學報（哲學社會科學版）》，2012 年第 2 期。

68. 郭俊然：《出土資料所見的漢代屬國及地方政府中的民族職官》，《濮陽職業技術學院學報》，2013 年第 6 期。

69. 趙紅梅：《漢代邊疆民族管理機構比較研究——以度遼將軍、護羌校尉、使匈奴中郎將為中心》，《黑龍江社會科學》，2014 年第 5 期。

70. 高榮：《漢代張掖屬國新考》，《敦煌研究》，2014 年第 4 期。

71. 楊麗：《先秦至西漢時期并州的變遷——兼論邊郡設置的軍事戰略價值》，《內蒙古社會科學（漢文版）》，2015 年第 3 期。

72. 張峰：《居延漢簡與勞榦的漢代西北邊疆史研究》，《西北大學學報（哲學社會科學版）》，2016 年第 6 期。

73. 胡小鵬：《邊疆法律視野下的「秦胡」身份》，《社會科學戰線》，2017 年第 6 期。

74. 黎鏡明：《政治文化、社會意識與兩漢的邊疆經略》，《寧夏社會科學》，2018 年第 1 期。

75. 李大龍：《「中國邊疆」的內涵及其特徵》，《中國邊疆史地研究》，2018 年 03 期。

附錄 1

一、西漢邊郡地圖

圖 1　西漢幽州刺史部

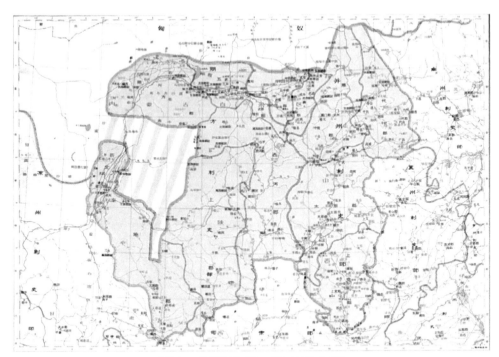

圖 2　西漢并州、朔方刺史部

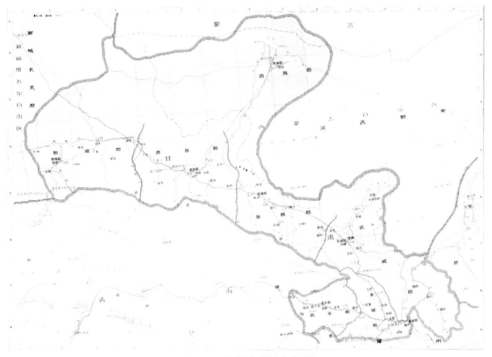

圖 3　西漢涼州刺史部

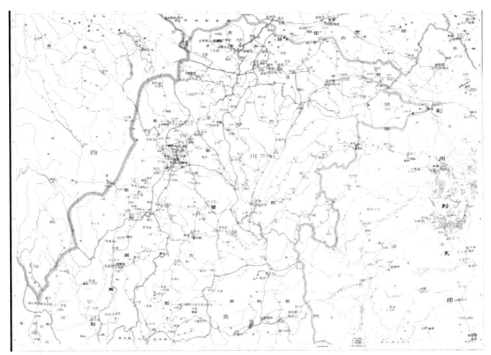

圖 4　西漢益州刺史部北

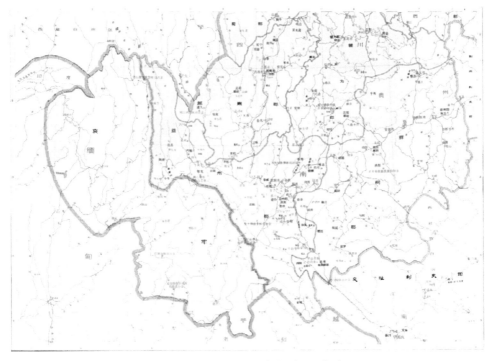

圖 5　西漢益州刺史部南、哀牢

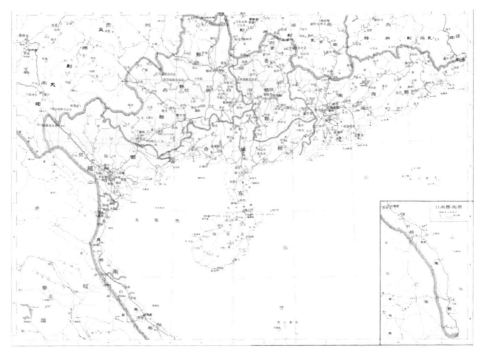

圖 6　西漢交阯刺史部

二、東漢邊郡地圖

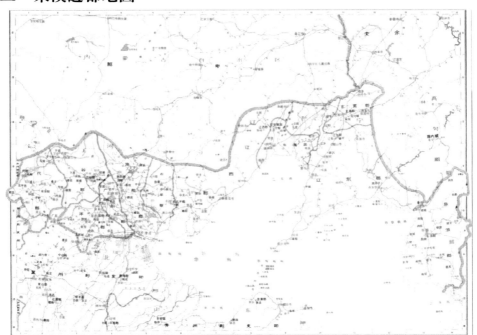

圖 7　東漢幽州刺史部

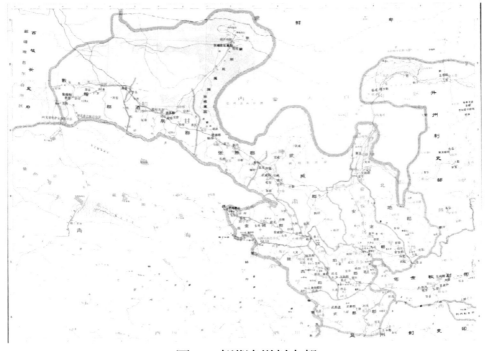

圖 8　東漢涼州刺史部

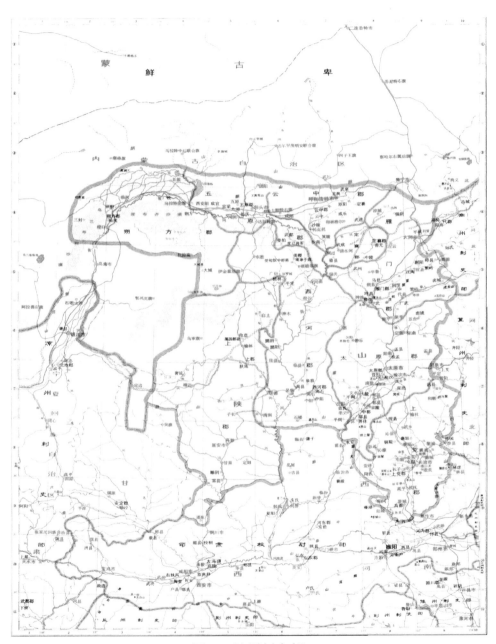

圖 9　并州刺史部

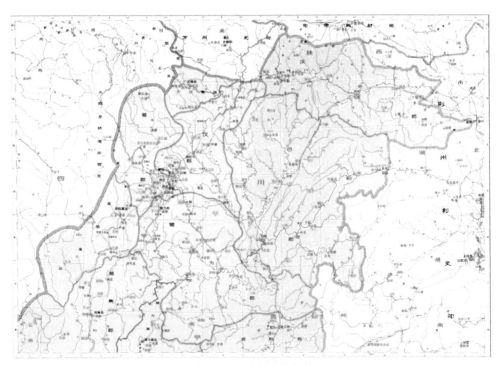

圖 10　益州刺史部北

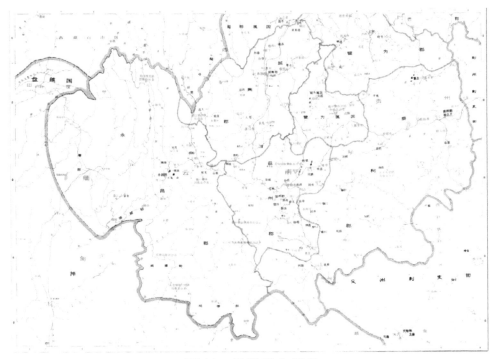

圖 11　益州刺史部南

圖 12　交趾刺史部

備註：附錄中地圖版本為譚其驤主編：《中國歷史地圖集（秦、西漢、東漢時期）》第
二冊，北京：中國地圖出版社，1996 版。

附錄 2：漢代屬國兵數量問題淺析

　　屬國是中原王朝安置歸附的周邊少數民族的一種組織形式或管理方式，主要為了安置歸附的少數民族降眾。西漢武帝以後，屬國的設立成為邊疆一個重要組成部分。東漢屬國與西漢屬國相比，數量有所增多，分布範圍有所擴大。兩漢屬國兵數量隨著屬國的發展也有著較大的變化。不同時期居於不同地區的屬國兵，受各種因素影響，其兵員數量亦發生著顯著地變化。

一、漢代屬國設立概況

　　兩漢的屬國制度主要是繼承了秦的屬邦制。到西漢初期，屬國制度隨著邊疆形勢發展又得以重新恢復，且逐步完善。漢武帝時期，為了安置歸附的匈奴降眾，復增屬國。「武帝元狩三年（公元前 120 年）昆邪王降，復增屬國，置都尉、丞、侯、千人。屬官，九譯令。成帝河平元年省并大鴻臚」〔註 1〕。西漢屬國設置的情況，《史記》、《漢書》多有記載。從文獻記載中所知，自武帝至昭宣時期，大致有安定屬國（又稱三水屬國、北地屬國）、天水屬國（又稱隴西屬國）、上郡屬國、西河屬國、五原屬國、張掖屬國、金城屬國等七個屬國。西漢末年還提出設置西海屬國的計劃，但未實現。

　　上述七屬國，除金城屬國是安置降羌外，其餘都是為了安置匈奴降眾。而且這些屬國都在西北邊疆。「因俗而治」是管理屬國的基本方針，不僅保留內附各族或部落原有的官職名號和組織，還保持其原有的生產方式和生活習俗不變。在西漢，屬國地位比一般邊郡要低，在中央接受典屬國的領導。成

〔註 1〕《漢書》卷十九下《百官公卿表》，北京：中華書局，1962 年，第 735 頁。

帝河平元年，典屬國併入大鴻臚，後由大鴻臚一併兼管屬國事務。在地方由中央直接任命的屬國都尉領護。屬國都尉統轄的屬國兵稱「屬國騎」或「屬國胡騎」。由於屬國兵性質較為特殊，因而在西漢的邊防軍中自成系統，獨立成軍。

東漢時期漢王朝在對歸附少數民族部落的管理上也沿用了西漢時期的屬國制度，並對其進一步完善和調整。屬國不僅增設多，而且權限也比西漢屬國擴大。東漢建武六年（公元 30 年）「省諸郡都尉，並職太守，無都試之役。省關都尉。唯邊郡往往置都尉及屬國都尉，稍有分縣，治民比郡」〔註2〕，地位與邊郡等平。這種屬國與西漢初設屬國略有不同，它是在原有郡縣管轄地區將境內少數民族集中的地方劃出來，轄地與郡守分治，由屬國都尉治民領縣，「如郡差小」，也稱比郡屬國。據《漢書》、《後漢書》、《三國志》所載，東漢時有屬國十三個，除了西漢原有的如西河屬國、上郡屬國、張掖屬國、安定屬國、金城屬國仍陸續存在或復置外，還增設了越巂西部屬國、廣漢屬國、蜀郡屬國、犍為屬國、張掖居延屬國、遼東屬國、巴東屬國、酒泉屬國等。

東漢屬國與西漢屬國相比，總的數量有所增多，而且分布範圍擴大，從西北地區一直擴展到西南地區和東北地區，各屬國管轄的民族成分也較為複雜。所統轄的民族不僅僅有匈奴和羌，還有夷、氐、哀牢、夜郎、烏桓、鮮卑等邊疆少數民族。各屬國的人口已經開始和所在郡的人口分開統計。同時東漢屬國的權利更大，管理更為直接。而屬國兵在東漢王朝軍事改革後，被視為邊疆防禦的重要力量。

二、西漢屬國兵員數量測估

屬國兵是專指屬國範圍內所設置的兵種。「屬國胡騎」有時稱「屬國騎」或「胡騎」。兩漢屬國兵數量有一個發展演變的過程。不同時期不同地區的屬國，受政治策略、軍事形勢的左右，也受自然環境等因素的影響，每個屬國的兵力有所不同，同一屬國在不同時期兵力亦有所不同。但由於史料的缺乏，我們無法詳細的瞭解兩漢諸屬國的兵力具體數字，只能從文獻、簡牘的隻字片語中測估個大概。

在測估之前，我們要設定一個標準來換算出人口與兵員之間的比例。賈

〔註2〕《後漢書》卷一一八《百官志》，北京：中華書局，1965 年，第 3619 頁。

誼曾在《新書·匈奴》中提到：「竊料匈奴控弦，大率六萬騎，五口而出介卒一人」即平均五口之家出一人為兵。從《漢書·西域傳》所記「戶四百五十，口千七百五十，勝兵者五百人」；「戶千五百七十，口萬四千一百，勝兵二千九百十二人」等，可以推測出西北地區少數民族勝兵在 1：3.5 到 1：5 之間。不過王慶憲先生的《匈奴人口的計算方法與其社會制度》一文最終得出的結論卻是匈奴在一般的情況下人口與正丁的比是 1：2.3。可能現實的部落裏作為壯丁的人口比想像的要多。但我們也要考慮屬國受漢王朝的影響較大，與匈奴人相比更接近中原農耕社會的比例。基於各種不確定因素，我們暫且根據最低的 1：5 這個比例來分析測估。

西漢前期屬國人口主要是武帝時陸續置五屬國安撫來降的四萬匈奴民眾。文獻有明確記載的「元狩二年（公元前 121 年）……渾邪王乘傳先詣行在所，盡將其眾渡河，降者數萬……居頃之，乃分徙降者邊五郡故塞外，而皆在河南，因其故俗，為屬國」〔註3〕，《漢書·武帝紀》「秋，匈奴昆邪王殺休屠王，並將其眾合四萬餘人來降，置五屬國以處之。以其地為武」〔註4〕。上述羅列的史料中提到「邊五郡故塞外」和「置五屬國以處之」，具體是哪五邊郡，是否是五屬國，歷來說法不一。但不論情況如何，武帝時期歸附的昆邪王四萬餘人確實並非全部被分置於五郡，設五屬國管理。因為除昆邪王等貴族分封侯爵各自帶走一批役使，漢朝政府又選留了一批騎兵「玄甲」〔註5〕，如金日磾一類貴族還要留在京城，這樣所剩民眾不過三萬人左右。而且從地理位置分析，這五屬國過於分散，對於剛剛恢復屬國制度的漢廷來說，難以管理，就變的不那麼現實。但不管是否置於五屬國，這批三萬左右歸附的匈奴人的確是被以屬國的形式安排的。根據上面設定的 1：5 的比例來看，這批屬國兵大概在六千人左右。這是西漢初期屬國整體兵員的基礎數量。

上郡屬國的兵力情況，據《漢書·馮奉世傳》載「元帝即位，為執金吾。上郡屬國歸義降胡萬餘人反去」，《漢書·元帝紀》載初元五年（公元前44年）「上郡屬國降胡萬餘人亡入匈奴」。從側面說明上郡屬國在元帝以前至少也有降眾萬餘人，當然，這萬餘人不一定全是當初昆邪王降眾，畢竟到元帝初年，上郡屬國已經存在有七十多年，人口的自然增長，陸續歸降的部落

〔註 3〕《史記》卷一一一《衛將軍驃騎列傳》，北京：中華書局，1959 年，第 2934 頁。

〔註 4〕《漢書》卷六《武帝紀》，北京：中華書局，1962 年，第 176 頁。

〔註 5〕《漢書》卷五十五《霍去病傳》，北京：中華書局，1962 年，第 2483 頁。

等，都使上郡屬國的規模擴大。這樣看，至少到元帝初年，上郡屬國兵在兩千人左右。

西河屬國與北地（安定）屬國情況相似，《漢書‧馮奉世傳》中也記載昭帝末年西河屬國「胡伊酋若王亦將眾數千人畔」，從材料看，昭帝末年，也就是在元鳳六年（公元前 75 年）或元平元年（公元前 74 年）以前就有西河屬國了。而《漢書‧宣帝紀》五鳳三年（公元前 55 年）「置西河、北地屬國以處匈奴降者」。可見，西河屬國曾兩次設置，可能就是昭帝末年，伊酋若王叛逃使西河屬國廢置了。第二次設置西河屬國是為了安排歸漢的原呼韓邪單于部下左大將烏厲屈及其同伴。《漢書‧宣帝紀》載，五鳳三年（公元前 55 年）「單于閼氏子孫昆弟……當戶以下降眾五萬餘人來降歸義，……置西河、北地屬國以處匈奴降者」。那麼至宣帝時期，落腳於西河與北地（安定）屬國的屬國兵應在一萬左右。《東觀漢記》稱盧芳（安定屬國掌權者）有「屬國胡騎數千騎」，就應在這一萬屬國兵的範圍之內的。《後漢書‧盧芳傳》說「王莽末，乃與三水屬國羌胡起兵。更始至長安，徵芳為騎都尉，使鎮撫安定以西」。當安定屬國發展到西漢末年東漢初年時，胡、羌勢力已經在宣帝時期的基礎上做大。屬國兵勢必是有一定的規模才能成為盧芳起兵的主力。正因如此，安定（北地）屬國才能成為西漢諸屬國中少數能延續到東漢的。

五原屬國最早應設於武帝元狩二年（公元前 121 年）之後，是武帝時所置五屬國之一。馮奉世子立在「竟寧中以王舅出為五原屬國都尉」〔註6〕，五原屬國一直延續到西漢末年。雖從文獻記載中不能知曉五原屬國投降的人數多少，但在《漢書‧功臣表》卻記載著武帝徵和三年（公元前 90 年）「五原屬國都尉雷電與貳師將軍俱擊匈奴，」而《漢書‧匈奴傳》中有「貳師遣屬國胡騎二千與戰」兩者相互應說明這二千屬國胡騎正是五原屬國雷電所領之眾。依照常理，將領帶兵出征不會傾巢而出，也就是說五原屬國兵至少有兩千人。在這次戰爭中，漢庭軍隊慘遭大敗，五原的這支屬國隊伍也受到重創。雷電五原屬國都尉侯的身份是通過嗣其父之位而來的，其父為輝渠忠侯，是元狩二年（公元前 121 年）同昆邪王一同入漢得侯的。說明五原屬國一直在穩定發展。

天水（隴西）屬國人口和兵員數量並無有關資料支持，但由於其所處的地理位置的限制，不宜安排大批陸續歸附部落，數量可能一直都比較穩定。

〔註6〕《漢書》卷七十九《馮奉世傳》，北京：中華書局，1962 年，第 3305 頁。

鑒於其他屬國的兵力在這一時期都在兩千人以上，我們姑且認為天水屬國的兵力在兩千人以內。

金城屬國是宣帝神爵二年五月（公元前 60 年）為降羌所設。「降者三萬一千二百人，……其秋，羌若零，離留，且種，兒庫共斬先零大豪猶非、楊玉首，及諸豪弟澤，陽雕、良兒、靡忘皆率前輩、黃羝之屬四千餘人降漢，……初置金城屬國以處降羌」〔註 7〕。大概在宣帝後金城屬國有降眾三萬五千左右。那麼屬國兵應該在七千人左右。到東漢時期，金城屬國治縣比郡也是因為有比較好的基礎才能實現的。西漢時期有這樣的規模就不足為奇了。

張掖屬國據居延漢簡記載「徵和三年八月戊戌朔己未，第二亭長舒付屬國百長千長 148.1」，至徵和年間，張掖屬國不僅有都尉，而且在居延一帶分設千長、百長，可見規模已經不小。這主要是因為張掖郡在設郡時，這裡原先就廣泛分布著匈奴、羌、月氏等各族部落，張掖屬國是在設郡以後陸續招徠各部落而安排的。郡內原先有各自傳統的牧場，不便擇地遷徙，漢朝政府不僅因其故俗，還要因其故地安置他們。而張掖屬國民族成分複雜，相比之下組織機構也比其他屬國健全，「張掖屬國精兵萬騎」〔註 8〕，雖為西漢末年戰亂時期的特例，但也不無可能。從上文所述的昭宣時期所置的屬國看，西河和北地屬國兵的數量基本都超過五千人，那麼張掖這樣的大屬國有近萬兵力也應該是合理的。

通過對以上幾屬國的分析，可以看到大部分的屬國在武帝至昭宣時期兵力基本維持在兩千人以上。「這種設置也符合當時的邊防原則……如果屬國戶口過盈，兵力過盛，郡縣難以牽制」〔註 9〕。（當初武帝時期降漢的匈奴三萬左右的人口，大概能擁兵六千左右，而到昭宣時期，已經有一部分叛離了，上文已經提到。但我們也發現，西河與安定（北地）屬國有一萬兵力，加上五原、上郡、天水大概這五屬國應有一萬六千左右的兵力，這已非當初的六千。匈奴部落叛降無常，而在邊郡漢廷制度的影響下，匈奴原部落的一些生產方式也會有所改變，人口以及兵員數量也會有所增加。可見，屬國在兵力上的發展還是很迅速的。

〔註 7〕《漢書》卷六十九《趙充國傳》，北京：中華書局，1962 年，第 2993 頁。

〔註 8〕《後漢書》卷二十三《竇融傳》，北京：中華書局，1965 年，第 796 頁。

〔註 9〕黃今言：《漢朝邊防軍的規模及其養兵費用之探討》，《中國經濟史研究》1997年，第 1 期，第 90 頁。

綜上測估，西漢屬國兵大概有三萬三千人以上。宣帝以後再無屬國設立，而到元帝初元五年（公元前44年）上郡屬國廢置，其他六屬國都延續到了西漢末年，這時屬國兵的數量可能有更大幅度的增長，成帝時典屬國被罷黜，很可能就是屬國在屬國都尉的領護下，已經開始有了絕對的實力，中央的典屬國形同虛設的緣故。

三、東漢屬國兵員數量之變化

東漢時期的屬國編戶與西漢不完全相同，《後漢書·百官志》載「中興建武六年，省諸郡都尉，並職太守，無都試之役。省關都尉，唯邊郡往往置都尉及屬國都尉，稍有分縣治民比郡」。基於此，學術界對於東漢比郡屬國的性質有不同看法。孫言城在《秦漢的屬邦和屬國》一文中認為，東漢比郡屬國由單純的軍事組織變成了和郡並列的地方行政機構，即東漢比郡屬國郡縣化。彭建英的《東漢比郡屬國非郡縣化略論》一文則認為東漢的比郡屬國和西漢時期的屬國一樣，在性質上並沒有發生根本變化，不同的只是屬國的權利擴大，從西漢受郡太守節制的縣級行政單位變為與郡並列的獨立行政區劃，直接受州和朝廷領導。

而從設置背景、管理對象、內部結構以及主要職責等方面來看，筆者認為東漢屬國和西漢屬國性質是一樣的，只是在東漢時期，屬國的地位尤為突出，被推到了邊防的風口浪尖上。部都尉改為屬國都尉，其下轄的民眾可能不完全是降漢的少數民族。可是邊郡本來就是個多民族聚居的特殊區域，漢族與少數民族通婚，叛降遷徙使人口成分複雜化，更何況屬國經過多年的發展，受漢民族影響，在一定程度上漢化，比郡屬國的出現就變的理所當然了。但既然還稱之為屬國，而且屬國的性質沒有發生質的變化，那麼屬國都尉下屬的屬國胡騎依然是屬國兵，應該跟其他邊防兵區分開來。

根據《後漢書》記載，東漢陸續有十三個屬國存在。光武帝時期，有越嶲西部屬國，以及西漢後期遺留下來的張掖屬國、金城屬國、安定屬國等。這個時期，東漢剛建立，屬國制度還沒有完全恢復，而且像越嶲西部屬國屬於過渡性質的屬國，後不久改為永昌郡。東漢初恢復了護羌校尉，金城屬國中沒有屬國都尉統領。筆者認為這是個不設屬國都尉的屬國，暫且不將金城屬國的兵力算在內。東漢和帝時「復置西河、上郡屬國都尉官」〔註10〕。這

〔註10〕《後漢書》卷四《和帝紀》，北京：中華書局，1965年，第170頁。

時復置屬國是為了安置元和二年（公元 85 年）併入南單于的北匈奴降者數十萬人。那麼這兩屬國就有兵力（降者以二十萬計）四萬左右。而《後漢書・西域傳》上載，「今以酒泉屬國吏士二千餘人集崑崙塞……」可見安帝時期設置的酒泉屬國也有兵兩千以上。這是東漢前期的情況已經有四萬二千人以上了。

從東漢和帝到安帝不過十幾年，又陸續設置五個屬國。這時的屬國人口已經獨立記錄，不與郡並在一起，也是擴充規模的體現。《後漢書・郡國志》上所記載安帝時屬國戶數與人口：張掖屬國 4656 戶，16952 人；張掖居延屬國 1560 戶，4733 人；廣漢屬國 37110 戶，205652 人；蜀郡屬國 111568 戶，475629 人；鍵為屬國 7938 戶，37187 人。若一帳（戶）出一壯丁，則這五個屬國就有兵十六萬六千多人。像遼東屬國、雖無詳細史料記載，但從「遼東屬國故邯鄉，西部都尉。安帝時以為屬國都尉，別領六城。攤陽東北三千二百六十里昌遼，故天遼，屬遷西何法盛晉書有青城山。賓徒，故屬遼西」〔註11〕。可知，遼東屬國是個地域遼闊，管轄六城的大屬國。基於上文所提各屬國之情形，則可以保守估計像遼東屬國這樣的比郡屬國兵力應該不低於五千，甚至更多。因為像張掖居延屬國兵力雖然相對比較少，那是因為西北還有其他屬國相呼應。而東北只有遼東屬國一個屬國。可能東北只要安置少數民族降眾，便將他們安置在此屬國內。綜上所述，到安帝時期，東漢屬國兵力可能超過二十一萬了。

縱觀之，東漢屬國兵力較之西漢有了大幅度的增強，主要與東漢屬國的增設和東漢邊防政策有關。說其為東漢王朝重要的邊防武裝力量，應當之無愧。屬國兵的任務主要是負責偵察塞外敵情，協助漢邊防軍固守邊境，同時保衛屬國本土安全。當有大的戰爭，也奉中央之命，從屬大軍執行遠征任務。因多以騎兵為主，往往成為征戰大軍衝鋒陷陣的前鋒。

〔註11〕《後漢書》卷一一三《郡國志》，北京：中華書局，1965 年，第 3529 頁。

致　謝

　　光陰荏苒，歲月蹉跎，博士畢業已經 7 年，現已經在高校工作 6 年，從事的學術研究領域也發生了變化。但出版博士論文一直是我心心念念之事。然而踏入社會後工作和家庭的羈絆使我這一願望不得實現。後來有幸跟出版社聯繫商定，達成出版意向，使本書成行。在此，我心中滿是感恩。

　　2009 年我有幸得以拜在恩師熊鐵基門下，受到老先生悉心指導。老師學識淵博、治學嚴謹、待人熱誠、誨人不倦，在治學方面，為我選定研究方向，提供思路框架，貢獻治學心得，在生活中也對我多方照顧，凡此種種，難以盡數。我也要感謝我的碩士導師黃金言先生對我言傳身教，悉心栽培。黃老師的嚴謹學風、筆耕不輟給了我深刻的影響。在寫作本書中給我提供了寶貴的意見，並時刻鞭策我成長。

　　我還要深深感謝母校的劉固盛、馬良懷、吳琦、趙國華等諸多老師，在治學中對我的指導和幫助，使我受益匪淺，畢生難忘！同時還要感謝同門師兄師姐葛立斌、賀科偉、馬婷婷、趙瑞軍、郭俊然、卜祥偉在我寫作過程中對我的鼓勵和指導，幫我梳理思路，指點迷津，同門友情終生難忘。在寫作過程中也得到同事冷嬌儀的幫助，在此表示深深的感謝。

　　最後還要感謝我的媽媽和愛人對我無微不至的關懷和愛護。我的媽媽一直義無反顧的支持我讀書搞研究。在成書過程中，我生育了兩個孩子，都是母親幫忙照顧，孩子的成長中她付出了很多心血，在生活中解決我的後顧之憂。我的愛人在我寫作遇到迷茫時，給予我更多的鼓勵，為我解決各種困難，因為有了他們的支持，才使我完成寫作，此情此愛無以回報，希望自己能在今後的人生道路上越走越好，使他們的付出得到慰籍。最後，特別感謝所有

支持過我、幫助過我、批評過我、鼓勵過我和理解過我的人們！本書成稿在際，稚嫩、粗陋仍在所難免，謹以此文獻給愛護我、幫助我、指點我的師長、親友們！

最後感謝貴社給我出書的機會，感謝貴社的信任和支持！

於山東威海

2020 年 8 月